Christia

Gabriele Wagner / Derrick O. Michelson

Fachwörterbuch Textil

Gabriele Wagner / Derrick O. Michelson

Fachwörterbuch Textil

deutsch-englisch / english-german

5. erweiterte Auflage

Textile Terminology

Deutscher Fachverlag

CIP-Titelaufnahme der Deutschen Bibliothek

Wagner, Gabriele:
Fachwörterbuch Textil: dt.-engl., engl.-german = Textile terminology / Gabriele Wagner; Derrick O. Michelson. – 5., erw. Aufl. – Frankfurt am Main: Dt. Fachverl., 1988
ISBN 3-87150-284-7
NE: Michelson, Derrick O.:; HST

ISBN 3-87150-284-7

Satz: Offenbacher Layoutsetzerei Horst Schiller, Offenbach am Main
Druck und buchb. Verarbeitung: Ebner Ulm

Vorwort

Für jeden Textileinkäufer, Industriellen und Textiltechniker ist dieses zuverlässige zweisprachige Fachwörterbuch ein geradezu unentbehrliches Hilfsmittel angesichts der zunehmenden internationalen Verflechtung des Marktes.

Das bewährte Nachschlagewerk wurde in der fünften Auflage nochmals gründlich überarbeitet und um mehr als 600 Eintragungen erweitert. Sämtliche Bereiche der einschlägigen Textilbranche werden abgedeckt: Sowohl Stoffe, Bekleidung und Mode als auch die Textilmaschinenindustrie, Chemiefasern und angrenzende Prozesse werden umfassend berücksichtigt.

Foreword

This reliable bilingual "Fachwörterbuch" is an indispensable tool for every textile buyer, manufacturer and textile technician duly considering the growing international market.

In its 5th edition the successful reference work one time more has been totally revised and enlarged by more than 600 entries.
It covers the entire scope of textile trade and industry, i.e. fabrics, clothing and fashion are comprehensively treated as well as the textile machinery, the sector of man-made fibres and related fields.

Teil I

Deutsch – Englisch

Part I

German – English

Teil I: Deutsch-Englisch
Part I: German-English

Gender of nouns: m : masculine (der)
f : feminine (die)
n : neuter (das)
pl : plural (die)

Ein Strichpunkt (;) nach einer Übersetzung zeigt eine starke Verschiebung der Bedeutung an (Beispiel: »abketten«).

A semi-colon (;) after a translation indicates a strong shift in meaning (example: »abketten«).

A

abbäumen to take from the loom
Abbinden (n) **(der Fäden)** binding
abbinden to tie the leases, to secure the leases
Abbindung (f) interlacing
Abdecknetz f. Paletten (n) covering net for pallets
Abdeckplane (f) tarpaulin
abdunkeln to darken, to deepen (print.)
Abendfarbe (f) evening colour
Abendgarderobe (f) evening wardrobe
Abendhemd (n) evening shirt
Abendkleid (n) evening gown, evening dress
Abendkleidung (f) evening wear, evening attire
Abendstrumpf (m) evening sheer stocking
Abfall (m) waste
Abfallbearbeitung (f) waste processing
Abfallbeseitigung (f) waste removal
Abfallentsorgung (f) waste disposal
abfallfrei wasteless, wastefree
abfallfreier Wickel (m) wastefree package
Abfallrückgewinnung (f) waste recovery, waste recycling
abfärben to crock
abfassen to border
Abführwalze (f) discharging roller
Abgasechtheit (f) fastness to waste gas fumes
abgearbeitete Kette (f) used-up warp
abgelegte Kleidung (f) cast-off clothes
abgepasster Teppich (m) matched carpet, fitted carpet
abgerissene Leiste (f) torn selvage
abgeschlagener Schuß (m) slough-off
Abgleiten (n) slippage
abhaspeln to reel off, to wind
abketten to cast off; to slip (stitch)
abknöpfbar can be unbuttoned, removable
abkochen to scour, to boil off
abkürzen to shorten
Ablaßvorrichtung (f) let-off motion
Ablaufdeckel (m) runoff cover
Ablaufkops (m) supply cops
Ablaufstange (f) roller bar
Abluft (f) exhaust air
Abmessung (f) dimension
abmustern to lay off, to play off
abnähen to take in

Abnäher (m) dart, tuck
Abnahme (f) acceptance
abnehmen to doff; to decrease (knitting); to narrow; to take off
Abnehmer (m) taper
Abnehmer-Hacker (m) doffer comb
Abnutzung (f) wear, wear and tear, scuff
abperlen to bubble off
abquetschen to squeeze
Abquetschvorrichtung (f) nip unit, squeezing unit
Abquetschwalzen (f pl.) squeezing rollers, nip rollers
abreiben to rub down, to rub: to chafe
abreißen to tear off
Abrieb (m) abrasion
abriebfest fast to abrasion
Abriebfestigkeit (f) fastness to abrasion, fastness to rubbing
abrollen to roll off
Abrollhaspel (f) uncoiler
Abrollspule (f) rolling bobbin
Absaugdüse (f) suction nozzle
absaugen to suck off
Absaugmaschine (f) suction extractor
abschattiert (Farben) shaded (colours)
abschlagen to knock over
Abschlagkamm (m) stripping comb
Abschlagplatine (f) stripping bar
Abschneidevorrichtung (f) cutting unit, cutting device
Absetzeinrichtung (f) doffer
Absetzen (n) doffing
absieden to scour
absolutes spez. Gewicht (n) absolute specific gravity
Absorption (f) absorption
Abstandhalter (m) spacer
Abstellvorrichtung (f) stop motion
abstimmen to match
Abstufung (f) graduation, variation shade
Abtafelmaschine (f) folding machine
abtafeln to plait down
Abtafelvorrichtung (f), **Legemaschine** (f) plaiter
Abtasten (n) scanning
Abtaster (m) scanner
Abwasseraufbereitungsanlage (f) waste water treatment equipment
abweisend (Wasser, Schmutz, Öl) repellant (water, soil, oil)
Abwickeleinrichtung (f), **Abwickler** (m) unwinder, unbatcher
abwickeln to wind off
abziehen to draw off
Abzug (m) doffing
Abzugsdüse (f) navel
Abzugskontrolle (f) takeoff speed-control
Abzugswalze (f) delivery roller
Accessoires (pl.) accessories
Acetylierung (f) acetylisation
Acrylfaden (m) **(endlos)** acrylic filament
Acrylfaser (f) acrylic staple fibre
Acrylschlichte (f) acrylic size
Additionspolymerisat (n) addition polymer
Additiv (n) additive
Adhäsion (f) adhesion
Adipinsäure (f) adipic acid
Adriabindung (f) corkscrew weave
Aerometer (m) aerometer
Affinität (f) affinity
Afgalaine (m) Afghalaine, Afghaline
Afghan (Teppich) (m) Afghan carpet
Agrarnetz (n) netting for agriculture
Akridinfarbstoff (m) acridine colour, -dye
Akridinsäure (f) acridic acid
aktuell fashionable
aktueller Modemarkt (m) high fashion market
Alarmanlage (f) alarm system
Alenconspitze (f) Alencon lace
Alginatchemieseide (f) alginic artificial silk
Alginatfaser (f) alginate fibre
Algolfarbstoff (m) algol dyestuff
Alizarinfarbstoff (m) alizarine dyestuff
alkalisch alkaline
Alligatortuch (n) alligator cloth
Aloefaser (f) aloe fibre
Alpaka (n) alpaca
Alpakagarn (n) Alpaca, extract yarn
Alpakaweber (m) Alpaca weaver
Alterung (f) ageing
Alterungsverfahren (n) aging process
altmodisch old-fashioned

Aluminat (n) alumina
Ammoniumacetat (n) ammonium acetate
amorph amorphous
Amylopektin (n) amylopectin
Analyse (f) analysis
anatolischer Teppich (m) Asia Minor carpet
Änderung (f) alteration
Anfärbbarkeit (f) dye affinity
Anfangsreihe (f) ground row
anfersen to heel
anfertigen to make-up
Angebot (n) supply; offer
Angebot (n) **und Nachfrage** (f) supply and demand
Angelschnur (f) fishing line
angerauhte Ware (f) brushed goods
Angorakatze (f) Angora cat
Angorawolle (f) Angora wool
Anilinfarbstoff (m) aniline dye
Anionfarbstoff (m) anionic dye
anketteln to stitch on
Anlegen (n) donning
Anlegepistole (f) lace-up gun
Anorak (m) anorak
anorgan. Faser (f) inorganic fibre
anpassen to fit; to suit
Anprobe (f) fitting
Anprobekabine (f) fitting room
anprobieren to fit, to try on
Anrändernaht (f) flat seam
Ansaugung (f) adsorption
anschlagen to beat up; to cast on (knitting)
Anschmutzung (f) soiling
anspinnen (Faden) to join a thread
Anspinner (m) piecer and doffer
Anspinnwalze (f) doffing roller
anspruchsvoll discriminating; demanding high standards
anspruchsvolle Bekleidung (f) garments for the discriminating (customer)
anspruchsvolle Kundin (f) discriminating customer
anstoßen to knock off, to run on
antailliert semi-fitted
Anthrazit (Farbe) (n) anthracite
antiallergisch non-allergenic
Antibakterizidbehandlung (f) antimicrobial treatment
Antierrosionsnetz (n) anti-errosion net
Antifilzausrüstung (f) non-felting finish; superwash treatment
Antifleckensystem (n) stainblocker system
Antioxidationsmittel (n) antioxidant
Antipilling (n) antipilling
antirutsch anti-slip
Antirutschteppichboden (m) anti-slip carpeting
Antischaummittel (n) antifoaming agent
Antischmutzbehandlung (f) anti-soil treatment
Antistatikum (n) anti-static agent
antistatisch antistatic
Anwebstelle (f) starting place
Anwendungsoberfläche (f) user face
Anzahl Schuß und Faden picks and ends
Anzeige (Zeitung) (f) advirtisement
anzeigen to indicate
anziehen to dress, to put on clothes
Anziehpuppe (f) dress-up doll
Anzug (m) suit (for a man)
Anzugstoff (m) men's suiting (fabric)
apfelgrün apple green
Applikationen (f pl.) ornamentations, trimmings
applizieren to do applique work
appretieren to finish (fabrics)
Appretur (f) finish
Appreturfoulard (m) padding and impregnating machine
Appreturmaschine (f) finishing machine
Appreturvorgang (m) finishing procedure
Après-Ski-Kleidung (f) after-ski wear, après-ski
aprikosenfarbig apricot-coloured
Arabeske (f) arabesque
Arachne-Maschine (f) Arachne machine
Aramidfaser (f) aramid fibre
Arazzo (m) Arras wall carpet
Arbeitsbreite (f) working width
Arbeitsgemeinschaft Deutscher Strumpfstrickereien (f) **(ads)** Association of German Stocking Manufacturers
Arbeitshemd (n) work(ing) shirt
Arbeitshose (f) work(ing) trousers

Arbeitsjacke (f) work(ing) jacket
Arbeitskleidung (f) working apparel, working clothes
Argylemuster (n) Argyle pattern
Argylesocken (f pl.) Argyle socks
Armausschnitt (m) armhole
Armblätter (n pl.) underarm pads
Ärmel (m) sleeve
Ärmelaufschlag (m) cuff (rare)
Ärmelfutter (n) sleeve lining
Ärmelhalter (m) armband
Ärmelloch (n) armhole
ärmellos sleeveless
Ärmelschoner (m) oversleeve
Ärmeltasche (f) sleeve pocket
Armierungsband (n) reinforcement tape
Artikel (m) article, item
Asbest (m) asbestos
Asbestanzug (m) asbestos suit
Asbestgarn (n) asbestos yarn
Asbestschutzkleidung (f) asbestos clothing
Asbestschürze (f) asbestos apron
Asbesttuch (n) asbestos cloth
assouplieren (Seide) to half-boil
asymmetrisch asymetrical
Ataktipolymerisat (n) atactic polymer
Äther (m) ether
Äthylenglycol (n) ethylene glycol
Äthylvinylacetat (n) ethyl vinyl acetate
Atlas (m) satin, atlas
Atlas (m) mit zwei 2/3steigungszahlen (f pl.) two-step sateen
Atlasband (n) satin ribbon
Atlasbindung (f) satin weave, atlas weave
Atlasfilet (n) atlas net
Atlaslegung (f) atlas lapping, vandyke
Atlasstoff (m) satin; sateen
Atmungsfähigkeit (f) breathability
Ätzdruck (m) discharge print, discharge printing
ätzen to etch, to corrode, to macerate
aufarbeiten to reprocess
aufbauen to assemble
aufbäumen (Weberei) to set (weaving), to beam up
aufbereiten ro recover, to reclaim
aufbügelbares Band (n) iron-on tape
auffasern to separate into fibres
aufgabenspezifische Faser (f) functional fibre
aufgepreßt goffred
aufgepreßtes Muster (n) goffred design
aufgerauht brushed, brushed up, napped
aufgesetzte Spitze (f) lace insertion
aufgesetzte Tasche (f) patch pocket
Aufhänger (m) loop, hanger
aufhellen to brighten
Aufheller (m) brightener
Aufkleber (m) sticker
auf Lager (n) in stock
Auflaufhülse (f) take-up tube
auflegen (Faden) to string up
auflösen (Fasern) to distangle
aufmachen to make up
Aufmachungseinheit (f) package
aufnadeln to pin
Aufnahme (f) **des Imprägniermittels** (n) dip pick-up, dip take-up
Aufnahmefähigkeit (f) absorption capacity
Aufplattiermuster (n) warp plating, warp striping
aufrauhen to nap
Aufrauhen (n) coarsening
Aufrechterhaltung (f) maintenance
aufrechtstehender Flor (m) erect pile
aufrollen to roll, to roll up; to batch
Aufrollmaschine (f) rolling machine
Aufschlag (m) **(Hose)** turn-up (trouser)
aufschlagen (Ärmel) to roll up (sleeve)
aufschneiden to cut the loops
aufspringende Falten (f pl.) stand-up pleats
Aufspulmaschine (f) take-up machine
Aufsteckgatter (n) creel
Aufsteckspindel (f) skewer
Aufstoßeinrichtung (f) transferring device
Aufwärmebekleidung (f) warm-up suit
Aufwickeleinrichtung (f), **Aufwickler** (m) batching device
aufwickeln (die Ware) to take up (fabric)
Aufwickelspannung (f) wind-up tension
Aufwindung in Kötzerform winding in cop form
aufziehen (Faser) to absorb (fibre)
Aufziehvermögen (n) affinity
Augenknopfloch (n) eyelet button-hole

ausarbeiten to make up
Ausarbeitung (f) making-up
ausbessern to mend
ausbeulen to bag (trouser, etc.)
Ausbeute (f) yield, output
ausbleichen to bleach out
ausbluten to bleed
Ausbluten (n) **(Farbe)** water bleed
Ausbreiter (m) spreader
ausbrennen to burn out
Ausbrenner (m) burnout
Ausfahrgarnitur (f) walking-out (pram) set
Ausfallrate (m) failure rate
ausfransen to fray
ausfüllen to pad
ausgebogte obere Knopfleiste (f) scaloped front panel
Ausgehkleid (n) going-out dress
ausgestellt flared
ausgestellter Rock (m) flared skirt
Ausgleichsriet (m) spacing reed
Auslängung (f) elongation
Auslage (f) display, goods on display
Auslaßöse (f) **(Nähmasch.)** delivery eye
Auslauffeld (n) delivery end
Auslaufgerüst (n) outlet section
auslaugen to soak in caustic (lye)
Auslegeteppich (m) fitted carpet, fitted carpeting, area rug
Auslegeware (f) carpeting
Ausnadeleinrichtung (f) device for unspinning
Ausnutzung (f) efficiency
ausrüsten to finish, to equip (techn.)
Ausrüstung (f) finish, dressing, equipment
Ausschneidebogen (m) pattern
Ausschnitt (m) neckline
Ausschuß (m) rejects
Aussehen (n) look, appearance
Außenverwendung (f) outdoor use
aussondern to reject
ausspannen to board, to stenter
ausspinnen to spin out, to string up
Ausspinngrenze (f) spin out limit
Ausstatter (m) clothier
ausstellen to flare
Ausstellung (f) exhibition
Ausstellungsvitrine (f) showcase
Aussteuer (f) trousseau; houshold linen
Ausstoßkamm (m) stripping comb
Ausverkauf (m) sale (clearance, etc.)
Auswahl (f) selection, choice
auswechseln to exchange
Auszeichnungsbestimmungen (f pl.) labelling regulations
Ausziehverfahren (n) exhaust process (dyeing)
Ausziehwalze (f), **Streckwalze** (f) draw roller
Autoclav (m) autoclave
Autohimmel car headlining
automatisch automatic
automatischer Schußspulwechsel (m) automatic pirn change
automatischer Schützenwechsel (m) automatic shuttle change
automatischer Webstuhl (m) automatic loom
automatisches Absetzen (n) autodoff system
Automatte (f) floor mat (motor-car)
Autopolster (n) car upholstery
Autoschonbezug (m) car seat cover
Autoteppich (m) car carpet
Avivage (f) finish
Axminister (-Teppich) (m) Axminster carpet
Azetat (n) (CA) acetate (CA)
Azetatfaser (f) acetate fibre
Azetatseide (f) acetate silk
Azetatspinnfaser (f) acetate staple fibre
Azetyl acetyl
Azofarbstoff (m) azoic dye
Azofärbung (f) azoic dying
azur azure
Azurgarn (n) hard-twisted mungo

B

Babyartikel (m pl.) baby wear, baby requisites
Babygarn (n) baby wool
Baby-Garnitur (f) layette
Babyjäckchen (n) matinée coat, coatee
Bad (n) (dye)bath; solution

Badeanzug (m) swim suit, bathing costume
Badeartikel (m pl.) bathing requisites
Badehose (f) swimming trunks
Badekappe (f) bathing cap
Bademantel (m) bath robe, beach robe
Badematte (f) bath mat
Bademode (f) beach fashions, bathing fashions
Badetasche (f) beach bag; toilet bag
Badetuch (n) bath towel
Bad-Teppichgarnitur (f) bath rug set
Bahnbreite (f) width of web
Bahnbreitenmeßgerät (n) width-measuring monitor
Bahnenrock (m) gored skirt
Bahnzugmeßgerät (n) web-tension monitor
Bakterienfilter (m) bakteria filter
Baldachin (m) baldachin, canopy
Ballen (m) bale
Ballenbrecher (m) bale breaker
Ballenöffner (m) bale opener, bale breaker
Ballenpresse (f) baling press
Ballenumreifung (f) bale tie
Ballenverpackung (f) bale wrap
Ballenwickelmaschine (f) baler
ballonlos spinnen balloonless spinning
Ballonwinkel (m) balloon angle
Bananentasche (f) scooped inset pocket
Band (n) ribbon, tape; sliver, tow (man-made-fibres)
Bandablieferung (f) **(in Kanne)** coiler
Bandage (f) bandage
Bandanadruck (m) bandana (print)
Bändchen (n) ribbon, tape (narrow)
Bandeau (m) bandeau
Banderole (f) banderole, streamer
Bandführer (m) sliver guide
Bandgewicht (n) sliver weight
Bandkratze (f) ribbon card
Bandmaß (n) tape-measure, measuring tape
Bandnachführung (f) piecener
Bandstickerei (f) embroidered braid
Bandtrockner (m) conveyor drier
Bandweberei (f) ribbon weaving
Bandwebstuhl (m) ribbon loom
Bandwickelmaschine (f) ribbon winder
Bandzettelmaschine (f) ribbon-warping machine (weaving)
Bani-Lon-Verfahren (n) Ban-Lon process, stuffer box process
Bärenfell (m) bearskin
Bärenfellmütze (f) busby
Barett (n) biretta; beret
basischer Farbstoff (m) basic dye
Basislänge (f) basic length
Baskenmütze (f) beret
Bast (m) bast, raffia
Bastfaser (f) bast fibre
Basthanf (m) bast hemp
Bastseide (f) bast silk
Batikarbeit (f) batik work
Batist (m) batiste, ninon, cotton cambric
Batistband (n) batiste ribbon
Bauchbinde (f) (stomach) binder, body warmer (baby)
Bäuerinbluse (f) peasant blouse
Baum (m) **(Weberei)** beam (weaving)
bäumen (Kette) to beam (the warp)
Bäumen (n), **Zetteln** (n) beaming
baumfärben to dye on the beam
Bäumgeschwindigkeit (f) beaming speed
Baumscheibe (f) flange
baumwollähnlich cottony
Baumwollband (n) cotton tape
Baumwollbatist (m) cotton cambric
Baumwolle (f) cotton
Baumwollgarn (n) cotton yarn
Baumwollgemisch (n) cotton blend, cotton mixture
Baumwolljersey (m) cotton jersey
Baumwollkrepp (m) cotton crêpe
Baumwoll-Linters (pl.) cotton linters
Baumwollmischgarn (n) blended cotton yarn
Baumwollsamt (m) velveteen
Baumwollspinnerei (f) cotton spinning mill
Bauschärmel (m) puffed sleeve
Bauschelastizität (f) bulk elasticity
Bauscherholung (f) bulk regain
Bauschgarn (n) bulked yarn
bauschig bulky, lofty
Bauschigkeit (f) bulk, fullness
bautechnische Textilien (n pl.) civil engineering fabric

Beanspruchung (f) stress, strain
Beanstandung (f) complaint
Bedarfsbündelung (f) consumption oriented selection
Bedeckung (f) coverage
Bedienung (f) **(Wartung)** attendance
Bedruckbarkeit (f) printability
bedruckt printed
bedruckte Baumwolle (f) cotton print, printed cotton fabric
bedrucktes Garn (n) printed yarn
bedrucktes Gewebe (n) printed fabric
Befeuchtungsmaschine (f) humidityίng machine
beflocken to flock
Beflockungsmaschine (f) flocking machine
Begehversuch (m) treading test, practical test (carpet)
behandeln to treat
Behandlung (f) treatment
Beibehaltung (f) retention
Beiderwand (f n) Linsey Wolsey
beidseitig on both sides, reversible
beige (beigefarben) (n) beige
Beize (f) mordant
Beizfarbe (f) mordant dye
Beizmittel (n) mordant
Bekanntheitsgrad (m) degree of brand awareness
bekleiden to dress, to attire
Bekleidung (f) wear, attire, dress
Belastung (f) stress, strain; load
Belastungsverhalten (n) stress-strain behaviour
beleibt ample, having a full figure (woman); portly (man)
Belichtung (f) exposure
benetzen to wet
bequem comfortable
Berberteppich (m) Berber carpet
Beregnungsprüfer (m) water-repellency tester
Bermudahose (f) Bermuda shorts, Bermudas
Bermudas (pl.) Bermudas
Berstversuch (m) bursting test
Berufskittel (m) lab coat
Berufskleidung (f) working apparel
Besatz (m) trimming(s)
beschädigen to damage
beschichten to coat
beschichtetes Gewebe (n) coated fabric
beschichtetes Grundgewebe (n) **(Teppich)** backed base fabric
Beschichtung (f) coating
Beschichtungsmaschine (f) coating machine
Beschichtungsstoff (m) coating material
beschleunigen to accelerate
Beschleunigungsmittel (n) accelerator; carrier
besetzen (Hut, Saum, Kleid) to trim with, to border with, to lace with
bestellen to order
Bestellnummer (f) order number
Bestellung (f) order
bestücken to equip
Betrieb (m) factory
Betriebsanlage (f) plant, factory
Betriebsmittel (n pl) utilities
Bettbezug (m) bedding, bed coverings
Bettdecke (f) **(wollene)** blanket
Bettjäckchen (n) bed jacket
Bettjacke (f) bed jacket
Bettkattun (n) ticking
Bettlaken (m n) sheet, blanket
Bettüberwurf (m) bedspread
Bettuch (n) sheet, bedsheet
Bettumrandung (f) bed surround, bed set
Bettwäsche (f) bed linen
Bettzeug (n) bedding, bedclothes
Beuchapparat (m) apparatus for scouring in autoclaves
Beuchkessel (m) bucking kier
Beutelgaze (f) bolting silk
Beuteltasche (f) patch pocket
Bevorratung (f) stockkeeping
beweglich free, with freedom of movement (dress, etc.)
Bewegungsfreiheit (f) freedom of movement
Bewicklung (f) winding
Bewicklungsbreite (f) winding width
Bezug (m) cover, coat
BH (m) bra(')
Biberbettuch (n) flannelette sheet
Bibergarn (n) beaver yarn
Bibertuch (n) beaver cloth

Bicone (m) bicone
Biedermeierstil (m) early Victorian, Victorian
Biegefestigkeit (f) flexure, flexural resistance, bending rigidity
Biese (f) braid, piping (in some cases also pin pleat)
Biesensteppung (f) pleated quilting
Bikomponentenfaser (f) bi-component fibre
Bikomponentenverfahren (n) bi-component process
Bildschirmprogramm (n) on-line programme
Bildung von Fadenreserve tailing
Billettasche (f) ticket pocket
Binde (f) binding, bandage
Bindekette (f) chain warp
binden, verfestigen to bond
Bindepunkt (m) binding point
Binder (m) tie, necktie
Bindfaden (m) string, twine
Bindung (f) weave, fabric construction, binding
Bindungsfehler (m) wrong lift
Blasfolie (geblasenes Produkt) (f) melt blown product
Blasschacht (m) blow duct, quenching cabinet
Blasvorrichtung (f) quench system
Blatt (n) reed
Blattbreite (f) reed width, reed space
Blatteinzugsfehler (m) wrong denting
Blattfehler (m) reed mark
Blattstreifen (m) reed mark
Blattstreifigkeit (f) reediness
blau blue
Blaufuchs (m) blue fox
bläulich blueish
Blazer (m) blazer
Blazerjacke (f) blazer jacket, straight-cut jacket
Bleiband (n) leaded tape (for weighting curtains)
Bleichapparat (m) bleaching apparatus
Bleichbad (n) bleaching bath
Bleiche (f) bleach
bleichen to bleach
Bleichmaschine (f) bleaching machine
Bleichmittel (n) bleaching agent
Bleichstiefel (m) bleaching J-box
Blende (f) panel
Blendenausschnitt (m) cardigan neckline
Blendenkragen (m) banded collar
Blendenschirm (m) eyeshade
Blendschutznetz (n) antiglare net
Blickfänger (m) eye-catcher
Blindstich (m) blind stitch
Blindstichnaht (f) blind stitch seam
Blindwalze (f) idle roll
Blockcopolymerisat (n) block copolymer
Blouson (m) blouson (blouse or shirt with pouched back)
Blumenmuster (n) floral design, floral pattern
Bluse (f) blouse
bluten to bleed
blütenfarbig blossom-coloured
Blütenmuster (n) floral design
Boarding (n) boarding
Bobine (f) bobbin, spool
Bobinet (n) bobbinet
Bodenbelag (m) floorcovering
Bogenausschnitt (m) scalloped neckline
Bogenschuß (m) bowed filling
Bogenverzugsrichter (m) bowed weft adjuster
Boistoff (m) baize
Bolero (n) bolero
Bolerojäckchen (n) bolero jacket
Bombage (f) lapping, wrapping
Bommel (f) tassle
Bord-à-Bord edge-to-edge
Borde (f) border, edge
Bordüre (f) border, edging
Borkengewebe (n) bark weave
Borkenkrêpp (m) bark crêpe
Borste (f) bristle
Borte (f) selvage, edge, border
Botanygarn (n) botany yarn
Bouclé (n) bouclé
Bouclé-Haargarn (n) haircord
Bouclételppich (m) bouclé carpet, looppile carpet
bouillonierter Kräuseleffekt (m) purl effect
Bourette (f) bourette
Bourettegarn (n) bourette yarn
Bouretteseide (f), **Abfallseide** (f) bourette silk

Boutique (f) boutique
Boutiquemode (f) boutique fashion(s)
Boxschultern (f pl.) squared shoulders
Bradford-System (n) Bradford system
Brauchbarkeitsdauer (f) life utility
Brautkleid (n) wedding dress, bridal gown
Brautrobe (f) bridal gown, wedding gown
Brechmaschine (f) breaker
Breecheshose (f) breeches
breit behandeln (den Stoff) to keep fabric at open width
Breite (f) width
Breithalter (m) temple
Breithalterschaden (m) temple mark
Breithaltestab (m) expander rod
Breitimprägniermaschine (f) machine to impregnate in open width
Breitschwanz (m) broadtail
Breitstreckwalze (f) expander roller, broad-stretching roll
Breitstuhl (-teppich) (m) broadloom (carpet)
Breitwaschmaschine (f) open-width washing machine
Bremsbelag (m) brake lining
Bremsscheibe (f) **(Weberei)** ruffle (weaving)
Brennbock (m) crabbing jack
Brennprobe (f) ignition test, burning test
Brennpunkt (m) ignition point
brettig rigid, stiff; boardy
Brillantgarn (n) **(feiner, extra fester Baumwollfaden)** lisle
Brochierschuß (m) weft figure
Brokat (n) brocade
broschieren to stitch
broschiertes Gewebe (n) stitched fabric
Bruch (m) rupture
Bruchdehnung (f) elongation at break
Bruchfestigkeit (f) tensile strength
Brüchigwerden (n) embrittlement
Bruchstelle (f) breaking point
Brücke (f) scatter rug, small rug, runner
Brüsseler Teppich (m) Brussels carpet
Brustabnäher (m) bust dart
Brustband (n) breastband
Brustmaß (n) chest measurement, bust measurement
Brusttasche (f) breast pocket
Brusttiefe (f) length from shoulder to bustline
Brustumfang (m) bust measurement
Brustweite (f) bust measurement; chest measurement
Bruttogewicht (n) gross weight
Bubikragen (m) Peter Pan collar
Bucheinband (m) cover, book lining
Buckskin (m) buckskin
Bügel (m) hanger
Bügelbrett (n) ironing board
Bügelechtheit (f) fastness to ironing
Bügeleisen (n) flatiron, iron
Bügelfalte (f) pressed pleat; crease (trousers)
bügelfest fast to ironing, can be ironed
bügelfrei non-iron, drip-dry
bügelleicht easy-iron
Bügelmaschine (f) rotary ironer
bügeln to iron, to press (clothes, fabrics, etc.)
Bügelpresse (f) ironing press
Bügelprobe (f) ironing test
Bügeltemperatur (f) ironing temperature
Bund (m) waistband
Bündchen (n) cuff (shirt, blouse, etc.)
Bundesverband (m) **des Deutschen Textileinzelhandels** (m) Federal Association of German Textile Retailers
Bundhosenstrumpf (m) knee stocking
Bundweite (f) waistline, waist measurement
bunt coloured, brightly coloured
Buntgewebe (n) woven coloured fabric (often also knitted coloured fabric)
Buntmuster (n) multi-coloured pattern, (design), brightly coloured pattern
Buntwäsche (f) coloured wash, coloureds
burgundfarbig (n) burgundy
Burnus (m) burnous
Bürokleidung (f) office wear
Burschengröße (f) boy's size
Bürste (f) brush
bürsten to brush
Bürstmaschine (f) brushing machine
Bürstwalze (f) brush roll
Büschel (m) pom-pom
Büste (f) bust
Büstenhalter (m) brassière
Büstenkörbchen (n) brassière cup

Button-down-Kragen (m) button-down collar

C

Caban (m) cabana cloth
cablé cable (stitch)
Calcium-Alignat (n) calcium alignate
Camilla (f) Scotch gauze
Camisette (f) camisette
Camisol (n) camisole
Cantrece (f) cantrece
Cape (n) cape
Capekragen (m) cape collar
Caprolactam (n) caprolactam
carbonisieren to carbonise
cardé carded
Cardigan (m) cardigan
Caroafaser (f) craua fibre
carré checked
carrierlos carrier-free
Cellophan (n) cellophane
Cellulose (f) cellulose
Chamois (m) chamois
Chanelkostüm (n) Chanel suit
changeant iridescent
changierend iridescent
Changierung (f) traverse motion
Chargenprozeß (m) batch process
Charmeuse (n) locknit, charmeuse
Chasing-Kalander (m) special-type calender for chasing
Chemiefaser (f) **auf Cellulosebasis** (f) cellulosic fibre
Chemiefasern (f pl.) man-made fibres
chemisch neutral chemically inert
chemische Reinigung (f) dry-cleaning
chemische Texturierung (f) self-crimping process
chemischer Widerstand (m) chemical resistance
Chemischreinigungsanlage (f) dry-cleaning unit
Chemisierkleid (n) shirtwaister
Chenille (f) chenille
Chenille-Axminster (m) chenille Axminster (carpet)
Chenilleband (n) chenille ribbon
Chenille-Teppich (m) chenille carpet, cut-pile carpet
Chesterfield (m) Chesterfield
Cheviot (m) Cheviot
Chevron (m) Chevron (pattern)
chic chic, schick
Chiffon (m) chiffon
Chinagras (n) China grass, ramie
Chintz (m) chintz
chirurgischer Faden (m) surgical thread
Chlor (n) chlorine
Chlorechtheit (f) fastness to chlorine
Chlorfaser (f) chloro fibre
Ciré (m) Ciré
City-Hemd (n) man-about-town shirt
Clip (m) clip
cloqué cloqué
Clubjacke (f) blazer
Cocktailanzug (m) cocktail trouser suit (women's cocktail ensemble with slacks)
Cocktailkleid (n) cocktail dress
Coeurausschnitt (m) heart-shaped neckline
Collage (n) collage
Collegekleidung (f) college wear
Collegestil (m) college style
Collegetuch (n) college cloth
Coloplast-Maschine (f) coloplast machine
Colorit (n) colorite
Combiné-Druck (m) twin print
Combi-Strumpf (m) fully-fashioned stocking with heel knitted on
Complet (n) ensemble, complet
Composé(es) (n pl.) companion fabrics, composés
computergesteuert computer-controlled
Computergewebe (n) impression fabric
Cone (m) cone
Continuefärberei (f) continuous dyeing
Continuegarn (n) continuous spun yarn
Continue-Waschmaschine (f) continuous scouring machine
Converter (m) converter
Converter-Kammzug (m) converter top
Copolymerisat (n) copolymer
Cord (m) corduroy
Cordläufer (m) rep runner (carpet)

Cordsamt (m) ribbed velvet
Cord-Schneidemaschine (f) corduroy cutting machine
Cordteppich (m) cord carpet
core-spun core-spun
Corsage (f) bodice
Corselet (n) corselette
cotelé cotelé, ribbed
Coteline (m) fine-ribbed furnishing fabric
Cottonmaschine (f) fully fashioned knitting machine
Cottonstrumpf (m) fully fashioned stocking
Couch (f) couch, chesterfield
Cowboyhut (m) stetson, cowboy's hat
Craquelé (m) craquelé weave
Crêpe (m) crêpe
Crêpe-de-Chine (m) crêpe-de-chine
Crêpe-Georgette (m) crêpe georgette
Crêpe-Marocain (m) marocain
Crinkle-Verfahren (n) knit-deknit process (also knit-de-knit)
Crossbred-Wolle (f) crossbred wool
Crylor (n) crylor
Culotte (f) culotte
Cup (m) **(BH)** cup (bra)
Cuprofaser (f) cuprammonium fibre
Cut (Cutaway) (m) morning coat, cutaway coat

D

Dacca (n) Dacca muslin
Daccaseide (f) Dacca silk
Dachbespannung (f) roof-covering fabric
Dachinnenverkleidung (Auto) (f) headlining
Dachpappe (f) roofing felt
Damast (m) damask
Damastbindung (f) damask weave
Damenbekleidung (f) women's wear fabrics
Damenbekleidungsgeschäft (n) women's outfitters (besser als „ladies'")
Damenbinde (f) sanitary towel
Damengröße (f) woman's size
Damen-Hygieneeinlage (f) feminine pad, feminine liner
Damenmode (f) women's fashion(s)
Damenoberbekleidung (f) **(DOB)** women's outer wear (rtw)
Damenschlüpfer (m) panties, knickers
Damenstoff (m) women's outer wear fabric
Dämmstoff (m) insulating material
Dämpfaggregat (n) steamer, steaming unit
Dampfbügeleinrichtung (f) steam press, steam pressing unit
dampfbügeln to steam press
Dämpfechtheit (f) fastness to steam treatment
Dämpfeinrichtung (f) steaming device
dämpfen to steam
Dämpfer (m) steamer
dampffixieren to steam set
Dampfheißmangel (m) cylincrical steam press
Dampfheizpresse (f) steam-heated press
Dampfkalander (m) steam calender
Dämpfkammer (f) steam chamber, steam box
Dämpfpresse (f) steaming press
Dämpfung (f) damping
Dauerfixierung (f) permanent setting
Dauerplissee (n) permanent pleat, durable pleat
Daune (f) down
Daunendecke (f) eiderdown, duvet
Deckblume (f) fashioning(s)
Decke (f) cover, coverlet; blanket
Deckfarbe (f) body colour
Deckkraft (f) coverage, covering property
Dehnbarkeit (f) extensibility
Dehnung (f) elongation, extension
Dehnungsmeßgerät (n) elongation meter
Dehnvermögen (n) elongation properties
dekatieren to decatize
Dekatiermaschine (f) decatizing machine
Dekatierzylinder (m) decatizing cylinder
Dekolleté (n) decolletage
Dekorateur (m) **(-in)** (f) window dresser
Dekoration (f) display, decoration

Dekorationsdamast (m) furnishing damask
Dekorationsstoff (m) decorative fabric
dekorieren to dress (a window), to decorate
Dekostoff (m) furnishing fabric
Denier (den) (n) denier (den)
Denier pro Einzelkapillare (m) denier per filament (dpf)
Denim (m) denim, jean
derb rugged
Derbysocke (f) Derby sock
Desinfektionsmittel (n) disinfectant
desinfizieren to disinfect
Dessin (n) **(eines Gewebes)** design, pattern (of fabric)
Dessinateur (m) **(-in)** (f) designer (fabric, clothes, etc.)
dessinieren to design
Dessous (pl.) lingerie, women's underwear
Detaillist (m) retailer
Deutsche Industrienorm (f) **(DIN)** German industrial standard
Deux-Pièces (pl.) two piece
Diagonalbindung (f) diagonal weave
Diagonalflechtung (f) bias braiding
Diagonalmuster (n) diagonal pattern
Diagramm (n) diagramme (e), diagram (a)
Diazetat (Diacetat) (n) diacetate
dicht dense; close (weave, etc.)
dicht anschlagen to beat up tightly
Dichte (f) density
dichtes Maschenbild (n) close-knit, closely-knitted fabric
Dichtung (f) gasket, packing, seal
dick fat, portly
dicke Garnstelle (f) thick place
Differentialfärben (n) differential dyeing
diffundieren (Färberei) to diffuse (dye)
Dimethylformamid (n) **(DMF)** dimethylformamide (DMT)
Dimethylterephthalate (n) **(DMT)** dimethylterephthalate (DMT)
Dimity (m) **(gestreifter Barchent)** dimity
Diorfalte (f) Dior pleat
Directrice (f) head cutter (female) in a garment factory
Direktfarbstoff (m) direct dye
Direktkablieren (n) direct cabling
Direktspinnverfahren (n) direct spinning process, integrated spinning
Dirndl (n) Dirndl
Dirndlkleid (n) Dirndl dress
Dirndlstoff (m) Dirndl material (dress fabric in traditional designs)
Discountladen (m) discount store, discount house
diskontinuierliches Kräuselverfahren (n) discontinuous crimping process
diskontinuierliches Verfahren (n) batch process
Dispergiermittel (n) dispersing agent
Dispersionsfarbstoff (m) disperse dye
disponieren to allocate orders
Disposition (f) ordering
DOB (Damenoberbekleidung) (f) women's outer wear (rtw)
Dochtgarn (n) candlewick, roving yarn
Docke (f) batch
Donegal-Teppich (m) Donegal carpet
Donegal-Tweed (m) Donegal tweed
Doppelatlas (m) double atlas, double vandyke
Doppelbett (n) double bed
Doppeldamast (m) double damask
Doppeldrahtlitze (f) twin-wire heddle (heald)
Doppelfeinripp (m) 2/2 fine rib
doppelflächige Ware (f) double-knit fabric
Doppelfutterware (f) double inlay construction; double fleecy lining
Doppelhandschuh (m) double glove
Doppelhübe (m pl.) double strokes
Doppeljersey (m) double jersey
Doppelkettenstichnaht (f) double-chain-stitch seam
Doppelkettenstuhl (m) warp-knitting loom with two needle bars
doppelkettige Ware (f) double -faced fabric; rib-knitting
Doppelkrepp (m) crêpe georgette
doppeln to double
Doppelplüsch (m) double plush
Doppelrand (m) double welt

doppelreihig double-breasted
Doppelriemen-(n) **Spinnverfahren** double-apron spinning system
Doppelripp (m) 2/2 ribb
Doppelrücken (m) **(Teppich)** double backing
doppelschalige aufblasbare Zelthalle (f) inflated double-walled tent, double-skin tent
Doppelschneckenextruder (m) twin-screw extruder
doppelseitige Ware (f) reversible fabric
Doppelsteppstichnaht (f) double sadle stitch seam
Doppelstoff (m) twin fabric
Doppeltaft (m) maceline
Doppelteppich (m) face-to-face carpet
doppelter Verzug (m) double draft
doppeltes Strecken (n) double drawing
Doppelvliesverbindung (f) fabric-to-fabric bonding
Doppelzungennadel (f) double-ended latch needle
Doppelzylinder (m) double cylinder
Dotterblumenmuster (n) marigold pattern
Double-Face (m) double face
Doubliermaschine (f) doubling machine
doubliertes Garn (n) doubled yarn
Draht (m) wire
Drahtgeflecht (n) wire cloth
Drahtgewebe (n) wire cloth
Drahtwebstuhl (m) wire weaving machine
Drainagegewebe (n) drainage woven fabric
Drall (m) **(Spinnerei)** twist (spinning)
Drallfinger (m) twist finger
Drallfreiheit (f) absence of twist
Drap-de-Soie (m) drap-de-soie
Drapé (m) fine-ribbed wollen material
drapieren 2/3 to drape
Drehbewegung (f) rotary motion
Dreherbindung (f) Leno weave
Drehergewebe (n) Leno weave, rotary weave
Drehkette (f) crossing warp
Drehmoment (m) torque
Drehröhrchen (n) (false) twisting spindle
Drehung (f) twist, torsion
Drehungsbeiwert (m) twist factor, twist coefficient
Drehungsfehler (m) mixed twist
Drehungsgrad (m) twist level
Drehungskoeffizient (m) twist-coefficient
Drehungsrichtung (f) direction of twist
Drehungssinn (m) direction of twist
Drehweblade (f) pivoted reed
3-dimensionale Kräuselung (f) 3-dimensional crimp
Dreieckhöschen (n) Y-front pants
Dreifadenstrumpf (m) three-ply stocking
Dreinadelrandnaht (f) three-needle flat seam
Dreischuß (m) three-shot
Dreiviertellänge (m) three-quarter length
dreiviertellange Socke (f) three-quarter length sock, calf-length sock
Dreizylindergarn (n) three cylinder yarn
Drell (m) drill, huckaback
Dreß (m) **(Fußball)** football attire, football jersey
Dressman (m) male model, male mannequin
Drill (m) drill
Drosselgarn (n) ring-spun yarn
Druck (m) print, printing, printed fabric; pressure
druckempfindlich pressure-sensitive
drucken to print
druckfest crush-resistant
Druckfestigkeit (f) crush resistance
Druckknopf (m) press fastener, snap fastener
Druckmaschine (f) printing machine
Druckmusseline (f) Dacca muslin
Druckmuster (n) print motif
Druckstoff (m) print cloth
Drucktisch (m) printing table
Druckwalze (f) pressure roller, printing cot roller
Druckzylinder (m) pressure cylinder
dublieren to double; to fold
Dubliermaschine (f) doubler, doubling machine
Duchesse (f) duchess satin
Düffel(stoff) (m) duffle (fabric), frieze
Düffelmantel (m) dufflecoat

Duffle(coat) (m) dufflecoat
dunkel dark
dunkler Farbton (m) darke shade
Duplex(stoff) (m) duplex (fabric)
durchbrochenes Gewebe (n) open-weave, openwork fabric
Durchbruchmuster (n) openwork pattern
Durchfärbung (n) dye penetration
durchgeknöpft button-through
durchlaufendes Muster (n) continuous pattern
Durchschnitt (m) average
durchschnittlich average
durchsichtig transparent, see-through; translucent
durchstechen to perforate, to pierce, to punch; to bore, to drill
durchwalken to mill, to full
Durchzugsverfahren (n) slip roller method
Duschvorhang (m) shower curtain
Düse (f) jet, nozzle
Düse (f) (Spinn.) die
Düsenfarbdruck (m) colour-jet printing
Düsenfärbemaschine (f) jet-dyeing machine
Düsenfärberei (f) jet dyeing
düsengefärbt spun-dyed, mass-dyed
düsengekräuselt jet-textured
Düsenverschraubung (f) spin pack
dynamische Belastung (f) dynamic loading

E

echter Teppich (m) true carpet
Echtheit (f) fastness
Eckenband (n) edge binding
Eckenkragen (m) wing collar
Ecossais (m) Scotch silk, ecossais
Effekt (m) effect
Effektfaden (m) fancy thread; effect yarn
Effektgarn (n) effect yarn, fancy yarn, novelty yarn
Egalisiermaschine (f) equalizer
Egalisierungsmittel (n) levelling agent
Egalität (f) **(Färberei)** evenness
egrenieren to gin
Egreniermaschine (f) cotton gin
eichen to calibrate
Eichung (f) calibration
Eigenspannung (f) internal tension
Eigenverfestigung (f) inherent bonding
Einbandleinen (n) binding cloth
einbettig with one needle bed
eindicken to thicken
Eindicker (m) thickener
einen Farbton (m) **treffen** to match (a colour), to shade
einfacher Jersey (m) single jersey
einfacher Zwirn (m) doubled yarn, twisted yarn
einfaches Kreuz (n) one and one lease, end and end lease
Einfachgarn (n) single yarn
Einfach-Spann- und Trocknungsmaschine (f) single tentering and drying machine
einfädeln to thread
einfädig single thread
Einfärbevermögen (n) tinctorial ability
Einfaßband (n) binding tape
einfassen to bind, to border
Einfasser (m) **(Nähmaschine)** binder
einfetten to lubricate
einflächig plain, stockinette; single-bed knitting
Einführvorrichtung (f) feeding device
eingebundenes Chor (n) buried thread
eingefaßter Teppich (m) bordered carpet
eingehen to contract, to shrink
eingerollte Leiste (f) tucked-in selvage
eingeschnittene Tasche (f) inset pocket
eingesetzter Ärmel (m) set-in sleeve
eingetragenes Warenzeichen (n) registered trademark
Eingriff (m) **(Tasche)** entry (into pocket), pocket entry
einheitliche Größenbestimmungen (pl.) **für Wirk- und Strickwaren** (f pl.) uniform size denominations for knitwear
Einkauf (m) buying
Einkäufer (m) buyer
Einkaufsnetz (n) shopping net
Einkaufsring (m) buying ring, buying association
Einkaufstasche (f) shopping bag

Einkaufsverband (m) buying association
Einkaufszentrale (f) central buying office
Einkaufszentrum (n) shopping centre
Einlage (f) interlining
Einlagestoff (m) interlining material, interlining
einlaufen to shrink
Einlauffeld (n) feeding section
einlaufsicher non-shrink
Einlaufverhältnis (n) run-in-ratio
Einlaufwalze (f) feeding roller
einlegen (die Fäden) to thread up
Einlegestab (m) beam bear
Einlegestreifen (m pl.) paper collars
Einreiher (m) single-breaster (jacket, coat, etc.)
einreihig single-breasted
einreihige Jacke (f) single-breasted jacket
Einreißfestigkeit (f) tear strength, tear resistance
Einsatz (m) panel; gusset; trimming
Einsatzstück (n) panel
Einschuß (m) filler, weft insertion
einstellen to set, to adjust
Einstellung (f) setting; attitude (on the part of the consumer)
einstufiger Zwirn (m) folded yarn
eintauchen to dip, to immerse, to steep
Einteiler (m) one-piece
einteilig one-piece
einteiliges Kleid (n) one-piece dress
einweben to weave in
einweichen to soften
Einweicher (m) softener
Einzelhandel (m) retail trade
Einzelhändler (m) retailer, retail trader
Einzeltiter (m) filament denier
Einzelverkauf (m) retailing, retail trading
einziehen (Fäden) to draw in
Einzugsfehler (m) wrong draft
Einzugswerk (n) guide rollers
Einzwirnung (f) twist contraction
Einzylindermaschine (f) single-cylinder machine
Elasthan (PUE) elasthan (PUE)
Elasthanfaser (f) elasthan fibre
Elastikeinsatz (m) elastic inset
Elastikrand (m) elastic welt
elastisch elastic, stretchable, resilient
elastischer Verband (m) crêpe bandage, elastic bandage
elastisches Gewebematerial (n) elastic fabric
elastisches Schmalgewebe (n) elastic narrow fabric
Elastizität (f) elasticity, resiliency, spring
Elastomer (m) elastomer
Elastomerfaden (m) elastomeric thread
elegant elegant
elektronische Garnreinigung (f) electronic yarn clearing
elektrostatische Aufladung (f) electrostatic charge, electrostatic load
elektrostatische Beflockung (f) electrostatic flocking
elektrostatische Entladungsvorrichtung (f) static eliminator
Ellbogenflicken (m) elbow patch
Emblem (n) emblem
empfindlich sensitive
Empfindlichkeit (f) sensibility
empfohlener Preis (m) recommended price
Empirelinie (f) empire line
Emulgator (m) emulsifiable oil, emulsifier
Emulsion (f) emulsion
Enden (n pl.) ends
Endenöffner (m) thread opener, teaser
endlos continuous
Endlosfaser (f) filament
Endlosgarn (n) filament yarn
Endloswindel (f) disposable nappie roll
Endschlagstelle (f) finishing scutcher
Endverbraucher (m) end consumer, end user
Endvernadeln (n) finish needling
Endverzug (m) final draft
Energieverbrauch (m) energy consumption
eng narrow; hugging, tight-fitting (dress, etc.)
eng geschnitten tight-fitting
englischer Tüll (m) bobbinet
Englischleder (n) molskin
engtailliert tight-waisted; tight fitting, hugging (of a dress, etc.)
Ensemble (n) ensemble

entfärben to decolourise, to remove colour
Entfärbungsmittel (n) decolourant
Entfaserung (f) fibre extraction
entfetten to degrease
Entfilzen (n) defelting
Entfilzer (m) defelter
Entflammbarkeit (f) flammability
entflecken to spot (dry cleaning)
entglänzen to delustre, to matt
enthaaren to dehair, to depilate
enthärten to soften (water)
Enthärter (m) (water) softener
entkletten to burr
entkörnen (Baumwolle) to gin (cotton)
entnoppen to burl
entschlichten to desize
Entschlichtungsmaschine (f) desizing machine
entspannen (den Stoff) to relax (the fabric)
Entspannung (f) relaxation
Entwässerungseinrichtung (f) dewatering device
Entwässerungszentrifuge (f) machine for hydroextraction
entwerfen to design
Entwerfer (m) designer
entwickeln to develop
Entwicklung (f) development
Entwurf (m) design; draft
entzünden to ignite
Entzündungspunkt (m) ignition point
Enzym (n) enzyme
Erdfarben (fpl) earth colours
Erholung (f) recovery
Erholungsverhalten (n) recovery behavior
Erholungsvermögen (n) resilience, recovery properties
Ermüdung (f) fatigue
Erntebindegarn (n) baler twine
Erntenetz (n) harvesting net
Ersatzteil (n) spare part
Erstarrungspunkt (m) solidification point
Erste-Hilfe-Tasche (f) rescue bag
Ersttäger (m) **(Teppich)** primary backing (carpet)
Ertrag (m) yield
Erweichungspunkt (m) softening point
Espartogras (n) esparto
Essigsäure (f) acetic acid
Ester (m) ester
Etagenkleid (n) tiered dress
Etagenrahmen (m) multi-pass frame
Etamin (m) a form of gauze
Etikett (n) label
Etuikleid (n) sheath dress
Etuisamt (m) chenille
explosionsgeschützt explosion-proof
Extraktgarn (n) extract yarn
Extruder (m) extruder
Extrusionsverfahren (n) extrusion process
Exzenter (m), **Exzentermaschine** (f) cam
Exzenterwebstuhl (m) cam loom, tappet loom

F

Fabrikant (m) manufacturer
Fabrikation (f) fabrication
Fach (n) shed
Fachbildung (f) **(Garn)** shedding
fachen to ply, to double
Fachkreuzspulmaschine (f) doubling crosswinder
Fachmaschine (f) doubling machine, assembly winder
Fachringzwirnmaschine (f) doubling ring twister
Fachvorlage (f) feeding
Fachzwirnen (n) ply twisting
Fachzwirnmaschine (f) doubling twister, ply twister
Facon (m) cut, style
faconné faconné, figured fabric
Faden (m) thread, filament
Fäden (m pl.) **(im Garn)** ply, ends
Fadenanlegen (n) piecing
Fadenanleger (n) piecer
Fadenbremse (f) yarn brake
Fadenbruch (m) broken end, end break
Fadenbruchdetektor (m) yarn end detector

Fadenbündel (n) filament bundle
Fadendenier (n) filament denier
Fadendistanz (f) thread interval
Fadeneinleger (m) thread feeder
Fadeneinteilung (f) thread distribution
Fadeneinzug (m) draft
Fadenfangvorrichtung (f) thread-catching device
Fadenführer (m) thread guide
Fadenklemme (f) **(Nähmaschine)** thread nipper
Fadenlauf (m) thread path
Fadenparaffinieren (n) yarn waxing
Fadenpräparation (f) yarn lubricant
Fadenregulierung (f) thread straightener
Fadenreserve (f) yarn transfer tail
Fadenrückzugsvorrichtung (f) thread-withdrawing device
Fadenschar (f) yarn sheet, warp
Fadenscharverstreckung (f) warp drawing
fadenscheiniges Gewebe (n) sleazy fabric
Fadenschluß (m) filament cohesion
Fadenseele (f) filament core
Fadenspannung (f) thread tension, yarn tension
Fadenspannungsregler (m) tension regulator,
Fadensucher (m) end-finding-machine
Fadenverdickung (f) slub
Fadenverkreuzung (f) interlacing
Fadenverlegung (f) thread traverse
Fadenwächter (m) **am Gatter** (n) stop motion on creel, knock-off motion
Fadenwechsel (m) thread transfer
Fadenzahl (f) fibre count
Fadenzieher (m) pulled thread
...fädig ...fold (referring to number of threads)
fahl fawn, dun; faded, ashy
Fahne (f) flag
Fahnenstoff (m) flag cloth
Fahrradreifen (m) bicycle tire
Faille (m) faille, silk cord
fakturieren to invoice
Fakturgewicht (n) invoiced weight
falb dun, pale yellow
Falbel (m) flounce
Fall (m) fall, draping properties
Fallblech (n) fall plate
Fallmasche (f) dropped stitch
Fallschirm (m) parachute
Falschdrahtgarn (n) false twist (textured) yarn
Falschdrahtverfahren (n) false twisting process
falsches Garn (n) mixed yarn (weaving fault)
Fältchen (n) small pleat
Falte (f) pleat; fold; trouser crease; tuck
Falten legen to lay in pleats
Faltenrock (m) pleated skirt
Faltensaumrock (m) skirt with pleated flounces
Faltentasche (f) pleated pocket
Fang (m) tuck-stitch pattern
Fangeinrichtung (f) tucking unit
fangen to tuck
fanggerippt tuck-ribbed
Fangmasche (f) tuck stitch, tuck loop
Fangnetz (n) gathering net
Fangplissee (n) tuck-pleat
fangplissiert tuck-pleated
Fangversatzmuster (n) racked and tucked pattern
Fangwalze (f) catcher roll
Farbabmusterung (f) colour lay-off
Farbabsorption (f) dye absorption
Farbabstufung (f) colour gradation
Farbabweichung (f) colour deviation
Farbaffinität (f) dye affinity
Farbaufnahme (f) dye take-up
Farbauszug (m) colour separation
Farbbad (n) dyebath
Farbband (n) typewriter ribbon
Farbbande (n) **(Fehler)** wrong colour in weft
Färbbarkeit (f) dye affinity
Farbbeständigkeit (f) colour retention, colour fastness
Farbe (f) colour (e), color (a), dye
Färbeapparat (m) dyeing apparatus
Farbechtheit (f) colour fastness
Färbefoulard (m) dyeing jig
Farbempfindlichkeit (f) colour sensibility
färben to dye
Färberei (f) dyeing; dyehouse
Färbestern (m) star-dyeing machine
Farbe (f) **verlieren** to lose colour

Farbfixiermittel (n) dye-fixative, dye fixing agent
Farbflotte (f) dye liquor, bath
Farbgleichmäßigkeit (f) colour uniformity
Farbkarte (f) colour guide
Farbkonzentratmischung (f) colour master batch
Farbkufe (f) dye vat
farblos colourless
Farblösung (f) dye solution, dye-bath
Farbmeßgerät (n) colorimeter
Farbpartie (f) dyelot
Farbschema (n) colour scheme
Farbspeicherung (f) colour memorization
Farbspule (f) dyeing cheese
Farbstellung (f) colourway
Farbstoff (m) dyestuff, colorant
Farbstreifen (m) colour band
Farbtiefe (f) colour depth, shade depth
Farbton (m) colour shade, shade
Farbtonabweichung (f) off-shade, colour deviation
Farbtönung (f) tint
Farbwechselautomatik (f) automatic colour change
Farbwert (m) colour value
Färbwickel (m) mock cake
Faser (f) fiber (a), fibre (e)
Faser (nach Hochgeschwindigkeitsverfahren) (f) high-speed-only (HSO) fibre
Faser (f) für Teppichnutzschicht carpet face fibre
Faseraufbau (m) fibre structure
Faserband (n) sliver
Faserbandpaket (n) bump
Faserbart (m) tuft
Faserbruch (m) filament break, end break
Faserbüschel (n) fibre tuft
Faserdämmstoff (m) fibrous insulation material
Faserfestigkeit (f) fibre strength
Faser f. Wohnbereich residential fibre
Faserflor (m) fibrous nap
faserfrei non-fibrous
Fasergarn (n) staple fibre yarn
Fasergewebe (n) fibre fabric
faserig fibrous
Faserkabel (n) fibre tow
Faserlänge (f) fibre length, staple length
Faserlunte (f) yarn core
Faserorientierung (f) fibre orientation
Faserparallellage (f) fibre parallelization
Faserplatte (f) fibre board
Faserquerschnitt (m) fibre cross-section
Faserspeisung mit Gewichtskontrolle (f) weight feeder
Faserstrecke (f) fibre line
Faserung (f) texture
Faserverflechtung (f) entanglement
Faserverlust (m) shedding
Faserwanderung (f) fibre imigration
Fassadenschutznetz (n) safety net for building sites
Fasson (n) style, cut; fashion
fassongestrickt fully-fashioned
faszinierend fascinating, captivating
fäulnisfest rot-proof
Fausthandschuh (m) mitten
Fäustling (m) mitten
Feder (f) feather
Federbett (n) German featherbed (complete bed covering)
Federleinwand (f) ticking (bed)
Federung (f) spring, elasticity
fehlender Faden (m) missing pick
Fehler (m) fault
fehlerfrei accurate
fehlerhaft improper, incorrect
Fehlfarbe (f) off colour
Feincord (m) fine corduroy
feinfädig having fine threads
Feingestrick (n) fine-knit
Feinheit (f) fineness, gauge; count
Feinheitstafel (f) gauge scale
feinmaschig fine-meshed
feinmodelliert finely tailored
Feinrippmaschine (f) fine-rib machine
Feinrippware (f) fine-rib goods
Feinschlinge (f) **(Teppich)** fine loop (carpet)
Feinstaub (m) microdust
Feinstrumpf (m) fine stocking, fully-fashioned stocking
Feinwäsche (f) delicate fabrics for washing
Felbel (m) velveteen

Feldmütze (f) forage cap
Fell (m) skin
Fellteppich (m) skin rug
Fensterdekoration (f) window decoration
fensterfertige Gardine (f) ready-made curtain
Fensterkaro (n) windowpane check
fermentieren to ferment
Fernbedienung (f) remote control
Ferse (f) heel
Fersenform (f) shape of heel, form of heel
Fersenverstärkung (f) heel splicing
Fertigbreite (f) finished width of cloth
Fertigerzeugnis (n) finished article, finished goods
Fertigkleider (n pl.) ready-to-wear clothes
Fertigkleidung (f) made-up garments
Fertigung (f), **Herstellung** (f) production, manufacture
Fertigware (f) finished goods
fesch chic, smart (female)
Fesselsocke (f) ankle sock
fester Griff (m) firm hand
Festigkeit (f) tenacity, toughness, resistance
Festigkeitseigenschaften (f pl.) tensile properties
festlich festive, ceremonial; formal
festliche Kleidung (f) formal attire; festive attire
Fett (n) grease
Fettgehalt (m) fat content
Fettwolle (f) greasy wool
feucht moist, humid
Feuchteprüfer (m) moisture measurer
Feuchtigkeit (f) humidity; moisture
Feuchtigkeitsaufnahme (f) moisture absorption
Feuchtigkeitsaufnahmevermögen (n) moisture absorbency
Feuchtigkeitsgehalt (m) moisture content
Feuchtigkeitstransport (m) moisture transmission, moisture permeability
Feuchttuch (n) moist-towelette
Feuchtwalze (f) damping roller
feuerfest fireproof
feuerfeste Ausrüstung (f) fireproof finish
feuerfeste Gardinen (f pl.) fireproof curtains
feuergefährlich inflammable
Feuerschutzbekleidung (f) fire-protective clothing
Fibrilliereinrichtung (f) fibrillating equipment
fibrillierte Bändchen (n pl.) fibrillated tapes
Figur (f) figure
Figuralmuster (n) figured pattern
figurbetonend figure flattering, emphasizing the figure
figuriert figured
Figurkette (f) pattern warp
Fil-à-Fil-Effekt (m) pick-and-pick effect
Filamentgarn (n) filament yarn
Filet (n) openwork
Filettüll (m) filet tulle
Filigran (n) filigree
Film film
Filmdruck (m) (automatic) screen printing
Filmdruckmaschine (f) screen-printing machine
Filtertasche (f) filter bag
Filtertuch (n) filter cloth
Filz (m) felt
Filz (m) **mit Kunststoffrücken** (m) plastic-backed felt
filzen to felt
filzfreie Ausrüstung (f) anti-felting finish
Filzgarn (n) **(Teppich)** batt
Filzhut (m) felt hat, trilby
filzig felted
Filzkalander (m) felt calender
Filzpapier (n) felt paper
Filztuch (n) woven felt
Filzunterlage (f) underfelt, felt underlay
Fingerhut (m) thimble
Fingerling (m) finger stall
Fingernaht (f) finger seam
Finish-Dekatiermaschine (f) finish-decatizing machine
Fischgrat (auch Fischgrät) (m) herringbone
Fischgratköper (m) herringbone twill
Fischgratmuster (-dessin) (n) herringbone pattern
Fischkescher (m) fish pot

Fischnetz (n) fishnet
Fitze (f) skein, hank
fixieren to set, to fix
fixiertes Garn (n) heat-set yarn
Flachdruck (m) **(Teppich)** flat bed printing (carpet)
Flächengewicht (m) weight per unit area
Flächengewichtsmessung (f) measuring of weight per unit area
flacher Köper (m) reclining twill
Flachgarn (n) flat yarn
Flachgestrick (n) flat-knitted fabric, flat-knit
flachgestrickte (oder -gewirkte) Strümpfe (m pl.) fully-fashioned stockings
Flachgewebe (n) flat fabric, plain fabric
flachgewebt flatwoven
Flachkammstuhl (m) rectilinear combing machine
flachkantiges Knopfloch (n) whip stitch buttonhole
Flachkettenwirkmaschine (f) warp knitting machine
Flachkuliermaschine (f) flat-weft knitting machine with spring beard needles
Flachlocknaht (f) flatlock seam
Flachnadel (f) flat needle
Flachnaht (f) flat seam
Flachs (m) flax
Flachsbreche (f) flax breaker
Flachsfaser (f) flax fibre
Flachsgarn (n) linen yarn
Flachsleinwand (f) flax linen
Flachsspinnerei (f) flax-spinning; flax spinning mill
Flachstahllitze (f) flat-steel heddle
Flachstrickerei (f) flat-knitting
Flachstrickmaschine (f) flat-knitting machine
Flachstrockner (m) flax drier
Flachsweberei (f) flax weaving; flax weaving mill
Flachswerg (m) flax waste
Flachwirkmaschine (f) fully-fashioned knitting machine
Flagge (f) flag
flammenfest non-inflammable, flame resistant
Flammengarn (n) slub yarn
flammhemmend flame-retarding
flammiertes Garn (n) flake yarn
Flammkaschieren (n) flame bonding
Flammschutzausrüstung (f) flameproof finish
Flammsengmaschine (f) flame-singeing machine
Flanell (m) flannel
flaschengrün bottle green
Flaschenspule (f) bottle bobbin
Flaum (m) down
flaumig fluffy, downy
Flausch (m) brushed fabric
flauschig brushed, brushed-up
flecht- braided
Flechte (f) braid, twist
flechten to braid
Flechtgewebe (n) braided fabric
Flechtmaschine (f) braiding machine
fleckengeschützt stain-resistant
Fleckenstopper (m) stain blocker
Fleckentferner (m) stain remover
Fleckentfernung (f) stain removal
Fledermausärmel (m) batwing sleeve
flexibel flexible, pliable
Flexibilität (f) flexibility, pliability
Flicken (m) patch
flicken to patch
Flieder (m) lilac
Fliege (f) bow tie
fliegender Rollenwechsel (m) automatic reel change, flying transfer
Fliegeranzug (m) flightsuit
Fliese (f) tile
Fliesenrückenbeschichtung (f) tile backing
Fließbandarbeit (f) assembly-line work
Flitter (m) tinsel
Flock (m) flock (coating)
Flockdruck (m) flock printing
Flocke (f) loose stock
Flockefärbung (f) flock-dyeing
flockegefärbt stock-dyed
flocken to flock
Flockfaser (f) flock fibre
Flockmaschine (f) flocking machine
Flockprint (m) flock print
Flockseide (f) flock silk
Flockwolle (f) flock wool

Flor (m) pile, cut pile; nap (fabric), lisle
Flor (m) **(in Teppichware)** tuft (in carpeting)
Florabdruck (m) pile indentation
Floralmuster (n) floral pattern
Flordichte (f) pile density
Florgewicht (n) pile weight
Florhöhe (f) pile height
Florstoff (m) pile fabric
Florteiler web divider
flott racy, smart
Flotte (f) **(Färberei)** dyebath, bath
Flottenverhältnis (n) liquor to goods ratio, liquor ratio
flottieren (Weberei) to float (weaving)
flottierende Kette (f) float warp
Flottierfaden floating thread
flüchtig volatile
Flüchtigkeit (f) volatility
Flug (m) fly (on a machine)
Flug (Staub) (m) fly (dust)
Flügel (m) flyer
Flügelärmel (m) wing sleeve, batwing sleeve
Flügelgarn (n) flyer yarn
Flügelspinnmaschine (f) flyer spinning frame
Flügelvorspinnmaschine (f) flyer rover
Flügelzwirnmaschine (f) flyer twister
Fluorcarbonfaser (f) fluorcarbon fibre
Fluse (f) fluff; frayed edge
Flusenbildung (f) fuzzing
flusenfrei fluffless
flusenfreies Geschirrtuch (n) fluffless polishing cloth, fluffless kitchen cloth
flusig fluffy
flüssig liquid, fluid
Flüssigkeit (f) liquid
Flüssigkeitsaufnahme (f) liquor pick-up
Flüssigkeitsfärbe-Einrichtung (f) fluidyer
Flyer (m) roving frame
Flyergarn (n) roving
Flyerwicklung (f) flyer winding
Folienbändchen (n pl.) film tapes
Folienfäden (m pl.) film tapes
Folklore (m) folklore
folkloristisch folkloristic
Fond (m) ground, base
Fond-Musterung und Bordüre body and border
Fontur (f) section, bar
Förderband (n) conveyor belt
Förderbandgewebe (n) woven fabric for conveyor belts
Form (f) shape, line, cut
Formaldehyd (n) formaldehyde
Format (n) form, format, size, shape
formbeständig stable, having good recovery properties
Formbeständigkeit (f) shape retention
formell formal
formelle Kleidung (f) formal wear, formal attire
formen (Strümpfe usw.) to board
Formpresse (f) Hoffman press
formstabil dimensionally stable
Formstabilität (f) dimensional stability
Fortschritt (m) advance
Fosterkonen (m pl.) foster cones
Foulard (m) paddler, foulard
foulardieren to slop-pad
foulieren to full, to mill
Fournisseur (m) thread gripper
Frack (m) full evening dress, tails
Franse (f) fringe; pillar stitch
Fransenband (n) fringed trimming
Franzleinen (n) unbleached linen
französische Naht (f) French seam
französischer Rundstuhl (m) French circular frame (knitting)
freizeit- leisure-, casual-
Freizeithemd (n) casual shirt
Freizeithose (f) slacks, casual trousers
Freizeitkleidung (f) leisurewear, casual attire
Fremdkörper (m) foreign body, foreign matter
Frequenz (f) frequency
Fresko (n) fresco
Fries (m) frieze
Frieselmokette (f) rough pile moquette
Friktionsspindel (f) friction spindle
Friktionstexturierung (f) friction texturing
frotté towelled
Frottierbaumwolle (f) terry cotton
Frottiersamt (m) terry velvet

Frottierstoff (m) terry, terry towelling, terry fabric
Frottierwebmaschine (f) terry weaving machine
Frühling/Sommer-Kollektion (f) spring/ summer collection
führen to guide, to lead
führen (einen Artikel) to carry (a line)
Führung (f) guide
Führungsplatte (f) guide plate
Führungsriemchen (n) apron
Füllfaser (f) filling fibre
Füllgarn (n) stuffer yarn
Füllvliesstoff (m) fibrefill
Fußballhose (f) football shorts, football knickers
Fußbekleidung (f) footwear
Fußbodenbelag (m) floorcovering
fusseln to rub up, to pill
Fußlänge (f) length of foot
Fußmatte (f) doormat
Fußsack (m) foot sack
Fußwärmetasche (f) foot-warming bag
Futter (n) lining
Futteralkleid (n) sheath dress
füttern to line
Futterstoff (n) lining fabric, lining material, lining
Futtertaft (m) lining taffeta
Futterware (f) lining fabric, laid in fabric
Futterware (f) **(gemusterte -)** patterned lining (fabric)

G

Gabardine (f) gabardine
Gabelhäkelei (f) hairpin lace
Galanteriewaren (f pl.) fancy goods
Galette (f) godet
Galoschen (f pl.) galoshes
Gamasche (f) spat
Gamaschenhosen (f pl.) pull-ups
Garantie (f) guarantee
Garbenbindegarn (n) binder twine
Garderobe (f) wardrobe
Gardine (f) curtain (light net or lace curtain, "brise-bise")
Gardinenhaken (m) curtain hook
Gardinenstoff (m) curtaining (net, lace or voile curtaining)
Garn (n) yarn
Garnanlegung (f) yarn piecening
Garnbefeuchtungsmaschine (f) yarn-humidifying machine
Garndämpfapparat (m) yarn steamer
Garndrehung (f) yarn twist
Garndruck (m) yarn printing
garngefärbt yarn-dyed
Garnitur (f) set (in almost all senses), accessories
Garnkötzer (m) cop
Garnmeterzähler (m) yarn counter
Garnmerzerisiermaschine (f) yarn mercerizer
Garn mittleren Orientierungsgrades medium-oriented yarn (MOY)
Garnnummer (f) yarn count
Garnnummer (f) **(grob)** coarse count
Garnprüfeinrichtung (f) yarn inspection equipment
Garnrolle (f) reel of cotton
Garnträger (m) package
Garnverlauf (m) yarn path
Garnwaage (f) yarn balance
Garnwagen (m) yarn cart, yarn buggy
Gartenteppich (m) garden carpet
gasieren to gas, to singe
gasiertes Garn (n) gassed yarn
Gästetuch (n) guest towel
Gatter (n) creel
Gatter (n) **(mit Doppelaufsteckung)** magazine creel
Gatter mit drehbaren Spulenhaltern rotary creel
Gaufré (n) embossed pattern
gaufrieren to emboss
Gaufrierkalander (m) embossing calender
Gaze (f) gauze
Gazegewebe (n) gauze weave
gebauschtes Garn (n) bulked yarn
Gebetteppich (m) prayer carpet
geblümt flowered
Gebrauchstüchtigkeit (f) performance in use
gedämpfte Farben (f pl.) subdued colours

gedrehtes Garn (n) twisted yarn
geeicht calibrated
gefachtes Garn (n) folded yarn
gefährlich hazardous
geflochtener Fußbodenbelag braided floorcovering
geflochtenes Seil (n) braided rope
Gegenköper (m) reverse twill
gegenlegig in counter notation
Gegenschnecke (Muster) (f) counter scroll
gekämmt combed
gekämmtes Garn (n) combed yarn
geknüpfter Teppich (m) knotted carpet
gekörnt grained
gekräuseltes Endlosgarn (n) bulked continuous filament (BCF)
Gelatineschlichte (f) gelatine size
Gelb (n) yellow
gelblich yellowish
gemustert patterned, figured
gemusterte Auslegeware body carpet
gemusterter Teppich (m) patterned carpet
genadelt needled
genehmigt approved
Genossenschaft (f) co-operative chain, retail co-operative chain
Geometrie (f) geometrics
geometrisch geometric
geometrisches Muster (n) geometric pattern, geometric design
Georgette (f) georgette
geotechnische Anwendungsbereiche (m pl.) geotextile applications
geotechnische Textilien geotextiles
Gepäck (n) luggage
Gepäcknetz (n) luggage net
gepolstert upholstered
gepunktet spotted, dotted
gerade straight
gerader Ausschnitt (m) straight neckline
gerader Rock (m) straight skirt, slim skirt
gerauht brushed, brushed up
gerauhte Ware (f) brushed fabric, raised fabric
Geräuschentwicklung (f) sound emission
Geräuschunterdrückung (f) sound supression
gerben (Leder) to tan (leather)
Gerberwolle (f) pulled wool
gerippt ribbed
gerippter Stoff (m) ribbed fabric
gerippte Ware (f) ribbed fabric
Gerstenkornbindung (f) huckaback weave
geruchlos odorless
Gesamtbaumbreite (f) overall length of beam
Gesamtdenier (m) total denier
Gesamtverzug (m) total draft
Gesäßpartie (f) seat (of a skirt, trouser, etc.)
Gesäßtasche (f) hip pocket, back pocket
Gesäßweite (f) hip measurement
geschärte Kette (f) warp on beam
Geschirr (n) **(Weberei)** harness (weaving)
Geschirreinzug (m) draft, pass
Geschirrtuch (n) tea towel
geschlichtet sized
geschlichtete Kette (f) sized warp
geschlitzt vented, slit
geschlitzter Rock (m) divided skirt; vented skirt
geschlossene Fadenstelle (f) tight spot
geschmeidig supple, soft
geschneidert tailored
geschnitten cut
geschnittene Ware (f) cut fabric
geschnittener Pol (m) cut pile
geschrumpfte Faser (f) relaxed fibre
geschweift curved, cut on the curve, arched
Geschwindigkeitsmeßgerät (n) speed recorder
geschwungen clinging
Gesellschaftskleid (n) formal gown, evening gown
gesenktes Muster (n) drop design
Gespinst (n) spun yarn, threads
gesponnen spun
gesponnenes Garn (n) spun yarn
gestickt embroidered
gestickter Teppich (m) Indian (embroidered) carpet

gestricktes Muster (n) embroidered design
gestreift striped
Gestrick (n) weft-knitted fabric
gestrickt knitted
gestrickte Bekleidung (f) knitted apparel
gestrickter Strumpf (m) knitted stocking, knitted sock
gestrickte Unterbekleidung (f) knitted underwear
getupft dotted, spotted, having a polka dot pattern
Gewächshaus-Sonnenschutznetz (n) greenhouse sun-protection net
Gewähr(leistung) (f) warranty
gewalkt fulled, milled
gewalktes Gewebe (n) fulled fabric, milled fabric
Gewand (n) vestment, raiment, garment, gown
Gewebe (n) (woven) fabric
Gewebebahn (f) web (text.)
Gewebe-Befeuchtungsmaschine (f) cloth-humidifying machine
Gewebeentspannung (f) fabric relaxation
Gewebefehler (m) fabric fault, weaving fault
Gewebekonstruction (f) fabric construction
Gewebeleiste (f) selvage
Gewebestruktur (f), **-zusammensetzung** (f) fabric contexture
Gewicht (n) **pro Meter** (m n) **(yard)** weight per metre (yard)
Gewirk (n) warp-knitted fabric
gewirkt warp knitted
gezogene und geglühte Stahlfäden (m) drawn and annealed steel fibres (filament)
gezupft plucked, raised, brushed
gezwirnte Seide (f) thrown silk
gezwirntes Garn (n) twisted yarn
giftig toxic
Gimpelfaden (m) gimp cord
Gimpelknopfloch (n) gimp buttonhole
Glacé (m) glacé
Glanz (m) lustre, sheen
glänzen to sparkle, to shine
glänzend sparkling, lustrous, glossy (fibres, filaments, threads, yarns)
Glanzfäden (m pl.) sparkling threads, metallic threads
Glanzleinwand (f) calendered linen
Glasendlosgarn (n) glass filament yarn
Gläsertuch (n) glass cloth
Glasfaden (m) glass filament
Glasfaser (f) glass fibre
Glasfaser-Textilanwendung (f) textile glass fibre
glasfaserverstärkt glass-fibre reinforced
Glasgewebe (n) glass fabric (woven)
Glasseide (f) glass filament yarn
Glasspinnfasern (pl.) glass staple fibres
Glasvlies (n) glass fleece
Glaswatte (f) glass wadding
Glaswolle (f) glass wool, mineral wool
glatt smooth
Glätte (f) smoothness
glätten to smooth
glatt rechts coarse 1/1 rib, stocking stitch
glatter (imprägnierter) Schaum (Teppich) (m) level foam (carpet)
glatter Rippenstoff (m) smooth corded fabric
glattes Garn (n) flat yarn
glattgestrickt plain-knit
Glättkalander, Glanzkalander (m) friction calender, glazing calender
Glättvorrichtung (f) flat-setting press
gleichfarbig self-coloured
Gleichgewicht (n) balance
Gleichmäßigkeit (f) uniformity
Gleitschiene (f) curtain rail
Gleitschutz (m) (Skikleidung) non-skid fabric (skiing suits)
Glencheck (m) glen-check
Glitzergarn (n) sparkling yarn
Glockenrock (m) circular skirt
Glockenspinnmaschine (f) cap spinning frame
Gobelin (m) gobelin
Goldgespinst (n) gold filigree threads
goldgewirkt gold-knitted
Goldstickerei (f) gold embroidery
Golfhose (f) plus-fours
Golfjacke (f) golfing jacket
Golftasche (f) golf bag
Grad degree
Gradeinteilung (f) calibration

Gramm (n) **pro Denier** grammes per denier
Granitbindung (f) granite weave
Grannenhaar (n) bristle hair
Granulat (n) granulated material, granule, pellet
Grasfangsack (m) grass-collecting bag
Grassamenschutznetz (n) grass-seed protective net
Grat (m) burr
grau grey
Greifer (m) gripper
Greifer-Axminster (m) **(Teppich)** gripper Axminster (carpet)
Greifer-Webmaschine (f) rapier loom, rapier weaving machine
Greige (f) greige, raw goods
Grenadineseide (f) grenadine silk
Grenzschichten (f pl.) interfaces
griechischer Teppich (m) Greek carpet
Griff (m) (text.) hand
griffig handy
grobe Nummer(f) coarse count
grobes Gewebe (n) coarse woven fabric
Grobfaser (f) coarse fibre
Grobflyer (m) slubbing frame
Grobgestrick (n) coarse knit
Größe (f) size
Größenordnung (f) degree
Großhandel (m) wholesale trade
Großhändler (m) wholesaler, wholesale trader
Grossist (m) wholesaler
Ground (m) ground, base
Grün (n) green
Grundbindung (f) base weave
Grundfarbe (f) ground colour
Grundgarderobe (f) basic wardrobe
Grundgewebe (n) base weave; backing (carpet), base fabric
Grundmaterial (n) base fabric
Grundmuster (n) basic design, basic pattern
Grundrücken (m) primary backing (carpet)
Grundschleppnetz (n) trawl
Grundtau (n) **(Schleppnetz)** footrope (trawl)
Gummiband (n) elastic, knicker elastic
gummiert rubber-lined
gummiertes Gewebe (n) rubberized fabric
Gummifaden (m) rubber yarn
Gummilitze (f) elastic, knicker elastic
Gummirand (m) elastic welt
Gummistrumpf (m) elastic stocking
Gummizug (m) elastic gathering
Gurt (m) belt
Gurtband (n) webbing
Gürtel (m) belt
Gürtelreifen (m) radial tyre
Gürtelschlaufe (f) belt loop
Gurtstoff (m) webbing
Güteklasse (f) quality group
Gütesiegel (m) seal of quality
Gütezeichen (n) quality label, seal of quality

H

Haar (n) hair
Haarband (n) hairband
Haargarn (n) hair yarn
Haargarnbouclé-Teppich (m) bouclé hair yarn carpet
Haargarnteppich (m) haircord carpet
Haargarnvelour (m) hair velvet
haarig hairy
Haarigkeit (f) hairiness
Haarnetz (n) hair net
Hacker (m) doffing comb
Haffbefestigung (f) lagoon bed
haften to adhere, to stick
Haften (n) **(der Fasern)** fibre adhesion
Haftetikett (n) adhesive label
Haftvermögen (n) adhesiveness
Haft-Zugfestigkeit (f) adhesive tensile strength
Hagelschutznetz (n) hail-protective net
Hahnentritt (m) houndstooth, dogstooth
Haircord (m) haircord
HAKA (f) **(Herren- und Knabenoberbekleidung)** men's and boys' outer wear
Häkelgalonspitze (f) crocheted galoon lace
häkeln to crochet
Häkelnadel (f) crochet hook

Häkelnaht (f) crocheted seam
Häkelspitze (f) crochet lace
Haken (m) **(einer Nadel)** hook (of a needle)
Haken und Ösen (pl.) hooks and eyes
Hakennadel (f) bearded needle
Hakenriet (m) leasing reed
Halbärmel (m) half-sleeve, elbow sleeve
halbautomatisch semi-automatic
halbautomatischer Webstuhl (m) semi-automatic loom
Halbbaum (m) half beam (warp-knitting)
Halbdamast (m) half damask
halbfertig semi-finished
halb gefüttert half-lined
Halbkammgarn (n) semi-worsted yarn
halblange Schaftsocke (f) normal sock
halblanger Ärmel (m) half-sleeve
Halbleinen (n) linen union, half linen, linen mixture
halbmatt semi-dull
Halbrock (m) petticoat
Halbseide (f) half-silk
halbwollenes Gewebe (n) union fabric
Halle-Seydel-Maschine (f) Halle-Seydel converter
Halsbinde (f) neck scarf, cravat
Halskrause (f) ruff, ruffle
Halstuch (n) neckerchief, scarf
haltbar durable
Haltbarkeit (f) durability
Haltestellen (f pl.) stopping marks
Hamburger Schottenkaro (n) Hamburg Scots plaid (check overlay on light ground)
Hammerwalke (f) fulling mill
Handarbeit (f) handicraft, needlework
Handdruck (m) handblock printing, hand printing
Handelsgewicht (n) commercial weight
Handelsname (m) trade name
Handelszuschlag (m) conventional allowance
handgearbeitet hand-worked; handsewn
handgefertigt hand-finished, hand-made
handgeknotet handknotted
Handgestrick (n) hand-knit
handgestrickt hand-knitted
handgewebt handwoven
Handknopfloch (n) hand-sewn button-hole
Handknoter (m) hand knotter
Handkulierstuhl (m) manual hosiery frame
Handrahmendruck (m) hand screen printing
Handsäumen (n) hand-hemming
Handschuh (m) glove
Handspinngarn (n) hand-spun yarn, home-spun yarn
Handstrickgarn (n) hand-knitting wool
Handtasche (f) handbag
Handtuch (n) towel
Handtuchstoff (m) towelling
Handwebstuhl (m) hand loom
Hanf (m) hemp
Hanfbrechmaschine (f) hemp breaker
Hanfgarn (n) hemp yarn
Hanfseil (n) hemp rope
Hängematte (f) hammock
Hänger (m) housecoat
Hängerkleid (n) shift
Hängeschleifendämpfer (m) loop steamer
Hängestab (m) suspension bar
Hängetrockner (m) suspension drier
Hapoc-Dekatur (f) Hapoc finish
Harlekin-Karo (n) harlequin check
Harlekinkostüm (n) harlequin costume
Harnstoff (m) urea
Harris-Tweed (m) Harris tweed
hart hard
Härtemittel (n) stiffening agent
härten to stiffen, to harden
harter Griff (m) hard hand
hartes Webmaterial (n) hard weft material
Hartfaser (f) hard fibre, durable fibre
Haspel (f) reel
Haspelkufe (f) winch
Haspelmaschine (f) reeling machine
Haube (f) bonnet
hauchdünn flimsy, filmy
hauchdünner Stoff (m) gossamer fabric, filmy fabric
Häufigkeit (f) frequency
Hausanzug (m) hostess suit
Haushaltswäsche (f) household wash, household washing

Hauskleid (n) house dress, homedress
Hausleinen (n) homespun linen
Hausmantel (m) house-coat
Hausschuhe (m pl.) house shoes, slippers
Haute-Couture (f) haute couture
hautenge Hosen (fpl) skinny pants
hautnah skin-tight, hugging
hautnahes Kleid (n) hugging dress, skin-tight dress
hautsympathisch sympathetic to the skin
Havelock (m) havelock
HB (Abkürzung) high-bulk (abbreviation)
Hebelspanner (m) power stretcher
hecheln to hackle
Hechelmaschine (f) hackling machine
heften to baste, to tack
Heftnadel (f) stitching needle
Heftstich (m) tacking stitch, tack
heikel (Stoff) delicate, difficult to handle (fabric)
Heimtextilien (pl.) home textiles, domestic textiles
heiß bügeln to hot-press
heißfixieren to heat-set
Heißfixierung (f) heat-setting
Heißklebeband (n) hot-bonding tape
heißkleben to bond by heat, to hot-bond
Heißluft-Fixiermaschine (f) hot-air thermosetting machine
Heißluftschlichtmaschine (f) hot-air sizing machine
Heißpflatschen (n) **(Teppich)** hot impregnation (carpet)
Heißverfestigung (f) thermobonding
heißverstrecken to heat-stretch
heißverstreckte Faser (f) heat-stretched fibre (filament)
Heißwasser-Fixiermaschine (f) hot-water thermosetting machine
Heizdecke (f) electric blanket
Heizschiene (f) heater plate
Heizschmelzbeschichtung (f) hot-melt coating
Heizstift (m) hot pin
Helanca-Verfahren (n) classic (Helanca) texturing process
hell bright
heller Farbton (m) bright shade, light shade
Hemd (n) shirt
Hemdärmel (m) shirt sleeve
Hemdbluse (f) shirt blouse, blouson
Hemdblusenärmel (m) shirt-blouse sleeve
Hemdblusenkleid (n) shirtwaister, shirtwaist dress (a)
Hemdenknopf (m) shirt button
Hemdenstoff (m) shirting
Hemdhosen (f pl.) combinations
Hemdjacke (f) shirt-jacket
Hemdrock (m) shirtwaister
Hemdröckchen (n) short slip
Henkel (m) mesh loop
Henkelplüsch (m) circular-knit pile fabric
Herbstlaubfarben (f pl.) autumn tints, autumn hues
Herbst/Winter-Kollektion (f) autumn/ winter collection
herkömmlich conventional
herkömmliche Art (f) conventional style
Herrenanzugsstoff (f) men's suiting
Herrenartikelgeschäft (n) men's outfitters, haberdashers (USA)
Herrengröße (f) men's size
Herrenhemd (n) men's shirt
Herrenjacke (f) men's jacket
Herrenmode (f) men's fashion
Herrenoberbekleidung (f) men's outerwear
Herren- und Damenbekleidungsgeschäft (n) general outfitters
Herrenunterhosen (f pl.) men's underplants and shorts
Herrenunterjacke (f) men's vest
Herrenunterwäsche (f) men's underwear
Herrenweste (f) men's waistcoat
herstellen to produce, to manufacture, to make
Hersteller (m) producer, manufacturer
Herstellung (f) production, manufacture
Hexenstich (m) herringbone stitch
Hilfsmittel (n) auxiliary agent, adjuvant (substance)
Himmelbett (n) four-poster bed
hinterlegtplattiertes Muster (n) float-plated pattern, vent-knit
Hirschhornknopf (m) elkhorn button
Hitze (f) heat

hitzebeständig heat resistant
Hitzeschutzbekleidung (f) heat-protective clothing
hochbausch(ig) high-bulk
Hochbauschgarn (n) high-bulk-yarn
hochdrehen to twist up
Hochdrehen (n) up-twisting
hochelastisch highly elasticized
hochentwickelt sophisticated
hochfeine Faser (f) ultrafine fibre
hochfeste Faser (f) high tenacity fibre
hochfestes Garn (n) high tenacity yarn
Hochflorteppich (m) high-pile carpet, long-pile carpet
Hochfrequenztrockner (m) micro-wave drier
Hochfuß (m) hig butt, high foot
Hochfußnadel (f) long-butt needle
hochgeschlossen high buttoning, high-closing
Hochgeschwindigkeitsspulmaschine (f) high-speed winder
hochmodisch highly-styled
hochorientiertes Garn (n) highly oriented yarn (HOY)
Hochpolymer (n) high polymer
Hochschrumpffaser (f) highshrinkage fibre
hoch-techn. Faser (f) high-tech fibre
Hochveredelung (f) resin finish
Hochverzugsflyer (m) high draft roving frame
hochwertig highly-styled
Höhe (f) height, level
Hohlfaser (f) hollow fibre
Hohlkante (f) hollow selvage
Hohlkordel (f) piping
Hohlsaum (m) hemstitch
Hohlspindel (f) hollow spindle
Holzfällerjacke (f) lumberjacket
Holzfasergarn (n) wood fibre yarn
Homburger (m) Homburg (hat)
Homespun (n) homespun
homogen homogeneous
Homogenität (f) homogeneity
Homopolimerisat (n) homopolymer
Hopsack (m) hopsack
Hordentrockner (m) shelf drier
Höschen (n) panties
Hose (f) trouser(s); slacks (women & leisure
Hosenanzug (m) trouser suit, pants suit
Hosenbein (n) trouser leg
Hosenbund (m) waistband
Hosenfabrikant (m) trouser manufacturer
Hosenknopf (m) trouser button
Hosenkostüm (n) trouser suit
Hosenpresse (f) trouser-press
Hosenrock (m) divided skirt, trouser skirt
Hosenschlitz (m) fly
Hosenschoner (m) trouser bottom facing
Hosensteg (m) (trouser) footstrap
Hosenstoff (m) trousering
Hosentasche (f) trouser pocket
Hosenträger (m pl.) braces, suspenders
Hosenumschlag (m) turn-up (trouser)
Hotflue (f) hotflue
Hot-Pants (f pl.) hot pants
HT-Färben (n) high-temperature dyeing
Hub (m) traverse, stroke
Hufeisenausschnitt (m) horseshoe neckline
Hüfte (f) hip
Hüfthalter (m) roll-on, girdle
Hüftumfang (m) hip measurement
Hüftweite (f) hip measurement
Hülse (f) ring tube, yarn tube
Hülseneinsatz (m) core plug
Hülsenreinigungsmaschine (f) pirn stripper
Hut (m) hat
Huteinfasser (m) **(Nähmaschine)** hat binder
Hutmacher (m) hat maker (men), milliner (women)
HWM-Faser (hochnaßfeste Faser) high-wet modulus fibre (HWM)
hydrophil hydrophilic, water-absorbing
hydrophob hydrophobic, water-repellent
hygroskopisch hygroscopic

I

Imitatgarn (n) imitation yarn
Imitation (f) imitation, fake
im Kammzug (m) **gefärbt** top-dyed

Imperial-Axminster (m) Imperial Axminster
imprägnieren to impregnate, to dip
Imprägnierspray (m) impregnating spray
imprägniertes Gewebe (n) dipped fabric
Imprägnol (m) water-repellent finish
Imprimé (m) print
im Spinnkabel (n) **gefärbt** tow-dyed
Indanthren (n) indanthrene
Indigo (n) indigo
indischer Teppich (m) Indian carpet
Industriegummiwaren (fpl) industrial rubber goods
Industrieschere (f) mill scissors
Infrarot-Trockner (m) infra-red drier
Inlett (n) ticking, percale
Innenbrusttasche (f) inside breast pocket
Innentritt (m) inside treadle motion
Innenverwendung (f) indoor use
Intarsienmuster (n) intarsia-type pattern
intarsisch (-es Muster) (n) intarsia pattern
integriertes Spinnen (n) integrated spinning, direct spinning
Interlock (m) interlock
Interlocknaht (f) interlock seam
Interlockstich (m) interlock stitch
Internationales Wollsekretariat (n) International Wool Secretariat
Intersekting (n) intersecting
Intersektingstrecke (f) intersector
ionogen ionic
irisieren to be iridescent
irisierend iridescent
Isabellfarbe (f) **(-ig)** cream, dun, buff
Isolierband (n) insulating tape
isolieren to insulate
Isoliermatte (f) insulating mat
Isolierstoff (m) insulation cloth
isostatisch isostatic
isotherm isothermal

J

Jabot (n) jabot
Jäckchen (n) coatee
Jacke (f) jacket
Jackenhemd (n) shirt-coat
Jackett (n) jacket
Jaconet (m) jaconet
Jacquard (m) jacquard
Jacquard-gemusterter Schnittflor-(Ruten- oder Doppel)teppich (m) figured Wilton carpet (wire-loom or face-to-face)
Jacquardgewebe (n) jacquard fabric
Jacquardmuster (n) jacquard design, pattern
Jacquardsamt (m) alba velvet
Jacquardstuhl (m) jacquard loom
Jagddessin (-muster) (n) hunting design
jägergrün hunting green
Jägerhut (m) hunting hat, Tyrolean hat
Jahresumsatz (m) annual turnover
Janker (m) Bavarian jacket
Japanseide (f) Japanese silk
Japonette (f) japonette
Jaspegarn (n) jaspe yarn
Jeansstoff (m) denim cloth
Jersey (n) jersey
Jigger (m) jigger
Jute (f) jute
Jutefaser (f) jute fibre

K

Kabel (n) cable, tow
Kabelableger (m) piddler (tow), tow canner
Kabelkammzug-Konverter (m) tow-to-top converter
Kabelkanne (f) tow can
Kabelkonverter (Schneide) (m) tow-to-top converter (cutter)
Kabelnaht (f) cable stitch
Kabelreißmaschine (f) tow-breaking machine
Kabelschneide (f) tow cutter
Kabelummantelung (m) cable-covering fabric
Kalander (m) calender
kalandern to calender
Kaliko (n) calico
Kalkverfahren (n) lime process

Kälteschutzbekleidung (f) protective clothing against cold
Kaltverstrecken (n) cold drawing
Kaltverweilverfahren (n) cold pad batch dyeing process
Kaltwasser (n) cold water
Kamelhaar (n) camel hair
Kamelhaargarn (n) camelhair yarn
Kamelhaarimitat (n) imitation camelhair
Kamelhaarmantel (m) camelhair coat
Kaminanzug (m) hostess suit
Kamm (m) reed
kämmen to comb
Kammerdämpfer (m) steam chest
Kammertrockner (m) chamber drier
Kammertuch (n) cotton cambric
Kammgarn (n) worsted yarn
Kammgarnflyer (m) Flyer rover for long fibres
Kammgarnspinnerei (f) worsted spinning; worsted spinning mill
Kammgarnstoff (m) worsted cloth
Kämmling (m) noil
Kämm-Maschine (f) combing machine
Kammstuhl (m) combing machine
Kammwolle (f) worsted wool
Kammzug (m) combed top (wool), sliver
Kammzugdruckmaschine (f) Vigoureux printing machine
kammzuggefärbt top-dyed
Kanaltrockner (m) tunnel drier
Kannenwechsler (m) can changer
Kannette (f) pirn
Kante (f) edge; selvage (selvedge)
Kantenabschneidevorrichtung (f) selvage trimmer
Kantenausroller (m) selvage uncurler
Kantenbeanspruchung (f) edge stress
Kantenfühler (m) selvage sensor
Kantenführung (f) **(Nähmaschine)** edge guide
Kantenkräuselung (f) edge crimp(ing)
Kantenreißfestigkeit (f) selvage tear resistance
Kantenschneidegerät (n) selvage cutter
Kantenverstärkung (f) back-strapping
Kantenwächter (m) selvage guard
kapillar capillary
Kapillarbruch (m) capillary break
Kapillarfaden (m) filament
Kapillarschluß (m) capillary compactness
Kapock (m) kapok
Käppchen (n) skull cap
Kappe (f) cap
Kapper (m) **(Nähmasch.)** felling foot
Kappnaht (f) flat seam
Kappnahtärmel (m) flat seam sleeve
Kapselkäfer (m) boll weevil
Kapuze (f) cowl, hood
Kapuzenkleid (n) cowl dress, hood dress
Karbonisiermaschine (f) wool-carbonizing machine
Karde (f) card
Kardenrauhmaschine (f) teasel-raising machine
kardieren to card
Kardierraum (m) card room
kardiert carded
kariert check, checked
Karkasse (f) carcass
karnak carnac
Karo (n) check
Karomuster (n) check pattern
Karré (n) check
Karton (m) carton
Kasack (m) house smock, Kasak
Kasack-Schürze (f) shortie overall
kaschieren to bond, to laminate, to coat
Kaschiermaschine (f) laminating machine, coating machine, back filler
kaschiert bonded, laminated
Kaschmir (m) cashmere
Kaschmirgarn (n) cashmere yarn
Kastenspeiser (m) hopper feeder
Katalysator (m) catalyst
kationisch färbbar cationic dyeable
kationischer Farbstoff (m) cationic dye (stuff)
Kattun (m) calico
Kattunbindung (f) calico weave
Kautschuk (m) natural rubber
Kavallerietwill (f) cavalry twill
Kegel (m) cone drum
Kehrschuß (m) reversing weft
Keil (m) **(Zwickel)** gusset
Keilferse (f) gusset type heel
Keilhose (f) stretch pants
Keilriemen (m) V-belt
Kelchkragen (m) cup-shaped collar
Kelim (m) kelim carpet

Kellerfalte (f) box pleat
kennzeichnen to mark
keramik (f) ceramic
Kern (m) core
kernelastisch core-spun
Kernfaden (m) yarn core
kerniger Griff (m) crisp hand
Kernzwirn (m) core yarn
Kessel (m) kettle
Kesseldekatiermaschine (f) decatizing autoclave
Kettablaßvorrichtung (f) let-off motion
Kettbaum (m) warp beam
Kettbaumregulator (m) warp beam control
Kettdichte (f) warp rate, warp density
Kettdruck (m) warp print
Kette (f) **(eines Gewebes)** warp (of a fabric)
Kette (f) und **Schuß** (m) warp and weft
Ketteffekt (m) warp effect
Kettelmaschine (f) looper, whipping machine
ketteln to link
Ketteln (n) linking
Kettenführung (f) chain guide
Kettenglied (n) chain link
Kettenstichnaht (f) chain stitch seam
Kettenstrecke (f) chain gill
Kettenstuhl (f) warp-knitting machine
Kettenware (f) warp fabric
Kettenwirkmaschine (f) warp-knitting machine
Kettenwirkstrumpf (f) warp-knitted stocking
Kettenwirkware (f) warp-knitted fabric
Kettfaden (m) warp thread, end
Kettfäden (m pl.) **pro cm (pro Zoll)** ends per cm (per inch)
Kettfadenbruch (m) warp thread break
Kettfadenfolge (f) order of warp threads
Kettfadenverbindung (f) warp-tying
Kettfadenwächter (m) warp stop motion
Kettfärben (n) warp dyeing
Kettflorteppich (m) warp-pile carpet
Kettgarnspinnmaschine (f) water frame
Kettköper (m) warp rib
Kettsamt (m) warp-knitted plush
Kettschlichtung (f) warp sizing
Kettspule (f) warp spool
Kettstreifigkeit (f) stripiness in the warp
Kettstuhlware (f) warp-knitted fabric
Kettware (f) warp material
Kettwirkerei (f) warp-knitting
Keulenärmel (m) melon sleeve, leg-of-mutton sleeve
Khakistoff (m) khaki cloth
Kidus (m) kidus
Kilim (m) kelim carpet
Kimono (m) kimono
Kimonoärmel (m) kimono sleeve, Magyar sleeve
Kimonokragen (m) kimono collar
Kinderbekleidung (f) children's clothing
Kindergröße (f) child's size
Kinderjäckchen (n) child's jacket, child's cardigan
Kinderkleidung (f) children's wear
Kinderschlafbekleidung (f) children's sleep wear
Kissen (n) cushion, pillow
Kissenbezug (m) cushion cover; pillow cover, pillow case
Kitt (m) **(Farbe)** putty
Kittel (m) housecoat, smock, overall, lab coat, gown
Kittelkleid (n) smock dress
Klappentasche (f) flap pocket
Klappstuhl (m) folding chair, deck chair
klassisch classic
klassisches Muster (n) classic design
Klebeband (n) adhesive tape
Klebebondieren (n) adhesive bonding
Klebekaschieren (n) adhesive laminating
kleben to stick
Klebepolmaschine (f) pile bonding machine
Klebepolteppich (m) bonded pile carpet
Klebstoff (m) adhesive
Kleid (n) dress; frock
Kleiderbügel (m) clothes hanger
Kleiderbürste (f) clothes brush
Kleiderstoff (m) dress fabric
Kleidungsstück (n) item of clothing, garment
kleine Flecken (m pl.) specks
Kleinkinderkleidung (f) infant wear
Klemme (f) clamp, clip; nipper (sew. machine)
Klette (f) burr
Klettenschläger (m) burr beater

Kletterseil (n) climbing rope
Klimakonstanz (f) climatic stability
Klimatisierung (f) air conditioning
Klingenkräuselverfahren (n) edge-crimp process
klinischer Anwendungsbereich (m) surgical application
klinischer Schwamm (m) surgical sponge
Klipp (m) clip
Klips (m) broach clip
Klopfvorrichtung (f) beater
Klöppel (m) lace bobbin
klöppeln to make lace
Klöppelspitze (f) bone lace; bobbin lace
klotzen to pad
Klotzmaschine (f) padding machine
Kluppe (f) clip
Kluppenspannrahmen (m) clip stenter
Knabenbekleidung (f) small boy's clothing
Knabengröße (f) boy's size
Knabenhemd (n) boy's shirt
Knäuel (n m) tangle, clew
Knautschlack (m) crushed mutation leather
Knickerbocker (m) knicker-bockers
Knickwiderstand (m) crush resistance
Kniebundhose (f) knickerbockers
Kniehose (f) knee-length trousers
Kniekissen (n) hassock
knielange Socke (f) knee-length socks
Knieschoner (m) knee-protector (sport)
Kniestrumpf (m) knee-length stocking
Knieversatzmuster (n) racked pattern
Kniewärmer (m pl.) knee caps
Knieweite (f) knee width
knistern to crackle
Knitter (m) crease, wrinkle, cockle
knitterarm crease-resistant
Knitterarm-Ausrüstung (f) crease-resist finish
Knitterbildung (f) creasing
Knittererholung (f) crease recovery
knitterfrei creaseproof, wrinkleproof
Knitterfreiausrüstung (f) anti-crease finish
Knitterfreiheit (f) crease resistance
knittern to crease
Knöchelsocken (f pl.) ankle socks
Knochenleim (m) bone blue
Knopf (m) button
knöpfen to button
Knopfleiste (f) button panel
Knopfloch (n) buttonhole
Knopflochnähmaschine (f) buttonhole sewing machine
Knopflochschneidblock (m) buttonhole cutting block
Knöpfrock (m) button-through skirt
Knopfschlaufe (f) lash
Knötchen (n pl.) **bilden** to pill
Knoten (m) knot
knoten to knot
Knotendehnbarkeit (f) knot extensibility
Knotenfestigkeit (f) knot tenacity
knotenlos knot-free
Knotenteppich (m) knotted carpet
Knoter (m) knotter
Knüpfarbeit (f) macramé
knüpfen to knot (carpet)
Kochechtheit (f) fastness to boiling
Kochfalten (f pl.) rope markings
kochfest can be boiled, fast to boiling
Kochwäsche (f) wash for boiling
Koffer (m) suitcase
Kohäsion (f) cohesion
Kohlefaser (f) carbon fibre
Kohlehydratschlichte (f) carbohydrate size
Kohlenstoffaser (f) carbon fibre
Kokon (m) cocoon
Kokosfaser (f) coir fibre
Kokosmatte (f) coir mat
Kokosteppich (m) coir matting
Kollegetuch (n) college cloth
Kollektion (f) collection
Kombination (f) coverall; combination
Kombination (als Kleidung) (f) mix and match clothing
kombinieren to combine
Kompaktspinnen (n) compact spinning
Komplet (n) costume
Kondensationsmaschine (f) polymerizing machine
Kondenser-Luntengarn (n) condenser yarn
kondensieren to condense; to cure
konditionieren to condition
konditioniert conditioned
Konditionierung (f) moisture regain

Konfektion (f) ready-to-wear production, rtw industry
Konfektionär (m) garment manufacturer
Konfektionskleidung (f) readymades
königsblau (n) royal blue
konische Hülse (f) cone tube
konische Kreuzspule (f) cone, conical cheese, tapered cheese
Konöl (n) coning oil
Konsumgüter (n pl.) consumer goods
Kontakttrockner (m) contact drier
Kontinue-Breitbleiche (f) continuous open-width bleaching unit
Kontinuefärberei (f) continuous dyeing
Kontinuespinnverfahren (n) continuous spinning
kontrastieren (Farbe) to contrast (colour)
Kontrolle (f) control; quality control
Kontrollsystem (n) control system
Konus (m) cone
Köper (m) **(-bindung)** (f) twille weave
Köperband (n) twilled ribbon
Kopfbekleidung (f) millinery
Kopfkissen (n) pillow (Bett); cushion
Kopfstützenschoner (m) head rest cover
Kopftuch (n) head scarf, kerchief
Kops (m) cop
Kordel (f) cord, piping; drawstring
Kordelkissen (n) corded cushion
Kordierung (f) cording
Kordonnetgarn (n) cordonnet yarn
Kordonnetseide (f) cordonnet silk
Korkenzieherenscheinung (f) cork-screwing
körnig kinky
Körnung (f) grain (in fabric)
körperbetonend emphasing the figure, figure-flattering
Körpermaße (n pl.) body measurements
Kostenvergleich (m) cost comparison
Kostüm (n) costume
Kotze (f) woolen cape; coarse woolen blanket
Kötzer (m) cop
Kötzergarn (n) cop-spun-yarn
Kötzerhülse (f) cop tube
Krabbmaschine (f) crabbing machine
Kraftdehnungsverhalten (n) stress-strain behaviour
Kragen (m) collar
Kragenknopf (m) collar stud
Kragenstäbchen (n) collar bone
Krankendecke (f) nursing blanket
Krankenhauskleidung (f) hospital clothing
Kratzengarnitur (f) **der Karde** (f) carding unit
Kratzrauhmaschine (f) machine for raising with card wire
Kratzenstoff (m) card cloth
Kratzenwalze (f) carding roller
Kratzfestigkeit (f) scratch resistance
Krause (f) ruff, ruffle
Kräuselband (n) gathering tape, "Rufflette" (R) tape
Kräuselfaser (f) crimped fibre
Kräuselfuß (m) **(Nähmasch.)** gathering foot
Kräuselgarn (n) crimped yarn
Kräuselkammer (f) crimping chamber
Kräuselkontraktion (f) crimp contraction
Kräuselkrepp (m) crimped crêpe
Kräusellängung (f) crimp lengthening
kräuseln to crimp
Kräuselung (f) crimp
Kräuselungsgrad (m) degree of crimp
Kräuselvelour (m) curled pile
Kräuselvorrichtung (f) crimping unit
krauses Gewebe (n) crinkle fabric
Kräusler (m) **(Nähmasch.)** ruffler
Krawatte (f) tie, cravat
Krawattenstoff (m) tie fabric
Kreation (f) creation
Kreidestreifen (m pl.) chalk stripes
kreieren to create (fashion)
Krempe (f) brim
Krempel (f) card
Krempelhose (f) roll-up trousers, pants
krempeln to card; to roll up (sleeves, etc.)
Krempelwolf (m) carding willow
Krepon (m) crepon
Krepp (m) crêpe
Kreppgarn (n) crêpe yarn
Kreppgewebe (n) crêpe weave
Kretonne (m) cretonne
Kreuzablage (f) crossplaiting
Kreuzband (n) lease band
kreuzfärben to cross dyes

Kreuzköper (m) cross twill
Kreuzleger (m) crosslapper
Kreuzschärvorrichtung (f) cross-warp machine
Kreuzschiene (f) lease rod
Kreuzschlauch (f) cross tube
Kreuzsegel (n) cross jack
Kreuzspule (f) cross-wound bobbin, cheese
Kreuzstab (m) lease rod
Kreuzstange (f) tension bar
Kreuzverbindung (f) cross join
kreuzvernetzen to cross-link
Kreuzvernetzung (f) cross-linking
Krimmer (m) Crimean lamb
kristallartig crystalline
Kristallisation (f) crystallization
krummer Köper curved twill
krumpfecht shrink-proof
krumpfen to shrink
Krumpfmaschine (f) shrinking machine
Krumpfungsmeßgerät (n) shrinkage-measuring instrument
Küchenschürze (f) kitchen apron
Küchentischdecke (f) kitchen table-cloth
Kufe (f) vat
Kühlstrecke (f) cooling section
Kühlwasser (n) cooling water
kulieren to sink the loops
Kulierware (f) weft-knitted fabric
Kulisse (f) screen; background
Kummerbund (m) cummerbund
Kundendienst (m) customer service
Kundschaft (f) custom, customers
Kunstfaser, Chemiefaser (f) synthetic fibre
Kunstgewerbe (n) arts and crafts
Kunsthaar (n) artificial hair
Kunstharz (n) artificial resin
Kunstleder (n) imitation leather, artificial leather
Kunstleder-Trägerstoff (m) backing for artificial leather
künstlich artificial
Kunstrasen (m) artificial turf, artificial lawn
Kunstseide (f) artificial silk, viscose rayon
Kunststoff (m) plastic
Kunststopfen (n) invisible mending
Kunstwolle (f) artificial wool
küpenfärben to vat-dye
Küpenfärberei (f) vat-dyeing
Kupferseide (f) cuprammonium silk
Kupferspinnfaser (f) cuprammonium staple fibre
Kürschner (m) furrier
Kürschnerei (f) furriers
kurvengesteuert cam-controlled
Kurvenscheibe (f) cam
kurz short
Kurzärmel (m) short sleeve
Kurzflotten-Färbemaschine (f) short-liquor dyeing machine
kurzhaarig short-haired
Kurzhemdchen (n) camisette
Kurzschleifentrockner (m) festoon drier
Kurzsocke (f) short sock (normal man's sock)
Kurzwaren (f pl.) haberdashery
Kurzwarengeschäft (n) haberdashers
Kutschertuch (n) melton
Kutte (f) cowl
Kuttenkleid (n) cowl dress
Kuttenkragen (m) cowl collar

L

Labor (n) laboratory (lab)
Laborversuch (m) laboratory test (labtest)
Lack (m) lacquer
Lackleder (n) American cloth, patent leather
Lackmantel (m) oilskin coat, oilskin
Lacktuch (n) oil cloth
Lade (f) sley, slay (weaving)
Laden (m) shop, store
Ladendeckel (m) sley cap
Ladeneinrichtungen (f pl.) shop fittings
Ladenhüter (m) slow-seller, slow-mover (slow-selling line)
Lage (f) layer
Lager (n) **(auf Lager)** store, warehouse (in stock)

Lagerbestand (m) stock on hand, inventory, goods in stock
Lagerraum (m) storeroom, stockroom
Lagerung (f) storage
Laken (n) linen sheet
Lamawolle (f) lama hair, alpaca, vicunia
Lambswool (f) lambswool
Lamé (n) lamé
Lamellen (f pl.) dropwires; lamellas
Laminaträger (m) backing for laminated fabric
Lamm (n) lamb
Lammfell (n) lambskin
Lammfellfutter (n) lambskin lining
Lammwolle (f) lambswool
Länge (f) length
Länge (f) **(pro Ballen)** roll length
Länge (f) **(nach Gewicht)** (n) yield
langfaserig long-fibrous
Langflorteppich (m) deep-pile carpet, long-pile carpet; shag
langhaarig long-haired
Langreihe (f) long-stitch course
Langreihenmuster (n) long stitch course pattern
langsam abkühlen lassen to allow to cool slowly
langsam erwärmen to heat slowly
längselastischer Stoff (m) fabric elasticised in the warp
längsgestreift vertically striped
Längsstreifen (m) longitudinal stripe, vertical stripe
Längung (f) lengthening
Lanzenrevers (m) peak lapel
lappig flabby
Lappingmaschine (f) lapping machine
Latex (n) latex
Latexuntergrund (m) latex backing
Lattenbreithalter (m) slatted expander
Lattendessin (n) trellis design
Latzhose (f) bib and brace overall
Laufband (n) apron
laufender Meter (m) running metre
laufendes Yard running yard
Läufer (m) carpet runner, corridor carpet; table runner; traveller
Lauffläche (f) use surface
Laufmasche (f) ladder (stocking), run
Laufmaschensicherung (f) ladder prevention, run prevention
Lauge (f) caustic, lye; suds
laugen to soak in caustic, lye
lauwarm lukewarm
lavendelfarbig lavender
Lebensbaum (m) **(-Muster)** (n) tree of life (pattern)
Lebensdauer (f) useful life, working life
Leder (n) leather
Lederbesatz (m) leather trimmings
Lederimitat (n) imitation leather
Lederjacke (f) leather jacket
Lederknopf (m) leather button
Legemaschine (Abtafelvorrichtung) (f) plaiter
leger casual
Legerbekleidung (f) casual wear, leisure wear
Legeschiene (f) guide bar
Legetisch (m) plaiting table
Legung (f) pattern notation
Leibbinde (f) sash; body warmer
Leibgurt (m) cummerbund
Leibwäsche (f) underclothes, "intimates", underwear
Leim (m) glue, size
leimen to size; to glue
Leine (f) line; lead (dog); long line
Leinen (n) linen
Leinenprägung (f) linen finish
Leinenstrickerei (f) linen hosiery
Leinwand (f) canvas; screen (cinema)
Leinwandbindung (f) plain, tabby, calico weave
Leiste (f) selvage, panel
Leistentasche (f) panel pocket
Leistung (f) efficiency, capacity, power
leistungsfähig effective, efficient
Leitfähigkeit (f) conductivity
Leitstab (m) guide bar
Leitwalze (f) guide roller
leuchtend shiny
Leuchtfarbe (f) luminous colour
Leuchtkraft (f) luminescence
Levantine (f) levantine, twilled sarsenet
Lichtalterung (f) ageing under exposure to light
Lichtechtheit (f) fastness to light
lichtempfindlich light-sensitive

Lichtschranke (f) light barrier
Lidohemd (n) short sleeved casual shirt with breast pocket
Lieferkops (m) supply cops
Lieferwalze (f) delivery roller
Liegefalte (f) knife pleat
Liegematte (f) reposing mat
lila mauve
Linie (f) line (cut)
Linien als Knopfmaß (f pl.) lines as button measure
Linienführung (f) cut, style of cut
Linksdrehung (f) left twist
Linksfärben (n) dyeing inside out
Linksgratköper (m) right to left twill
Links•Links links/links, purl
Links•Linksmaschine (f) links-links machine
linksseitig left-sided
Linksstrumpf (m) purl-knit stocking
Linoleum (n) linoleum
Linon (m) French lawn
Lisseuse (f) backwashing machine
Litze (f) heald, heald wire; braid, lings
Lkw-Plane (f) tarpaulin for truck
Lochkarte (f) punched card
Lochkartenspeicher (m) punched card store
Lochkartentechnik (f) punched card technique
Lochstickerei (f) broderie anglaise
Lochstreifen (m) punched tape
Lochtrommeltrockner (m) perforated drum drier
lockerbindig loosely-woven
lockig (Pelz) curly (fur)
Locknadel (f) guide needle
Loden (m) loden
Lodenmantel (m) loden coat
Loft (m) loft
Lohnverarbeitung (f) conversion costs
long-line long line
Losblatt (n) loose reed
Löslichkeit (f) solubility
Lösungsfärben (n) solution dyeing
Lösungsmittel (n) solvent
Louisin (m) hopsack
Louisor-Goldfaden (m) Louisor gold thread, filament
Luftblase (f) air bubble
Luftblastexturierung (f) air texturizing, air texturing
luftdicht air-tight
luftdurchlässig air-permeable
Luftdurchlässigkeit (f) air permeability
Luftdüsenspinnen (n) air-jet spinning
Luftdüsentransportsystem (n) conveyor-air-nozzle system
Luftdüsenwebstuhl (m) air-jet loom
Lufterhitzer (m) air heater
Luftfeuchtigkeit (f) humidity (of air)
luftig airy
Luftkammer (f) air chamber
Luftkissenzelt (n) air-inflated double-skin tent
Luftmasche (f) chain stitch
Luftmatratze (f) inflatable mattress, air mattress
Luftstrom (m) air current
Lufttexturieren (n) air (jet) texturing
lufttexturiert air-bulked
lufttexturiertes Garn (n) air-textured yarn (ATY)
Lufttrocken-Schlicht-Maschine (f) hot-air sizing machine
Luft- u. Raumfahrtindustrie (f) aerospace industry
luftundurchlässig air-tight
Lumberjack (n) lumberjacket
Lumpen (pl.) rags
Lunaseide (f) luna silk, viscose silk
Lunte (f) slubbing, roving, sliver
luntengefärbt slubbing-dyed
Luntenummer (f) slubbing count
Lurex (n) Lurex
Lüstrin (m) lustrine

M

Mäandermuster (n) irregular pattern, meandering pattern
Machart (f) make, type
Mädchengröße (f) girl's size
Mädchenkleidung (f) girl's wear

Madras (m) Madras
Magyarärmel (m) Magyar sleeve
Makogarn (n) mako yarn; Egyptian yarn
Makostoff (m) mako cloth
Makramée (f) macramé
Malimo-Technik (f) Malimo-technology, stitch-through technology
Manchester (m) cotton corduroy, Manchester
Manchesterhose (f) rough corduroy trouser
Manchon (m) tubular felt
Mangel (f) mangle
mangeln to mangle, to wring
Manipulant (m) converter, processer
Mannequin (n) mannequin
Mansardentrockner (m) hot-air chamber
Manschette (f) cuff, sleeve
Manschettenknopf (m) cuff link
Mantel (m) coat, overcoat
Mantelfutter (n) coat lining
Mantelkleid (n) coat dress
Marder (m) marten
Marengogarn (n) marengo (worsted) yarn
marineblau navy blue
Marinière (m pl.) branded goods
Markenmode (f) readymade (branded) fashion
Markenname (m) brand name, trade name
Markenpolitik (f) brand-name policy
Markenware (f) branded goods
Markise (f) blind, awning
Markisenstoff (m) awning cloth
Markt (m) market
Marktanteil (m) market share
Masche (f) stitch, loop; knits
Masche aufnehmen to pick up a mesh
Masche fallen lassen to drop a mesh
Maschenbildung (f) stitch formation
Maschendichte (f) mesh density
Maschenfang (m) ladder stop
maschenfest ladderproof
Maschenflorteppich (m) loop pile carpet
Maschenindustrie (f) knitwear industry
Maschenraffer (m) stitch holder
Maschenreihe (f) course
Maschenreihen (f pl.) **pro Minute** (f) course per minute
Maschenstäbchen (n) wale (knitting)
Maschenstich (m) knit loop
Maschenware (f) knitwear, knits, knitted goods, knitted fabric
Maschinenknopfloch (n) machine-made buttonhole
Maschinenputztuch (n) industrial wipe
Maschinenteilung (f) needles per inch
maschinenwaschbar machine washable
Maske (f) mask
Maß (n) measurement
Maße (pl.) **für Wirkerei- und Strickerei-artikel** (m pl.) knitwear sizes
Massefärbung (f) mass dyeing
Maßhaltigkeit (f) dimensional stability
Maßschneider (m) bespoke tailor
Maßstabilität (f) dimensional stability
Materialabnahme (f) acceptance of material
Matratze (f) mattress
Matratzendrell (m) mattress ticking
Matratzenschoner (m) mattress cover
Matrosenanzug (m) sailor suit
Matrosenjacke (f) pea jacket, monkey jacket
Matrosenkragen (m) sailor collar
matt matt, dull
Matte (f) mat
Mattenbindung (f) mat weave, basket weave
mattieren to mat, to delustre
Mattierungseinrichtung (f) delustering equipment
Mattierungsmittel (n) delusterant
Mäusezähne (m pl.) picot edge
maximale Bewicklungsbreite (f) maximum dresses width of warp
mechanisch geknüpft machine-knotted
mechanisch gesponnenes Garn (n) machine-spun yarn
mechanischer Webstuhl (m) power loom
Medaillonteppich (m) medallion carpet
medizinischer Strumpf (m) surgical stocking
Meerwasserechtheit (f) fastness to sea water
Mehretagen-Spannrahmen (m) multi-layer tenter frame
Mehrfachgarn (n) multi-ply yarn
Mehrfachverteilkopf (m) multi-line head

Mehrfachzwirn (m) multi-end twist
mehrfädig multiple filament
Mehrfarbendruck (n) multi-colour print
mehrfarbig multi-coloured
Mehrlagenstruktur (f) multi-layer structure
Mehrschichtzähler (m) multishift counter
mehrstufiger Zwirn (m) cabled yarn
Mehrzweck (m) multi-purpose
Melange (f) yarn blend; mixture; colour blend
Melangegarn (n) melange yarn
meliertes Garn (n) mingled yarn, melange, marl
Melone (f) bowler hat; Derby (hat)
Menge (f) quantity
Merino (m) Merino
Merinowolle (f) Merino, Merino wool
merzerisieren to mercerize
Merzerisiermaschine (f) mercerizer
Meßband (n) tape-measure, measuring tape
Messe (f) fair
Messeaussteller (m) fair exhibitor
Messegelände (n) fairground(s)
messen to measure
Messestand (m) fair stand, booth
messingfarben brass-coloured
Meß-Legevorrichtung (f) measuring and plaiting unit
Meßsonde (f) probe
Meß-Wickelvorrichtung (f) measuring and rolling unit
Metallfaden (m) metallic thread, metallic filament
Metallgarn (n) metallic yarn
metallisierter Farbstoff (m) pre-metallised dye
Metallmelder (m) metal detector
Metallverschluß (m) metal fastener
Meteorseide (f) meteor silk
Meter (m) metre (e), meter (a)
Meterware (f) yard goods, fabric for sale by the yard, cloth in the bale
Methoden (f pl.) **des Legens** (n) laying methods
metrische Nummer (f) metric number
metrisches Maß (n) metric size, metric measurement
Micro-Mesh. . . micro-mesh
Micro-Mesh-Strumpf (m) micro-mesh stocking
Mieder (n) stomacher
Miederhöschen (n pl.) roll-on panties
Miederwaren (f pl.) foundation garments
Miederwäsche (f) “betweeners”
Migration (f) **(Farbstoff)** migration (dye)
migrieren (Farbstoff) to migrate (dye)
mikromorphologisch micro-morphological
mikroporös microporous
Milanese (f) Milanese fabric
Militärborte (f) military braid
Millefleurs (m n) millefleurs
Millepoints (m n) millepoints
Mindestbewicklungsbreite (f) minimum dressed width of warp
Mindestmaße (n pl.) minimum standards
Minglegarn (n) mingled yarn
Minikleid (n) minidress
Minilänge (f) minilength
Minirock (m) miniskirt
mischen to mix; to blend
Mischfaser (f) multi-fibre
Mischgarn (n) blend
Mischgewebe (n) mixture (fabric)
Mischpolymerisat (n) co-polymer
Mischung (f) blend (yarn); mixture (fabric)
Mischverhältnis (n) blend ratio
Mischwechsler (m) weft mixer
Mischwolf (m) willow
Mischwolle (f) wool mixture, wool blend
Mitläufer (m) feeder
Mittel (n) medium, agent
Mittel (n) **zur Vermeidung** (f) **elektrostatischer Aufladung** (f) anti-static agent
Mittelfalte apron fold
Mittelflyer (m) intermediate frame
Mittelwert (m) mean value
mitternachtblau (n) midnight blue
mittlere Länge (f) mean length
mittlerer Titer (m) mean titre, mean denier
Möbelbezugsstoff (m) furniture covering fabric, upholstery fabric

Möbeldecke (f) furniture cover
Möbelgurt (m) upholstery webbing
Möbelindustrie (f) furnishing industries
Möbelstoff (m) upholstery fabric
Modacryl (n) modacrylics (PAM)
Modalfaser (f) modalic fibre
Modallänge (f) modal length
Mode (f) fashion; mode; vogue
Modeentwurf (m) fashion design
Modefarbe (f) fashion colour, fashionable colour
Modefavorit (m) fashion favorite
Modemesse (f) fashion fair
Modeinstitut (n) fashion institute
Modell (n) modell; mannequin
Modeneuheit (f) fashion novelty
Mode(n)schau (f) fashion show
Modeschöpfer (m) fashion designer
Modetrend (m) fashion trend, fashion movement
Modevorführung (f) fashion show, fashion presentation
Modevorschau (f) fashion preview
Modezeichner(in) (m f) fashion artist
Modezeichnung (f) fashion sketch, fashion drawing
modifizierte Acrylfaser (f) modacrylic fibre
modifiziertes Verfahren (n) modified process, modified system
modisch fashionable, in vogue
modische Aussage (f) fashion appeal
modisches Sortiment (n) fashionable range, fashionable selection
Mohairgarn (n) mohair yarn
Mohairwolle (f) mohair, mohair wool
Mohn (Farbe) poppy (colour)
Moiré (m) moire, watered silk
Mokett (n) moquette
Molekül (n) molecule
molekulare Vororientierung (f) molecular preorientation
Molekulargewicht (n) molecular weight
Molton (m) molleton
monofil monofil
Monofilgarn (n) monofilament yarn
Monogramm (n) monogram
monomer monomer
Moosgarn (n) Persian yarn
moosgrün (n) moss green
Moosleinen (n) moiré linen
Moosstich (m) drop stitch
Moosstichmuster (n) dropstitch pattern
Morgenmantel (m) dressing gown, house coat
Morphologie (f) morphology
Moskitonetz (n) mosquito net
Motiv (n) motif
Motorradjacke (f) motorcycle jacket
Motte (f) moth
Mottenkugel (f) mothball
Mottenschutz (m) moth-proofing
mottensicher mothproof
Moulegarn (n) marl yarn
Moulinégarn (f) coloured twist yarn
mouliniert thrown
Mousseline (m) mousseline
Moutonnestoff (m) moutonne, fleecy fabric
Muff (m) **(Garnaufnahme)** muff
Muff-Färbung (f) muff-dyeing
Muk-Dekatur (f) Muk decatizing process
Muldenpresse (f) cylinder press
Muldenwarenspeicher (m) J-box
Mull (m) gauze, muslin, mull
mullartig flimsy
Müllergaze (f) silk gauze, tent
Multiaxialstoff (m) multi-axial fabric
multicolor multi-coloured
multifil multifil
Multifilgarn (n) multifilament yarn
Mungogarn (n) mungo yarn
Musseline (f) muslin
Muster (n) design, pattern
Muster (n) **(Ware)** sample, specimen, swatch (fabric)
Musterart (f) type of pattern, type of design
Musterantrieb (m) pattern drive
Muster(ent)nahme (f) sampling
Musterkante (f) pattern edge
Musterkarte (f) sample card, pattern card
Musterkollektion (f) sample making
Musterrad (n) pattern wheel
Musterwiederholung (f) pattern repeat
Mütze (f) cap
Mützenschirm (m) peak (of a cap, etc.)

N

nachbehandeln to post-treat (a fabric, yarn, etc.)
Nachbehandlung (f) aftertreatment, subsequent treatment, post-treatment
Nachdrehung (f) extra twist
nachdunkeln to darken subsequently
Nacherhitzer (m) annealing system
Nachfrage (f) demand
Nachfrageboom (m) boom in demand
nach Maß (n) **(gearbeitet)** made to measure
Nachmittagskleid (n) afternoon dress
Nachmusterung (f) follow-up collection
Nachpolymerisation (f) afterpolymerization
Nachreißzone (f) re-breaking zone
Nachschrumpfung (f) aftershrinkage
nachsetzen (Färbebad) to recharge
nachspülen to flush again
nachstrecken to after-draw
Nachthemd (n) nightshirt, nightdress, "nightie"
Nachtkleid (n) nightgown
nachträglich fixiertes Garn (n) post-set yarn
Nachtwäsche (f) night attire, "slumber-wear"
Nadel (f) needle
Nadelabstand (m) needle gauge
Nadelbarre (f) needlebar
Nadelbett (n) needle bed
Nadeleinfädler (m) needle-threading device
Nadeleinsatz (m) needle insertion
Nadelfadenregulator (m) needle thread controller
nadelfest needleproof
Nadelfilz (m) needle felt
Nadelfilzbodenbelag (m) needleloom floorcovering
Nadelfilzen (n) needle felting
Nadelfilzmaschine (f) needlepunch machine
Nadelfilzteppich (m) needle-punched carpet
Nadelflormaschine (f) tufting machine
Nadelflorteppich (m) tufted carpet
Nadelfontur (f) section, needle bar
Nadelheber (m) needle lifter
Nadelkissen (n) pin cushion
Nadelklammer (f) needle clamp
Nadelkopf (m) needle head
Nadelleiste (f) needle ledge
Nadelöhr (n) needle eye
Nadelspannrahmen (m) pin stenter
Nadelstab (m) needle faller
Nadelstabstrecke (f) gill box
Nadelstange (f) needlebar (sewing machine)
Nadelstreifen (m) pin stripe
Nadelstuhlteppich (m) needleloom carpet
Nadelverbundstoff (m) needled material
Nadelvlies-Bodenbelag (m) fibre-bonded floorcovering
Nadelwalzenstrecke (f) rotary drawing frame, rotary drafting
Nadelzugmuster (m) dropstitch pattern
nähen to sew
Näherin (f) seamstress
Nähgarn (n) sewing thread, "cotton"
Nähmaschine (f) sewing machine
Nähnadel (f) (sewing) needle
Nähseide (f) sewing silk
Naht (f) seam
Nahtband (n) seam binding
nahtlos seamless
nahtlose Damenfeinstrümpfe (m pl) fine seamless stockings
Nahtmelder (m) seam detector
Nahtverklebung (f) stitch-bonding
Nähzwirn (m) sewing thread, thread
naß wet
Naßbreite (f) wet width (of fabric)
naßecht fast to water
Naßechtheit (f) wet fastness
Naßfestigkeit (f) wet strength
Naßfixieren (n) wet fixation, wet setting
Naßknitterfreiheit (f) wet crease resistance
Naßmodul (n) wet modulus
Naßreinigung (f) wet cleaning
Naßschrumpf (m) wet shrinkage
Naßschrumpfung (f) wet shrinkage
Naßspinnen (n) wet spinning
Naßspinnverfahren (n) wet spinning process, wet spinning

Naßverfahren (n) wet processing
Naßvlies (n) wet laid nonwoven
natté etaminé
Naturfaser (f) natural fibre
Naturkarde (f) teazle
Naturseide (f) natural silk, real silk
Negligé (n) negligé
Neriseide (f) blaze
Nerz (m) mink
Nerzbesatz (m) mink trim, mink trimming
Nerzmantel (m) mink coat
Nessel (m) raw cotton cloth, nettle
Nesselgewebe (n) nettle-weave
Nettogewicht (n) net weight
Netz (n) net
Netzarmierung (f) reinforcement net
Netzcontainer (m) net container
netzen to wet
Netzgardine (f) net curtain
Netzmittel (n) wetting agent
Netzstrumpf (m) net stocking
Netztrikot (m n) mesh trikot
Netzwerk (n) meshes
Neuerung (f) innovation
Neuheit (f) innovation
Netzartikel (m) netting
Netzbildung (f) netting
nicht automatischer Webstuhl (m) non-automatic loom
nicht gewebter Teppich (m) non-woven carpet
nicht glänzendes Garn (n) non-glitter yarn
nichtionogen non-ionic
Nicki (m) chenille pullover with short sleeves and straight neckline (originally)
niederorientiertes Garn (n) low-oriented yarn (LOY)
Nierengurt (m) kidneys' protective belt
Niete (f) rivet
Niethose (f) jeans
Nitratkunstseide (f) nitrate rayon
Nitrozelluloseseide (f) nitro-cellulose silk, Chardonnet silk
Nitschelstrecke (f) rubbing finisher
Nitschelstrecke (f) **(Finisseur)** rubbing frame
Niveau (n) level
Nonnenschleiertuch (n) nun's veiling
Non-Torque-Verfahren (n) non-torque process
Nonwovens (pl) non-wovens
Noppe (f) slub, nep
Noppendichte (f) tuft density
Noppeneffekt (m) bouclé (effect)
Noppengarn (n) nep yarn
Noppenlängsreihe (f) tuft column
Noppenquerreihe (f) tuft row
Noppenzahl (f) **(Teppich)** stitch rate (carpet)
Noppenzwirn (m) twisted nep yarn
Noppigkeit (f) neppiness
Norm (f) standard, norm
Normaldrehung (f) standard twist, normal twist
Normalklima (n) standard atmosphere
normallange Socke (f) normal (length) sock (for a man)
normen to standardize
Nouveauté (n) novelty, nouveauté
Nuance (f) shade, subtlety, nuance
Nulldraht (m) zero-twist
Nummer, englisch (f) (Ne) English cotton count
Nummer, französisch (f) (Nf) French cotton count
Nummer (f) **(grobe N., feine N.)** count (coarse count, fine count)
Nummer, metrisch (f) (Nm) metric yarn count
Nutenstein (m) cam follower
Nutentrommel (f) cam
Nutzfläche (f) use surface
Nylon (n) nylon
Nylon 6 nylon 6
Nylon 66 nylon 66
Nylongarn (n) nylon thread, nylon yarn
Nylonstrumpf (m) nylon stocking
Nylonstrümpfe (m pl.) "nylons"

O

'Oben-ohne' topless
Oben-Ohne-Kleid (n) topless dress
Oberbekleidung (f) outer wear

Oberfaden (m) upper thread
Oberfläche (f) surface
Oberflächenaktivstoff (m) surfactant, surface-active agent
Oberflächeneffekt (m) surface effect
Oberflächenhaftung (f) surface tackiness
Oberflächenmuster (n) surface pattern
Oberflächenreibung (f) surface friction
Oberflächenverfestigung (f) surface bonding
Oberhemd (n) shirt, overshirt
Oberlage (f) top ply
Oberrand (m) welt
Oberrandverstärkung (f) welt-splicing
Oberschuß (m) face weft, top shot
Oberteil (n) **(Bekleidung)** top, bodice
Obertrikotagen (f pl.) knitted sets (generally two-piece sets)
Oberweite (f) chest measurement, bust measurement (woman)
Objektgeschäft (n) contract business, contract work (generally relating to carpeting)
Ocker (n) ochre
OE-Spinnen (n) OE-spinning (open end)
ofentrocken oven-dry
ofentrockene Festigkeit (f) oven-dry tenacity
offen open
offenes Maschenbild (n) open-knit
Offizierskragen (m) stiff (stand-up) collar
Öffnen (Schlauch) (n) uncurling
Öffner (m) opener
Öffneranlage (f) blowroom
Ohrenklappe (f) ear flap
Ohrenschützer (m) ear muff
ökologisch unbedenklich ecologically harmless
Olefin (n) olefine
Olefinfaser (f) olefine fibre
Ölfangmatte (f) oil-collecting mat
Oligomer (n) oligomer
Olivenblattmuster (n) olive leaf pattern
olivgrün (n) olive green
ombré ombré
on-line-Datenerfassung (f) on-line data collection
Op-Art (f) op-art
Op-Art-Muster (n) op-art design, op-art pattern
Open-end-Spinnerei (f) open-end spinning
Optik (Aussehen) (f) appearance
optisch aufhellen to optically brighten
optischer Aufheller (m) optical brightener, optical brightening agent
Orchidee (f) orchid
Orderbuch (n) order book
ordern to order
Organdy (m) organdie
Organsin (n) organzine
Organza (m) organza
oriental oriental
Orientalmuster (n) oriental pattern
Orientteppich (m) Oriental carpet (also Persian carpet)
ornamental ornamental
Ornamentmuster (n) ornamental design pattern
Öse (f) eyelet
Ottoman (m) ottoman (cloth)
"Outdoor"-Teppich (m) outdoor carpet
oval oval
ovaler Ausschnitt (m) oval neckline
Overall (m) overall; jump suit
Oxfordkaro (n) Oxford check
Oxidkeramik (f) oxide ceramic
Ozelotbesatz (m) ocelot trimmings, ocelot trim

P

Paar (n) pair
packgefärbt package-dyed
Paddel-Färbemaschine (f) paddle-dyeing machine
Pailletten (f pl.) pailettes, sequins
Paket (n) package
Paketfärberei (f) package dyeing
Paletot (m) overcoat, top-coat
Palette (f) range (of goods on offer)
Palmblattmuster (n) palmette
Panamabindung (f) basket weave, dice weave, hopsack

Panamahut (m) Panama
Panneau (n) flying panel
Pannesamt (m) panne velvet
Papiergarn (n) paper yarn
Papphülse (f) paper tube
Paraffinemulsion (f) paraffin wax emulsion
paraffinieren to paraffin, to appy paraffin, to wax
Paraffinieren (n) **(Garn)** waxing (yarn)
parallel aufgespultes Garn (n) parallel-wound yarn
Parallelgarn (n) straight yarn
Parallelisieren (n) **der Fasern** (f pl.) parallelisation of fibres
Parallelo (m) parallel-knitted jumper
Parameter (m) parameter
Parka (m) parka
Partie (f) batch; part (of a garment, etc.)
Partiegröße (f) batch size
Partienummer (f) batch number (also run number)
Partykleid (n) party dress
Paspel (m f) binding
Paspellierung (f) piping, edging
Passe (f) yoke (of a dress, etc.)
passen to fit; to match
Passenärmel (m) dropped sleeve set in yoke
passend matching
passende Farben (f pl.) matching colours
Paßmuster (n) pattern match
Paßstück (n) adaptor
Paßstück (n) **für zylindrische Kreuzspulen** cheese adaptor
Pastellfarbe (f) pastel colour
Patentrand (m) rib welt, rib cuff
Patentstrickerei (f) rib-knitting
Patentverschluß (m) patent fastener
Patrone (f) point pattern, point paper design
Patronenpapier (n) design paper
Patte (f) pocket flap; sleeve turn-up
Pattentasche (f) flap pocket
peignieren to comb
Pelerine (f) cape cloak, pelerine
Pelz (m) fur
Pelzbesatz (m) fur trimmings
pelzig furry, fluffy
Pelzimitation (f) imitation fur, fur fabric, fun fur
Pelzkragen (m) fur collar
Pelzmantel (m) fur coat
Pelzmesse (f) fur fair
Pelzmütze (f) fur hat
Pendelferse (f) standard heel
Pendelspitze (f) pendant lace
Pendelwalze (f) compensator roller
Pepita (f) shepherd's check
Perbad (n) perchloride bath
Perchloräthylen (n) ethylene perchloride
Perforation (f) perforation
perforieren to perforate
perforiert perforated
perforierter Färbebaum (m) perforated beam
Perkal (m) percale
Perkal (stark appretierter P.) (m) book muslin
Perkalband (n) percale tape
Perlenband (n) beaded ribbon
Perlengewebe (n) beaded material
Perlfang (m) half-cardigan-stitch
perliné perliné
Perlmasche (f) tuck stitch
Perlmutter (f) mother-of-pearl
Perlmutterknopf (m) mother-of-pearl button
perlmuttschillernd pearlescent
Perlstich (m) purl stitch
Perlstickerei (f) beading
Permanentfalte (f) heat-set pleat
Permanentplissee (n) permanent pleat
Permanent-Press (m) permanent press, durable press, shapeset
Permanent-Press-Verfahren (n) permanent press process, durable press process
Persenning (f) tarpaulin
Perserteppich (m) Persian carpet
Persianer (m) Persian lamb
persianerähnlich Persian-like
Perubaumwolle (f) Peruvian cotton
Petticoat (m) petticoat
Pettidress (m) pettidress
Pfeffer-und-Salz (m n) pepper and salt
Pferdedecke (f) horse blanket
Pferdehaare (n pl.) horse hair
Pflanzenfarbe (f) vegetable dye

Pflanzenfaser (f) vegetable fibre
Pflanznetz (n) plant net
Pflaster (n) adhesive plaster
Pflatscheinrichtung (f) lick roller
Pflatschwalze (f) lick roller
pflaumenrot plum red
Pflege (f) care
Pflegeeigenschaften (f pl.) care properties
Pflegekennzeichen (n) care symbol
pflegeleicht easy-care, carefree, wash-and-wear
pflegeleichtes Material (n) ease-of-care fabric
pflegen to care for, to maintain
Pflegesymbole (n pl.) symbols for treatment
Pfriem (m) bodkin
pfropfen to plug
Phantasieboden (m) feature floor
Photozelle (f) photocell
pH-Wert (m) pH-value
Pigment (n) pigment
Pikee (n) piqué
Pilling (n) pilling
Pillingbildung (f) pilling formation
Pilotanlage (f) pilot plant
Pineapple-Cone (m) pineapple cone
Pin-Point (m) pin-point
Pinsel (m) brush
Piqué (n) piqué
Plaid (n) plaid
Plane (f) tarpaulin
plastifizieren to plasticize
Plastik (n) plastic, plastic material
plastisch plastic
plastische Musterung (f) relief design
Platine (f) sinker, lifter, lifting hook
Platinenbarre (f) sinker bar
Plätteisen (n) flatiron, smoothing iron
plätten to iron, to press, to smooth
Plattensengmaschine (f) plate-singeing machine
plattieren to plate
Platzer (m) broken pick
Platzgedeck (n) place setting (set of cloth and napkins)
Plissee (n) pleat
Plisseerock (m) accordion or crystal-pleated skirt
Plisseestoff (m) pleated fabric
Plissierbarkeit (f) pleatability
plissieren to pleat
Plissiermaschine (f) pleating machine
Pluderhose (f) Cossack trousers
Plüsch (m) plush, shag (a)
Plüschgewebe (n) moquette
Plüschmuster (n) plush pattern
Plüschrauhmaschine (f) plush raising machine
Plüschvelours (m) plush velours, plush; velvet pile
Plüschwebmaschine (f) plush-weaving machine
Poileseide (f) down silk
Pol (m) **(Teppich)** pile; tuft
Polaufbereitungseinrichtung (f) pile-dressing unit
Polfaser (f) pile fibre
Pol-Finish-Einrichtung (f) pile-finishing unit
Polgarn (n) pile yarn
Polgewicht (n) pile weight
Polhöhe (f) pile height
Poliertuch (n) polishing cloth
Polkette (f) pile warp
Polkettschuß (m) pile weft
Polnutzschicht (f) **(über Teppichgrund)** effective pile (pile above backing)
Polohemd (n) polo shirt
Polrotor (m) pile rotor
Polschicht (f) pile layer
Polschuß (m) pile weft
Polsterärmel (m) built-up sleeve
Polsterbelag (m) upholstery covering
Polsterei (f) upholstering
Polsterlehne (f) upholstered chair back
Polstermöbel (f) upholstered furniture
Polsterung (f) upholstering; padding
Polsterwatte (f) upholstery wadding
Polvliesbodenbelag (m) needled pile floorcovering
Polyacryl (f) (PA) polyacryl (PA)
Polyacrylnitrilfaden (m) polyacrylo-nitrile filament, polyacrylic filament
Polyacrylnitrilfaser (f) polyacrylo-nitrile fibre, acrylic fibre
Polyaddition (f) polyaddition
Polyadditionsfaser (f) polyaddition fibre
Polyamid (n) (PA) polyamide (PA)

Polyamidfaden (f) polyamide filament
Polyamidfaser (f) polyamide fibre
Polyamidgarn (n) polyamide yarn
Polyäthylen (n) (PE) polyethylene (PE)
Polyäthylenfaden (m) polyethylene filament
Polyäthylenfaser (f) polyethylene fibre
Polyäthylenterephthalat (n) polyethylene terephthalate
Polyester (n) (PES) polyester (PES)
Polyesterfaden (m) polyester filament
Polyesterfaser (f) polyester fibre, polyester staple fibre
Polyestergarn (n) polyester yarn
Polykondensation (f) polycondensation
Polymerisat (n) polymer
Polymerisation (f) gelation, polymerisation
Polymerisationsgrad (m) curing temperature
polymerisieren to cure, to polymerise
Polymerisier-Einrichtung (f) polimeriser, polimerising unit
Polymerisierschaum (m) gel foam
Polynosic (n) polynosic
polynosische Faser (f) polynosic fibre, polynosic staple fibre
polynosischer Faden (m) polynosic filament
Polyolefin (n) polyolefine
Polyolefinfaden (m) polyolefine filament
Polyolefinfaser (f) polyolefine fibre
Polypropylen (n) (PP) polypropylene (PP)
Polypropylenfaden (f) polypropylene filament
Polypropylenfaser (f) polypropylene fibre
Polypropylengarn (n) polyproylene yarn
Polystyrol (n) polystyrene
Polystyrolfaser (f) polystyrene fibre
Polyurethan (n) (PUR) polyurethane (PUR)
Polyurethanfaden (m) polyurethane filament
Polyurethanfaser (f) polyurethane fibre
Polyvinyl (n) polyvinyl
Polyvinylalkohol-Schlichte (f) polyvinylalcohol size
Polyvinylchlorid (n) **(PVC)** polyvinylchloride
Polyvinylchloridfaden (m) polyvinylchloride filament
Polyvinylchloridfaser (f) polyvinylchloride fibre
Pompon (m) pom-pom
Poncho (m) poncho
Pongé (m) **(weiche chinesische Seide)** pongee
Popeline (f) poplin
poromerisch poromeric
poromerisches Material (n) poromeric, poromeric material
porös porous
Porosität (f) porosity
Posamente (pl.) trimmings
positiver Kettenabzug (m) positive warp-letoff
Postsack (m) mailbag
Prägekalander (m) embossing calender (Moire)
prägen to emboss
Prägesamt (m) embossed velvet
Prägewalze (f) embossing roller
Präparation (f) finishing agent
Präparationsbad (n) finish application bath
Präzisionswicklung (f) precision winding
Preisbegünstigung (f) reduction (in price), price reduction
preisgünstig favourable-priced, good value
Preisleistungsverhältnis (n) price-to-performance ratio
Preisschild (n) price tag, price label
preiswert good value, value for money
Preßdruck (m) ironing pressure
Presse (f) press; presser bar; press finishing machine
pressen to press
Presserstange (f) **(Nähmasch.)** presser bar (sew. machine)
Preßferse (n) boarded heel
Preßglanz-Dekatiermaschine (f) press-lustre-decatizing machine
Preßmuster (n) tucking pattern
Preßwalzen-Zugeinrichtung (f) press-roll tensioner
Prinzeßschnitt (m) princess line
Probe (f) test, trial; sample, specimen
Probemuster (n) **(Stoff)** swatch

probieren to try, to attempt; to sample
Profil (n) cross section; profile
Profilfaser (f) profiled fibre
profilieren to profile
profilierter Querschnitt (m) profiled cross-section (fibre)
Programm (n) programme (e), program (a)
progressive Schrumpfung (f) progressive shrinkage
Projektilwebstuhl (m) projectile loom
Proteinfaser (f) protein fibre
Proteinschlichte (f) protein size
Prozent per cent
Prozentsatz (m) percentage
prüfen to examine, to test; to check
Prüfgerät (n) testing apparatus
Prüfstelle (f) checking point
Prüfung (f) examination, test; check, checking
Pudelmütze (f) stocking cap
Puffärmel (m) puffed sleeve
Puffer (m) tampon
Pulli (m) pullover, sweater
Pullover (m) pullover, sweater
Pulswärmer (m) wrist warmer
Pulverpunktbeschichtung (f) powder-point-coating
punktieren to stipple
punktiert stipled, spotted
Puppe (f) doll
Puppenbekleidung (f) dolls' clothing
Puppenkleid (n) doll's dress
purpur (n) purple
Putzmaschine (f) cleaning machine
Pyjama (m) pyjama(s)
Pyramidennaht (f) pyramid seam

Q

Qualität (f) quality
Qualitätssiegel (n) seal of quality
Qualitätsverbesserung (f) quality improvement
Qualitätszirkel (m) quality circle
Quaste (f) tassel
quellen to swell
Quellen (n) **der Fasern** (pl.) swelling of fibres
quellfest non-swelling
Quellmittel (n) swelling agent
quer across (a fabric, etc.)
Querdehnung (f) transverse elongation
querelastischer Stoff (m) fabric elasticised in the weft
Querfalte (f) cross pleat
quergestreift horizontally striped
Querleger (m) crossfolder
Querrips (m) warp rib
Querschneider (m) cross cutter
Querschnitt (m) cross-section, profile
Querstreifen (m pl.) horizontal stripe(s), hoops
quetschen to crush, to flatten
Quetschfalte (f) knife pleat
Quetschmaschine (f) padding machine
Quetschwalzen (f pl.) nip rollers, squeezing rollers
Quetschwerk (n) squeezer

R

Rabatt (m) discount, rebate
Raglanärmel (m) raglan sleeve
Raglanmantel (m) raglan coat
Rahmengarn (n) tubular work yarn
Rakel (f) scraper, doctor blade
Rakeltuch (n) doctor blade blanket
Ramie (f) ramie
Ramiefaser (f) ramie fibre
Rändernaht (f) edge seam
Ränderware (f) rib fabric
Randmasche (f) selvage stitch
Rankenmuster (n) scroll pattern; twig and leaf pattern
Rapport (m) pattern repeat, matching
Raschel (m) raschel
Raschelmaschine (f) raschel knitting machine
Raschelspitze (f) raschel lace
Rascheltepppich (m) raschel carpet
Raschelteppichmaschine (f) raschel carpet machine
Rascheltüll (m) raschel tulle

Raschelware (f) raschel-knitted goods, raschel-knitted fabric
Ratiné (m) ratiné
ratinieren to ratine
Ratiniermaschine (f) grinding machine, ratine machine
rauchgrau smoke grey
Rauchwaren (f pl.) furs, fur goods
rauh rough, coarse
rauhen to raise (the surface of a fabric)
rauher Griff (m) harsh hand, coarse hand
Rauhmaschine (f) raising machine
Raumausstattung (f) interior decorating
Raumtemperatur (f) room temperature
Räumungsverkauf (m) clearance sale
Raupenteppich (m) chenille carpet
Rautenmuster (n) rhombic design, diamond pattern
Reaktivfarbstoff (m) reactive dye, reactive dyestuff
Rechteckdüse (f) rectangular spinneret
rechteckig rectangular
rechteckiger Ausschnitt (m) open square neckline
Rechtsdrehung (f) right twist
Rechtsgratköper (m) left to right twill
Rechts/Links-Masche (f) plain jersey
Rechts/Links-Naht (f) French seam
Rechtsstrickerei (f) garter stitch knitting
Redingote (f) riding jacket, riding coat, hunting jacket
Regenbekleidung (f) rainwear
Regenbogenfarben (f pl.) rainbow colours
Regenbogenwirkung (f) rainbow effect
Regencape (n) waterproof cape
Regencestil (m) Regency style
Regeneratfaser (f) regenerated fibre
Regenmantel (m) raincoat
Regenschirm (m) umbrella
regulär-gearbeitet fully fashioned
Reibechtheit (f) fastness to abrasion, fastness to rubbing
Reibung (f) friction, abrasion
Reibungskoeffizient (m) coefficient of friction
reiche Auswahl (f) wide range, extensive selection
Reifen (m) tyre (e), tire (a)
Reifencord (m) tire cord
Reifengarn (n) tyre yarn
Reifengewebe (n) tyre fabric
Reifenkarkasse (f) tyre carcasse
Reifrock (m) crinoline
Reihe (f) row; wale
reine Schurwolle (f) pure new wool, pure virgin wool
reine Seide (f) pure silk
reine Wolle (f) pure wool
Reinigung (f) cleaning
Reinigungsfehler (m) mishandling in cleaning
Reinigungsmittel (n) cleaning agent; detergent
Reinigungstuch (n) cleaning cloth
Reisedecke (f) travel rug
Reisetasche (f) travel bag
reißen to tear
reißfest tear-resistant
Reißfestigkeit (f) tensile strength; resistance to tearing
Reißkonverter (m) stretch breaker
Reißkopf (m) breaking head
Reißkraft (f) breaking load
Reißlänge (f) breaking length
Reißspinnband (n) converter top
Reißverschluß (m) zip-fastener, slide fastener, zipper (am.)
Reißwolf (m) teaser, rag tearing machine
Reißzone (f) breaking zone
Reithose (f) breeches, jodhpurs
Reitjacke (f) riding jacket, hacking jacket
Reitkostüm (n) riding habit
relative Feuchtigkeit (f) relative humidity
Relief(muster) (n) sculptured design (carpet)
Rendement (n) yield
reparieren to mend
Reprise (f) moisture content in cotton
Reproduzierbarkeit (f) reproducibility
Reservefäden (m pl.) transfer tails, spare ends, extra ends
Reservewickel (m pl.) tailings
Resistenz (f) resistance
Rest (m) remnant
Restflotte (f) residual liquor
Restschrumpfung (f) residual shrinkage
Rettungsnetz (n) rescue net

Revers (n) lapel
Reverskragen (m) lapel-collar
Reyon (n) rayon
Rezept (n) recipe
reziprokes Muster (n) converse pattern
Rhombenmuster (n) rhombic design, pattern
Riemchenflorteiler (m) tape condenser
Riemchenstreckwerk (n) apron drafting system
Riemen (m) belt
Riet (m) reed, comb
Rietbreite (f) reed width
Rieteinstellung (f) reeding
Rietköper (m) reeded twill
Rietstab (m) dent in reed or comb
Riffelkalander (m) "Schreiner"-calender
Ring (m) ring
Ringbank (f) ring rail
Ringdüse (f) ring spinneret
Ringe (m pl.) **und Dübel** (m pl.) rings and studs
Ringel (m pl.) bands, hoops
Ringelmuster (n) banded pattern, wasp pattern
Ringelsocken (f pl.) banded socks, hooped socks
Ringläufer (m) ring traveller
Ringligkeit (f) bars
Ringspindel (f) ring spindle
Ringspinnen (n) ring spinning
Ringspinnergarn (n) ring-spun yarn
Ringspinnmaschine (f) ring spinning frame
Rippe (f) rib
Rippengewebe (n) ribbed fabric
Rippenkette (f) warpforming rib
Rippenmuster (n) ribbed pattern, fishermans rib
Rippenpulli (m) skinny rib
Rippensamt (m) corded velvet
Rippenschuß (m) weftforming rib
Rippsocke (f) ribbed sock
Rippsocke (f) ribbed sock
Rippware (f) rib fabric
Rips (m) poult
Ripsband (n) corded silk ribbon
Ripsbindung (f) rib weave, repp weave
Ripsköper (m) rib twill
Ripsplüsch (m) corded plush, ribbed plush
Ripssamt (m) corded velvet
Riß (m) tear
Roboter (m) robot
Rock (m) skirt
Rockkostüm (n) skirt suit
Rocklänge (f) skirt length
Rockstoff (m) skirting
roh raw, unbleached (fabric)
Rohbaumwolle (f) raw cotton
Rohbreite (f) grey width of yarn
Rohgarn (n) raw yarn
Rohgranulat (n) crude granulated material
Rohling (m) greige stocking
Röhrenhose (f) pipe trouser
Röhrenrock (m) tube shirt
Rohrgestell (n) tube frame
Rohseide (f) raw silk
Rohstoff (m) **(allg.)** raw material
Rohware (f) grey cloth, grey fabric, ecru
rohweiß undyed
Rohwolle (f) raw wool
Röllchentaster (m) roller feeler
Rollfalte (f) unpressed pleat
Rolli (m) roll-collar pullover
Rollkardenrauhmaschine (f) raising machine with revolving teasels
Rollkragen (m) roll collar, polo neck
Rollkragenpullover (m) turtleneck sweater
Rollnaht (f) roll seam
Rollsaum (m) rolled hem
rosa pink
Roßhaar (n) horse hair
rot red
Rotationsfilmdruck (m) rotary-screen printing
Rotorgarn (n) rotor yarn
Rotorspinnerei (f) rotor spinning
Rouleauxdruck (m) roller printing
Rücken (m) back
Rückenbeschichtung (Teppich) (f) back-coating
rückendekolltiertes Kleid (n) U-back dress
Rückenfalte (f) back pleat, rear pleat
rückenfrei backless
rückengummiert rubber-backed

Rückengurt (m) half-belt
Rückenkonstruktion (f) **(Teppich)** bakking construction (carpet)
Rücken mit Beschichtung coated backing
Rückenpartie (f) back (of a garment)
Rückenschlitz (m) back vent, rear vent
Rückenteil (m) back
Rückenverstärkung (f) backpacking
rückgewinnen to recover, to reclaim
Rückgewinnung (f) recovery, recycling
Rucksack (m) rucksack, haversack
Rucksackrücken (m) bloused back
Rückspulen (n) backwinding
Rückspulmaschine (f) rewinding machine
Rückstich (m) **(Nähmaschine)** reverse stitch
Rückzwirnprozeß (m) backtwisting process
Runddüse (f) circular spinneret
Rundgestrick (n) circular-knit, circular knitting
Rundkammstuhl (m) circular combing machine
Rundkettelmaschine (f) circular looper
Rundlaufspitze (f) cirular lace
Rundsieb (n) cylindrical sieve
Rundstrickautomat (m) automatic circular knitting machine
Rundstrickerei (f) circular-knitting
Rundstrickmaschine (f) circular-knitting machine
Rundstricknadel (f) circular knitting needle
Rundstrickware (f) circular-knitted fabric
Rundstuhlfutterware (f) circular-knitted lining
Rundumfalte (f) circular pleat
Rundwirkmaschine (f) French circular frame
Rupfen (m) hessian, sackcloth
Rüsche (f) ruche, frilling
rustikal rustic
rustikales Muster (n) rustic pattern
Rüstzeit (f) downtime
Rute (f) **(Teppich)** wire (carpet)
Rutenstuhl (m) pile weaving loom
Rutenteppich (m) wire carpet
rutschfest non-slip
Rutschfestigkeit (f) slippage resistance

S

Sack (m) sack
Sackgewebe (n) sacking, hessian
Sackleinwand (f) sacking, burlap, bagging
Safaristil (m) safari style
Saison (f) season
Sakko (m) man's jacket
Sakkoanzug (m) lounge suit
Sämischleder (n) chamois
Samt (m) velvet
Samtband (n) velvet ribbon
Samtbrokat (m) velvet brocade
Samtschneide (f) velvet-cutting machine
Sandsack (m) sand bag
Sandwich-Kaschierung (f) foam sandwich
sanforisieren to sanforize
sanft smooth
Sari (m) sari
Sarong (m) safari style
Sarsenet (m) sarsenet
Satin (m) satin
Satin-Trikot (m) satin tricot
Sattel (m) of a garment saddle
Satteldecke (f) saddle cloth
Sattelgurt (m) girth
Sattelrock (m) corso skirt
Sattelschultern (f pl.) saddle shoulders
Satteltasche (f) saddlebag
saugfähig absorbent
Saugpistole (f) suction gun
Saugwirkung (f) suction
Saum (m) hem
Saum (m) **(Weberei)** thrum
säumen to hem
Säure (f) acid
säurebeständig acid-resistant
Säurefarbstoff (m) acid dye
säurefrei acidless
Sauschwanz (m) pig tail, wire
Sauschwanzfadenführer (m) wire thread guide
Saxony(stoff) (m) Saxony

Schablone (f) cutting pattern, template
Schablonendessin (n) silhouette pattern, outline pattern
Schablonenheft (n) pattern book
Schabracke (f) saddle-cloth; pelmet
Schachbrettmuster (n) chequerboard design
Schaden (m) damage
Schädling (m) pest, parasite
Schaffarmer (m) sheep farmer
Schafpelz (m) sheepskin
Schafpelzmantel (m) sheepskin coat
Schafschur (f) sheep shearing
Schaft (m) shaft, leaf
schaftgemustertes Gewebe (m) dobby weave fabric
Schaftmaschine (f) dobby
Schaftsocke (f) normal sock
Schaftwebstuhl (m) dobby loom
Schafwolle (f) sheep's wool
Schal (m) shawl, scarf, muffer
Schalkragen (m) shawl collar
Schalldämmung (f) sound insulation
Schallisolierung (f) sound insulation
Schalldämpfer (m) muffer
Schalter (m) switch
Schalttafel (f) control panel
Schappegarn (n) schappe silk yarn
Schappeseide (f) schappe silk
Schappespinnerei (f) schappe spinning
Schärband (n) section
Schärbaum (m) warper's beam
Schärblatt (n) reed, wraith
schären to warp
Schären (n) warping
Schäreinrichtung (f) warper
Schärgatter (n) creel
Schärgeschwindigkeit (f) warping speed
scharlach (Farbe) scarlet
Schärmuster (n) warp pattern
Schäröl (n) beaming oil
Schärpe (f) sash
Schärtrommel (f) warping cylinder
Schärverhältnis (n) warp condition
schattieren to shade
schattierter Atlas (m) shaded sateen
Schattierung (f) shade, shading
Schaufenster (n) shop window, display window
Schaufensterdekoration (f) window display
Schaufensterpuppe (f) display figure, mannequin
Schaumaschine (f) inspection machine
Schaumauftragsmaschine (f) foam-coating machine
schäumen to foam
Schaumfäden (m pl.) foam fibres
Schaumgummi (n) crepe rubber, foam rubber
Schaumkaschierung (f) foam bonding
Schaumstoff (m) foam material
Schautisch (m) inspection table
Schauwerbung (f) display advertising
scheckig mingled, dappled, spotted
Scheibenspule (f) flanged bobbin
Scheinköper (m) false twill
Schellack (m) shellack
Schenkel (m) **(eines Kragens)** flap (of a collar)
Schere (f) scissors
scheren to shear
Scherenrock (m) scissors skirt
Schermaschine (f) shearing machine
Scherteppich (m) clipped carpet
Scherzylinder (m) shearing cylinder
scheuerfest abrasion-resistant, friction resistant
Scheuerfestigkeit (f) abrasion resistance, friction resistance
scheuern to abrade, to chafe
Scheuerprüfung (f) abrasion test
Scheuerstelle (f) abrasion mark, chafe mark
schick chic (woman), smart (man),
Schiebernadel (f) tubular needle
Schiertuch (n) duck
Schiffahrtsseil (n) marine rope
Schiffchen (n) shuttle
Schiffchenspannung (f) shuttle tension
schilf (n) **(Farbe)** rush green
Schillerkragen (m) open-wing collar
Schillertaft (m) shot taffeta
schimmelfest mildew-proof
Schimmer (m) sheen, shimmer
Schimmereffekt (m) shimmer effect
Schirm (m) umbrella, parasol; pear (of a cap, etc.)
Schirmfalte (f) permanent pleat

Schirmmütze (f) peaked cap
Schirmseide (f) umbrella silk
Schlafanzug (m) pyjama(s), sleeping suit
Schlafdecke (f) blanket
schlaff slack, sagging
schlaffer Faden (m) slack end
Schlafsack (m) sleeping bag
Schlag (m) **(Weberei)** slay, sley
schlank slim
schlanke Linie (f) slim line
Schlauch (m) tube; hosepipe
Schlauchboot (n) inflatable boat
Schlauchgestrick (n) tubular knit, tubular-knit fabric
Schlauchnetz (n) tubular net
Schlauchöffner (m) detwister, opener for tubular fabrics
Schlauchschal (m) tubular-knitted scarf
Schlauchschneider (m) cutter for tubular fabric
Schlauchware (f) tubular fabric
Schlaufe (f) **(Teppich)** loop (carpet)
Schlaufenteppich (m) hooked rug
Schleier (m) veil
Schleife (f) bow
schleifen to grind, to roughen
Schleifmaschine (f) sueding machine; grinder
Schleifmittel (n) abrasive
Schleifzylinder (m) sueding roller
Schleppe (f) train (of a dress)
Schleppnetz (n) trawl
Schleppseil (n) tow rope, warp
Schleuder (f) spin-drier, hydro-extractor
schleudern to hydro-extract, to spin-dry
Schlichte (f) size, dope (a)
Schlichteaufnahme (f) size pick-up
Schlichtebad (n) size bath
schlichten to size
Schlichten (n) slashing
Schlichten (n) **von Baum** (m) **zu Baum** beam-to-beam sizing
Schlichtmaschine (f) sizing machine, slasher
Schlichtstelle (f) hard size (area of hardened size)
Schlinge (f) loop
Schlingenfestigkeit (f) loop strength
Schlingenflor (m) loop pile
Schlingenflorteppich (m) loop-pile carpet
Schlingengarn (n) loop yarn
Schlingengewebe (n) loop pile fabric
Schlingengürtel (m) tie belt
Schlingenhalter-Exzenter (m) loop retainer cam
Schlingenhalter-Träger (m) loop retainer carrier
Schlingennoppe (f) pile loop
Schlingenteppich (m) loop pile carpet
Schlingenverschluß (m) buttoning on loops, loop-buttoning
Schlingenware (f) loop pile goods
Schlingfaden (m) fancy thread, effect thread
Schlips (m) tie, necktie
Schlitz (m) vent, slit; fly (trouser)
Schlitzrock (m) vented skirt
Schlitztasche (f) slit pocket
Schloßhalterung (f) cam box
Schlüpfer (m) pants, panties; knickers (almost obsolete)
Schlüpfergürtel (m) panty-girdle
schlupffrei slipfree
Schlüsselborde (f) key border
schmal narrow, hugging (of a garment)
schmal anliegend snug-fitting; slim fitting
Schmalgewebe (n) narrow fabric
Schmalware (f) narrow fabric
Schmelze (f) **(Chemiefasern)** hot melt (man-made fibres)
Schmelzpunkt (m) melting point
Schmelzspinnverfahren (n) melt-spinning (process)
Schmetterlingärmel (m) batwing sleeve
schmiegsam supple
schmieren to lubricate
schmieren (Fasern) to batch (fibres), to lubricate (fibres)
Schmiermittel (n) lubricant
Schmirgelleinen (n) abrasive cloth
Schmirgelmaschine (f) machine for sueding
schmücken to decorate
Schmutz (m) dirt
schmutzabstoßend dirt-repellent, soil resistant, antisoiling
schmutzabweisend soil-repellent

Schmutzannahme (f) dirt pick-up
schmutzempfindlich sensitive to soiling
Schmutzempfindlichkeit (f) sensitivity to soiling, sensitivity to dirt
Schmutzfaden (m) soiled end, soiled pick
Schmutzstelle (f) spot dirt mark
schmutzunempfindliche Faser (f) soil-resistant fibre
Schnalle (f) buckle
schnallen to buckle
Schnappspule (f) clip cone
Schnecke (f) scroll (pattern)
Schnecke (f) **(Chemiefasern)** worm, screw (man-made fibre spinning)
Schneckenschmelzeinrichtung (f) screw melter
Schneeketten (fpl) snow-mud chains
Schneeschutzzaun (m) snow-protection fence
Schneide (f) cutter
schneiden to cut
Schneider (m) tailor
Schneiderabfall (m) tailor's clippings
Schneiderei (f) tailoring
Schneiderin (f) tailoress; dressmaker
Schneiderkostüm (n) tailor-made women's suit
schneidern to tailor, to cut
Schneiderpuppe (f) tailor's dummy
Schneidstange (f) cutting bar
Schneidware (f) cut fabric
Schnelläuferstrecke (f) high-speed drawing frame
Schnellbleiche (f) rapid bleach
Schnelldämpfer (m) quickly-acting ager
Schnellspinnen (n) high-speed spinning
Schnellstrickgarn (n) **(-wolle)** (f) double-knitting wool
schnelltrocknend quick drying
Schnellverband (m) adhesive plaster
Schnitt (m) **(eines Anzugs)** cut (of suit)
Schnittflorteppich (m) cut pile carpet
schnittiges Garn (n) irregular yarn
Schnittlage (f) lay
Schnittlänge (f) length of cut
Schnittmuster (n) (paper) pattern
Schnittpol (m) cut loop
Schnittrute (f) pile wire
Schnittware (f) cut-pile carpeting
Schnitzel (n pl.) chips
Schnitzelschneide (f) chips cutter
Schnitzeltrockner (m) chips dryer
Schnörkel (m pl.) trappings
Schnur (f) twine
Schnureinnäher (m) corder
Schnurfuß (m) cording foot
Schnurhalter (m) **(Nähmaschine)** cord carrier
Schnürung (f) tie-up, cording
Schonbezüge (m pl.) loose covers
schonen to protect
Schonwäsche (f) delicate cycle
Schoß (m) lap
Schößchen (n) peplum
Schoßkleid (n) peplum dress
Schottenkaro (n) tartan, plaid, glencheck
Schottenrock (m) kilt
Schottenweste (f) tartan waistcoat
schräg diagonal; wrapover
Schrägband (n) bias binding
schräggeschnitten cut on the bias
Schrägschuß (m) bias filling
Schrägstreifen (m) diagonal stripe
Schreibmaschinenband (n) typewriter ribbon
Schritteinsatz (m) crotch gusset
Schrittlänge (f) inside leg measurement
Schrittnaht (f) **(Hose)** inside seam
Schrumpfeigenschaften (f pl.) shrinkage properties
schrumpfen to shrink
Schrumpfen (n) **der Faser** (f) fibre contraction
Schrumpffaser (f) shrinkage fibre
schrumpffest shrink-resistant
schrumpffrei shrink-resistant
schrumpffreie Ausrüstung (f) anti-shrink finish, shrink-resistant finish
Schubtasche (f) slit pocket, thrust-in pocket
Schuh (m) shoe
Schuhfutter (n) slipper lining
Schuhsenkel (m pl.) shoe laces
Schuhstoff (m) shoe fabric
Schuhwerk (n) footwear
Schulmütze (f) school cap
schulterfrei off-the-shoulder, strapless
Schulterklappe (f) epaulette, shoulder flap
Schulterpolster (n) shoulder pad(ding)

Schulterriegeln (f pl) epaulettes
Schuluniform (f) school uniform
Schuppeneffekt (m) fish-scale effect
Schuppenmuster (-dessin) (n) fish-scale design
Schurplüsch (m) sheared plush, knitted velveteen
Schurwolle (f) new wool, virgin wool
Schürze (f) apron
Schürzenkleid (n) pinafore dress
Schürzenstoff (m) apron cloth
Schuß (m) weft, pick, shot
Schußbande (n) weft bar
Schußbroché (n) weft brocade
Schußdichte (f) weft density, picks per inch
Schußdichte (f) **(Riet)** beat-up
Schußeffekt (m) weft effect
Schußeinschlag (m) lashing-in
Schußeintrag (m) weft insertion
Schuß(eintrags)leistung (f) weft insertion rate
Schußfaden (m) weft yarn, filler yarn
Schußfadenbruch (m) weft thread breakage
Schußfadenrichter (m) weft straightener
Schußfadenspeicher (m) weft accumulator
Schußfadenwächter (m) weft stop motion
Schußfehler (m) mispick
Schußschlag (m) pick
Schußseide (f) tram, weft silk
schußsichere Weste (f) bulletproof waistcoat
Schußspule (f) pirn
Schußspulmaschine (f) pirn winding machine
Schußstreifen (m) bar
Schußstreifigkeit (f) barriness in the weft
Schußzahl (f) number of picks
Schußzuführung (f) weft feeder
Schüttgewicht (n) bulk weight, bulk density
Schutzanzug (m) protective suit
Schutzdecke (f) **f. Verletzte** injury protection fabric
Schütz (Web-) (m) shuttle
schützenlos shuttleless
Schützenschlag (m) **(Fehler)** smash (fault)
Schützenspindel (f) shuttle spindle
Schützenwebstuhl (m) shuttle loom
Schutzhandschuhe (mpl) protective gloves
Schutzhelm (m) protective helmet
Schutzkleidung (f) protective clothing, safety clothing
Schutznetz (n) protective net
Schutzpolsterung (f) crash padding
Schwalbenschwanz (m) cutaway coat, morning coat
Schwamm (m) sponge
Schwanendaunen (f pl.) swansdown
schwarz black
Schwebetrockner (m) float drier
Schweißband (n) sweatband
Schweißblatt (n) underarm pad
Schweißechtheit (f) fastness to perspiration
Schweißleder (n) **(Hut)** sweatband (hat)
Schweißwolle (f) greasy wool
Schweizer Stickerei (f) Swiss embroidery
schwer heavy
Schwimmbadabdeckung (f) swimming pool covering
Schwimmbarkeit floatability
Schwimmweste (f) life jacket
S-Draht (m) S-twist
Sea-Island-Baumwolle (f) Sea Island cotton
Seele (f) core
Seesack (m) kit-bag
Segeltuch (n) sailcloth; canvas; duck
Seide (f) silk
Seidenband (n) silk ribbon
Seidenbeschwerung (f) silk weighing
Seidendamast (m) silk damask
seidenes Beuteltuch (n) bolting silk
Seidenjersey (m) silk jersey
Seidenkrepp (m) silk crepe
Seidenplüsch (m) silk plush
Seidenraupe (f) silk worm
Seidenspinnerei (f) silk spinning mill
Seidentaft (m) sarsenet
Seidenzwirner (m) silk thrower
Seidenzwirnerei (f) silk throwing
seidig silken, silky
seidiger Griff (m) silken hand, silky hand
Seife (f) soap
Seifenlappen (m) face flannel

Seifenpulver (n) soap powder
Seil (n) rope
Seilerei (f) rope works
Seilerwaren (f pl) ropes
Seilflechten (n) rope braiding
Seilschuhe (m pl.) rope shoes
Seitentasche (f) side pocket
seitliche Versatzbewegung (f) shogging movement
Sektionalschären (n) sectional warping
Sektional-Schärmaschine (f) sectional warping machine
Sekundär-Azetat (n) secondary acetate
selbstschmierend self-lubricating
Selfaktor (m) selfacting mule
Selfaktorgarn (n) mule yarn
selbstlöschende Faser (f) selfextinguishing fibre
Senf (m) mustard
sengen to singe
Sengmaschine (f) singeing machine
senkrecht vertical
Serge (f) serge
Serviette (f) serviette, napkin
Sessel (f) armchair, easy chair
Set (n) set
Shantung (f) shantung
Shetlandwolle (f) Shetland wool
Shoddygarn (n) shoddy (yarn)
Shorts (pl) shorts
Sicherheitsgurt (m) safety belt, seat belt
Sicherheitsnadel(f) safety pin
Sieb (m) sieve, screen
Siebdruck (m) silk-screen printing
Siebtrommel (f) sieve drum
Siebtrommeltrockner (m) perforated drum drier
Siebtuch (n) bolting cloth
Signalweste (f) warning vest
Signierfarbstoff (m) fugitive tint
Silicon-Ausrüstung (f) silicon finish
Simplexware (f) simplex fabric
Sintermetall (n) sintered metal
Siriusseide (f) sirius silk
Sisal (m) sisal
Sisalgarn (n) sisal yarn
Sisalteppich (m) sisal carpet
Sitz (m) **(eines Anzugs usw.)** sit, fall (of a suit, etc.)
Sitzbezug (m) seat covering
sitzen to sit (dress, etc.)
Sitzkissen (n) pouffe
Sitzschoner (m) seat cover
Ski-Bekleidung (f) ski wear
Skihose (f) ski slacks, skiing slacks
Skiunterwäsche (f) ski underwear
Slacks (pl) slacks
Slip (m) panties, briefs
Smokarbeit (f) smocking
Smoken (n) smocking
smoken to smock
Smoking (m) dinner suit
Smokingjacke (f) dinner jacket, tuxedo
Smyrnateppich (m) Turkish carpet
Söckchen (n) ankle sock
Socke (f) sock
Sockenhalter (m) suspender (for a man)
Sofadecke (f) sofa coverlet
Sohle (f) sole
Sohlenverstärkung (f) sole-splicing
Soleilbindung (f) soleil weave
Sollänge (f) calculated length
Sollgewicht (n) calculated weight
Sommerkollektion (f) summer collection
Sommermode (f) summer fashion(s)
Sommeroberteil (n) (Bekleid.) sun top
Sommerschlußverkauf (m) **(SSV)** autumn sale
Sonderanfertigung (f) made-to-order article
Sonderangebot (n) special offer
Sonderposten (m) special line
Sonnenplissee (n) sunray pleat
Sonnenschirm (m) parasol, sunshade
Sonnenspule (f) flat conical cheese
Sorte (f) sort, type
sortieren to sort
Sortierprüfung (f) screening inspection
Sortierung (f) assortment
Sortiment (n) range
Spacefärberei (f) space dyeing
Spaghettiträger (m) shoe-string shoulder strap
Spange (f) sequin; buckle
Spannbreite (f) tentering width
spannen to tenter, to frame
Spannfaden (m) **in Kettrichtung** (f) tight end

Spannfaden (m) **in Schußrichtung** (f) tight pick
Spannfeld (n) tentering field
Spannkette (n) tentering chain
Spannmaschine (f) tentering machine
Spannrahmen (m) tentering frame
Spannrahmentrockner (m) drying stenter
Spannrahmentrocknung (f) tenter-frame drying
Spannstelle (f) hitch back
Spannteppich (m) **mit angenähter Borde** (f) body and border carpet
Spannung (f) tension
Spannungsmesser (m) tensiometer
Speicher (m) digital potentiator
Speisekasten (m) hopper
Spencer (m) spencer
Spezialgarn (n) **mit gebrochenen Kapillaren** (n pl.) abraded yarn
Spezifikation (f) specification
spezifisches Gewicht (n) specific weight
spezifizieren to specify
Spiegel (m) mirror; facing (lapel, etc.)
Spiegelstörung (f) ribbon breaker
Spielanzug (m) play suit, rompers
Spielhose (f) play pants
Spindel (f) spindle
Spindelgeschwindigkeit (f) spindle speed
Spindelteilung (f) spindle pitch, spindle gauge, spindle spacing
Spinnabfall (m) spin waste
Spinnbad (n) spin bath, spinning bath
Spinnbalken (m) spin beam, spin box
Spinnband (n) tow, sliver
Spinnbobine (f) spinning bobbin
Spinndreieck (n) spinning triangle
Spinndüse (f) spinneret
spinnen to spin
Spinnerei (f) spinning, spinning mill
Spinnfärbung (n) spin dyeing, solution dyeing
Spinnfaser (f) spinning fibre
Spinnfasergarn (n) spun yarn
spinngefärbt spundyed
Spinngewölle (n) free-fall yarn
Spinnkabel (n) tow
Spinnkanne (f) spin can, sliver can
Spinnkopf (m) spinning head
Spinnkuchen (m) cake
spinnkuchengefärbt cake-dyed
Spinnmattieren (n) matting
Spinnöl (n) spin oil
Spinnpartienummer (f) spinning code, code number
Spinnplan (m) spin plan
Spinnplatte (f) spinnerette
Spinnpräparation (f) spin finish
Spinnpumpe (f) spinning pump
Spinnrad (n) spinning wheel
Spinnring (m) spinning ring
Spinnschacht (f) spinning duct
Spinnschmelze (f) melt
Spinnspuler (m) spin winder
Spinnstelle (f) spinning position
Spinnstreckmaschine (f) spin-draw winder
Spinntexturiermaschine (f) spin-draw texturing machine
Spinntopf (m) spinning can
Spinnverfahren (n) spinning process
Spinnverfestigung (f) spunlace nonwoven
Spinnverwirbelung (f) spunlacing
Spinnvlies (n) spun fleece, spun laid nonwoven
Spinnvliesprodukt (n) spunbonded fabric
Spiraldämpfer (m) spiral steamer
spitz pointed
Spitze (f) lace
spitzen to point, to taper
Spitzenband (n) lace tape
Spitzenbesatz (m) lace trimming
Spitzennadel (f) bearded needle
Spitzenqualität (f) top quality, choice quality
Spitzensaum (m) lace edging
Spitzenverstärkung (f) toe-splicing
Spitzenwert (m) peak value
spitzer Ausschnitt (m) V-neck
Spleiß (m) splice
Split-, Spaltfaser (f) fibrillated fibre
Sportartikel (m pl.) sports goods, sports wear
Sportbekleidung (f) sports wear
Sporthemd (n) sports shirt
Sporthose (f) sports pants
Sportjacke (f) sports jacket
Sportmütze (f) sports cap
Sportsakko (m) sports jacket

Springseil (n) skipping rope
Spritzdruck (m) **(Teppich)** spray printing
Sprühdüse (f) spray nozzle
Spul-Axminster (m) spool Axminster
Spülbad (n) rinsing bath
Spule (f) bobbin, spool
spulen to spool up, to wind (on)
spülen to rinse
Spulenaufbau (m) bobbin formation
Spulendichte (f) bobbin density
Spulenfadeneinzug (m) spool threading
Spulengestell, Spulengatter (n) creel
Spulengreifer (m) bobbin gripper
Spulenkapsel (f) **(Nähmaschine)** bobbin case
Spulenrestabstreifmaschine (f) bobbin stripping machine
Spulenvolumen (n) bobbin volume
Spulenwagen (m) bobbin carriage
Spuler (m) **(Nähmaschine)** bobbin winder
Spulerei (f) winding section
Spulkranz (m) (uncollapsed) cake
Spulmaschine (f) winder
Spülmaschine (f) rinsing machine
Spülmittel (n) ringsing agent
Spültuch (n) dishcloth
Spulvorgang (m) winding process
Stäbchen (n) wale (knitting)
stabilisieren to stabilize
Stabilisierung (f) stabilization
Stabkarden-Rauhmaschine (f) raising machine with fixed teasels
Stadionüberdachung (f) stadium dome
Stadtbekleidung (f) town wear
Stahlfaden (m) steel filament
Stahlfaser (f) steel fibre
Stahlfasergarn (n) steel fibre yarn
standard normal, standard
Standardstrumpf (m) standard stocking, standard hose
Stange (f) **(von der Stange)** bar, rack (off the rack)
Stanze (f) punch, die
stanzen to punch
Stapel (m) staple (e), stapel (a)
Stapelfaser (f) staple fibre
Stapellänge (f) staple length
Stapelschneide (f) staple cutter
Stärke (f) starch
Stärkeausrüstung(f) starch finish
stärken to starch
starker Titer (m) heavy denier
Starrheit (f) stiffness
Starrleinen (n) buckram
statische Aufladung (f) static load
Staubbeseitigung (f) dust removal
Staubbeutel (m) **(Staubsauger)** dust bag (vacuum cleaner)
Staubfilter (m) dust filter
staubfrei dustfree
Stauchkammer (f) crimping chamber, stuffer box
Stauchkammertexturierung (f) stuffer-box texturing
Stauchkammerverfahren (n) stufferbox process
Stecknadel (f) pin
Steg (m) footstrap (trouser)
Steghose (f) trousers or slacks with footstrap
Stehbündchenkragen (m) stand-up collar
Stehfalte (f) accordion pleat, crystal pleat
Steife (f) stiffness
Steifleinen (n) buckram
Steigungsgrad (m) **der Köperlinie** (f) inclination of twill line
Steigwickler (m) surface batcher
Steinschlagschutznetz (n) protective net against falling stones
Steppdecke (f) quilt, bed quilt
steppen to quilt
Steppfutter (n) quilt lining
Steppnähautomat (m) automatic quilting machine
Steppnaht (f) saddle stitch
Sterndämpfer (m) star-frame ager
sternfärben to star-dye
Sternfärbung (f) star-dyeing
Stich (m) stitch
Stichbildung (f) stitch formation
Stichdichte (f) stitch density
Stichelhaar (n) kemp
stichig (Farbe) having a colour cast
Stichlänge (f) stitch length
Stichplatte (f) **(Nähmaschine)** throat plate (sewing machine)
Stichprobe (f) random sample
Stichprobenprüfer (m) sampling inspection

Stichprobensystem (n) sampling scheme
Stichsteller (m) **(Nähmaschine)** stitch regulator
Stickautomat (m) automatic embroidering machine
sticken to embroider
Stickerei (f) embroidery
Stickereispitze (f) Swiss embroidery, eyelet embroidery
Stickgarn (n) embroidery yarn, embroidery floss
Stickrahmen (m) embroidery frame
Stift (m) pin (mechanical)
Stifte und Muffen (pl.) pins and sockets
Stil (m) style
Stillegung (f) shutdown
Stirnband (n) headband, bandeau
Stoff (m) fabric, material, cloth
Stoff-auf-Stoff-Kaschierung (f) fabric-to-fabric bonding
Stoffbahn (f) web (text.)
Stoffbild (n) appearance of fabric
Stoffbreite (f) fabric width, width of material
Stoffhandschuh (m) fabric glove
Stoffhersteller (m) fabric producer
Stoff in Strangform (m) fabric in rope form, roped fabric
Stoffmuster (n) fabric design; fabric sample, swatch
Stoffoptik (f) fabric appearance
Stoffplatte (f) **(Nähmaschine)** cloth plate
Stoffpuppe (f) rag doll, stuffed doll
Stoffreste (m pl.) remnants
Stoffschnitzel (m pl.) fabric clippings
Stofftier (n) stuffed animal
stopfen to darn
Stopfgarn (n) darning thread
Stopfnadel (f) darning needle
Stopftwist (m) darning twist
Stopfwolle (f) darning wool
Storchmode (f) maternity fashions
Store (m) net curtain, store (curtain), often also “brise-bise”
Stoßband (n) reinforcement tape
Stößel (m) stylus
Strahlungsheizung (f) radiation heating
Stramin (m) piercing fabric
Strampelhose (f) rompers
Strandanzug (m) beach suit
Strandbekleidung (f) beach wear
Strandschuh (m) beach shoe
Strandsweater (m) beach sweater
Strandunterbau (m) lagoon bed
Strang (m) hank
Strangausbreiter (m) rope opener
Strängchen (n) skein
Strangfärbung (f) hank dyeing, skein dyeing
Strangführung (f) rope guide
Stranggarndruckmaschine (f) hank-printing machine
stranggefärbt hank-dyed
Stranglänge (f) hank length
Strangöffner (m) rope detwister
Strangwaschmaschine (f) hank washing machine
strapazierfähig hard-wearing, durable
Straßenbett (n) road bed
Straußfedern (f pl.) ostrich feathers
Streckcops (m) cop
Strecke (f) draw line, drawing frame
strecken to draw, to stretch
Streckenband (n) sliver
Streckkopfseinsatz (m) pirn cap
Streckkopfsüberzug (m) pirn sleeve
Streckschären (n) draw-warping
Streckspinnen (n) stretch spinning, draw spinning
Streckspinnverfahren (n) stretch-spinning process, draw-spinning process
Streckspulmaschine (f) draw winder
Streckstift draw pin
Strecktexturieren (n) draw texturing
strecktexturiertes Garn (n) draw-textured yarn (DTY)
Streckverhältnis (n) draw ratio
Streckwerk (n) drawing system, draw stand, draw frame
Streckzwirnen (n) draw twisting
Streckzwirnmaschine (f) draw-twisting machine
Streckzylinder (m) draw cylinder
Streichgarn (n) carded yarn
Streichgarn (n) **aus kurzer Baumwolle** vigogne
Streichgarnspinnerei (f) carded wool spinning, woolen spinning mill
Streichgarnwolle (f) carded wool

Streifen (m) stripe
Streifenmuster (n) stripe pattern
Streifigkeit (f) stripiness, streakiness
Stretch (m) stretch
Stretchborte (f) stretch welt
Stretchgarn (n) stretch yarn
Stretchhose (f) stretch pants
Stretchstoff (m) stretch fabric
Streublumenmuster (n) scattered flower pattern
Strickart (f) knitting method, type of knitting
Strickautomat (m) automatic knitting machine
Strickbund (m) knitted waistband
stricken to knit (more accurate to weftknit)
Strick-Fixier-Texturierung (f) knit-de-knit process
Strickgarn (n) knit-yarn, knitting yarn
Strickgurt (m) knitted waistband
Strickhandschuh (m) knitted glove
Strickhemd (n) light pullover with polo neck and long arms
Strickjacke (f) cardigan, sweater
Strickkleid (n) knitted dress
Strickleiter (f) rope ladder
Strickmasche (f) loop stitch (knitting)
Strickmaschine (f) knitting machine
Stricknadel (f) knitting needle
Strickplissee (n) knitted pleat
Strickplüsch (m) knit plush
Strickstoff (m) knitted fabric
Strickstrumpf (m) knitted stocking
Strickveredelungsmaschine (f) nap-finishing unit
Strickwaren (f pl.) knitwear, knitted goods
Strohhut (m) straw hat, boater
Struktur (f) structure, texture
Strukturgewebe (n) structured fabric
Strukturmuster (n) structured pattern
Strukturteppich (m) structured carpet
Strumpf (m) stocking
Strumpfband (n) garter
Strumpf-Färbemaschine (f) hosiery-dyeing machine
Strumpf-Formmaschine (f) hosiery-forming machine
Strumpfhalter (m pl.) suspender(s)
Strumpfhaltergürtel (m) suspender belt
Strumpfhose (f) panty-hose
Strumpfrohling (m) greige stocking
Strumpfwaren (f pl.) hosiery
Strumpfwarenausrüstung (f) hosiery finishing
Strumpfwirkmaschine (f) hosiery knitting machine
stückfärben to piece-dye, to dye in the piece
Stückfärberei (f) piece-dyeing
stückgefärbt piece-dyed
Stückwaren (f pl.) piece goods
Stückwäsche (f) piece scour
stufenlos continuous
Stufenrock (m) tiered skirt
Stuhlbeintest (m) chair-leg test (static load test)
stuhlfertig loomstate
Stuhlflug (m) loom fly
stuhlroh loomstate
Stuhlrückenschoner (m) chair back protector
Stulpenärmel (m) deep-cuffed sleeve
Stulpenhandschuh (m) gaunslet
Stutzen (m) footless hose
Stützgewebe (n) supporting fabric
Stützstrumpf (m) support stocking
Stützstrumpfware (f) support hosiery
Supermarkt (m) supermarket
super-soft super soft
Sweater-Kleid (n) sweater dress
Sweat-Shirt (n) sweat shirt
Synthesefaser (f) synthetic fibre
Synthetics (pl.) synthetics
synthetisch synthetic
synthetische Faser (f) synthetic fibre
synthetische Schlichte (f) synthetic size

T

Tablett (n) tray
Tablettdecke (f) tray cloth
Tafel (f) panel; plate (fur)
Tafeldecke (f) table cloth
Taft (m) taffeta
Taftband (n) plain woven ribbon

Taftquadrillé (m) checked taffeta
Tafttrayé (m) striped taffeta
Tagesanzug (m) town suit
Tagesdecke (f) bedspread, overlay, coverlet
Tageskleidung (f) daytime wear
Tageskostüm (n) daytime suit (women)
Taille (f) waist
Taillenlinie (f) waistline
Taillenweite (f) waist measurement
Tailleur (n) tailoring, cut
tailliert tailored, fitted
Talar (m) gown
Talg (m) tallow
Tampon (m) swab, tampon
tangiert cut on the bias
Tänzerwalze (f) dancing roller, compensating roller
Tapete (f) tapestry; wallpaper
Tapeten-Velour (m) velvet tapestry
Tapisserie (f) tapestry, tapestry work
Tapisseriestoff (m) tapestry fabric
Tara (f) tara
Tarnnetz (n) camouflage net
Tasche (f) pocket
Tascheneingriff (m) pocket entry
Tascheneinschnitt (m) pocket slit
Taschenfutter (n) pocket lining
Taschenklappe (f) pocket flap
Taschentuch (n) (pocket) handkerchief
Taschentuchleinen (n) handkerchief linen
Taschentuchleinenbatist (m) handkerchief lawn
Taslan-Verfahren (n) air-jet texturing (texturising) process
Tasterkluppe (f) feeler clip
Tastrolle (f) feeler-roller
Tau (n) rope
Taufkleid (n) christening robe
Taumeltrockner (m) tilted drum dryer
technische Faser (f) industrial fibre
technisches Garn (n) industrial yarn
technisches Gewebe (n) industrial fabric
Technologie (f) technology
Teddy-Bear-Gewebe (n) teddybear fabric
Teflonbeschichtung (f) tefloncoating
Teilkettbaum (m) **(Wirkerei)** section beam (warp knitting)
teilorientiertes Garn (n) partially or pre-oriented yarn (POY)
Teilstangen (f pl.) **im Trockenfeld** (n) split rods
Teilung (f) **(Abstand)** pitch, gauge, spacing
teilverstrecktes Garn (n) partially oriented yarn (POY)
Tellerkragen (m) Eaton collar
Tellertuch (n) tea-towel
Temperatur (f) temperature
Temperaturreglung (f) temperature control
Temperaturschreiber (f) temperature recorder
temperieren to temper
Tenniskleid (n) tennis dress
Tennisnetz (n) tennis net
Tennisschuhe (m pl.) plimsolls
Tenside (f) tenside
Teppich (m) carpet
Teppichbahn (f) carpeting strip
Teppichbodenbelag (m) fitted carpeting, wall-to-wall carpet
Teppichbremse (f) carpet anti-slip mat
Teppichdruckmaschine (f) carpet-printing machine
Teppichfaser (f) carpet fibre
Teppichfliese (f) carpet tile
Teppich f. Objektbereich contract carpet
Teppich f. Wohnbereich domestic carpet
Teppichgarn (n) carpet yarn
Teppichgrund, Träger (m) substrate
Teppichhersteller (m) carpet manufacturer
Teppichkantenschutz (m) stair nosing
Teppichkehrer (m) carpet sweeper
Teppichklopfer (m) carpet beater
Teppichmuster (n) carpet design
Teppichnutzfläche (f) carpet face
Teppichraschel (m) carpet raschelle
Teppichrücken (m) carpet backing
Teppichschermaschine (f) carpet-shearing machine
Teppichträger (m) carpet backing
Teppichverlegung (f) carpet laying
Teppichweberei (f) carpet weaving
Teppichwickelhülse (f) carpet core

Teppichwirkmaschine (f) carpet knitting machine
Terephthalsäure (f) terephthalic acid
textil textile
Textilbetrieb (m) textile mill
textile Anwendungsgebiete (npl) textile applications
Textileinzelhandel (m) retail textile trade
textiles Endlos-Teppichgarn (n) bulked continuous filament (BCF)
Textilexporte (n pl.) textile exports
Textilfachgeschäft (n) general drapers and outfitters
Textilfachzeitschrift (f) textile journal
Textilfaser (f) textile fibre
Textilgroßhandel (m) wholesale textile trade
Textilhilfsmittel (n) textile auxiliary
Textilien (f pl.) textiles
Textilimporte (n pl.) textile imports
Textilindustrie (f) textile industry
Textillabor (n) textile laboratory
Textiltapete (f) textile wallcovering
Textilverbundstoff (m) bonded fibre fabric
Textilverbundteppich (m) bonded carpet
Textilveredlung (f) textile finishing
texturieren to texture, to texturize
texturiertes Garn (n) textured yarn, texturized yarn
Texturierung (f) texturizing, texturizing process
Texturierverfahren (n) texturing process, texturizing process
thermofixierte Faser (f) heat-set fibre
Thermofixierung (f) heat-setting
Thermofixierverfahren (n) heat-setting process
Thermoisolierung (f) thermosolizing
thermoplastisch thermoplastic
Thermosolfärbeprozeß (m) thermosol dyeing process
Thermosolierung (f) thermalisation
Tiefdruck (m) gravure
tierische Faser (f) animal fibre
Tip-Shearing (Anschneiden der längeren Polfasern) tip-shearing
Tisch (m) table
Tischdecke (f) tablecloth
Tischläufer (m) table runner
Tischtuch (n) tablecloth (small)
Tischwäsche (f) table linen
Titandioxyd (n) titandioxide
Titer (m) titre (e), titer (a), denier
Titrieren (n) titration
Toile (m) toile
Toleranz (f) tolerance, allowance
Ton-in-Ton tone-on-tone
Tönung (f) **(Farbe)** shade
Topf-Dekatiermaschine (f) pot-decatizing machine
Topfhandschuh (m) oven-mitt
Topflappen (m) pot-holder, kettleholder
Torsion (f) torsion
tote Haare (f pl.) kemps
toter Pol (m) dead pile
Touch (m) feel, hand
Tour (f) course
Tourenspitze (f) thread lace
Tourenzahl (f) **pro cm (pro Zoll)** turns per centimetre, per inch
Tournaiteppich (m) Tournay carpet
Tracht (f) tracht, national costume, regional costume
Trachtenlook (m) Tyrolean (look)
Trachtenstil (m) Tyrolean style
Trageeigenschaften (fpl) wearing properties
Tragekomfort (m) comfort in wear
Traglufttrockner (m) lay-on-air drier
Träger (m) **(Bekleidung)** strap, shoulder strap
Träger (Teppichgrund) (m) substrate
Trägerband (n) shoulder strap, ribbon
Trägergewebe (n) backing
Trägerrock (m) dress with shoulder straps
Trägerschürze (f) bib apron, "pinarette" pinafore
Tragfähigkeit (f) wearability
Traglufthalle (f) air house
Tragluftrommeltrockner (m) air-cushion drying drum
Tragversuch (m) wearer trial
Trainingsanzug (m) track suit
Traseide (f) tram, weft silk
Transferdruck (m) transfer printing
Transferdruckpapier (n) transfer printing paper

Transfermuster (n) transfer pattern
Transparenz (f) transparency
Transportierklaue (f) **(Nähmaschine)** feed gripper
Transportierscheibe (f) **(Nähmaschine)** feeding disc
Trapezausschnitt (m) trapeze neckline
Trauerkleidung (f) mourning wear
Treibriemen (m) drive belt
Trench (m) trenchcoat
Trench-Stil (m) trenchcoat style
Trenneinrichtung (f) slitter
Trenngardine (f) partitioning curtain
Trenngewebe (n) barrier fabric
Trennstelle (f) pick-out mark
Trennwand (f) partition
Trennwickler (m) rewind slitter
Trennzwirnverfahren (n) duo-twist process
Treppenbelag (m) stair carpeting
Treppenkante (f) stair nosing
Treppenläufer (m) stair carpeting
Treppenstange (f) stair-rod
Tresse (f) braid
Triazetat (m n) triacetate
Triazetatfaser (f) triacetate fibre
Tricel tricel
Trieb (m), **(Schaftmasch.)** jack (dobby)
Trikot (m n) tricot, stockinette; football jersey
Trikotagen (f pl.) tricot underwear
Trikotimitat (n) imitation tricot
Trikot-Kalander (m) calender for tricot fabrics
Trikot-Satinette (f) Queen's cord
trilobal tri-lobal
trittelastisch (Teppich) resilient (carpet)
trittfest (Teppich) resilient (carpet)
Trittfestigkeit (Teppich) resilience
Trittkante (f) nosing
trocken dry
trockener Griff (m) crisp hand
Trockengeschwindigkeit (f) drying speed
Trockengewicht (n) dry weight
trockenheißfixieren to dry heat-set
Trockenheißfixierung (f) dry heat-setting
Trockenheitsgrad (m) degree of dryness
Trockenofen (m) drying stove, oven
Trockenreinigung (f) dry-cleaning
Trockenspinnverfahren (n) dry-spinning process
Trockentrommel (f) drying cylinder, dry-tumbler
Trockentrommel-Schlichtung (f) slasher-sizing
trocknen to dry
Trockner (m) drier (dryer)
Trockner (m) **für Waren** (f pl.) **in Schlauchform** (f) tubular drier
Troddel (f) tassel, bob
Trois-Pièces (n) three pieces
Trommelausrüstungsmaschine (f) tumbler
Trommelfärbemaschine (f) dyeing drum
Trommelschlichtmaschine (f) cylinder sizing machine
Trommeltrockner (m) drum drier
Trommelwaschmaschine (f) cylinder washing machine
Trompetenstil (m) elephant-leg style
tropical tropical
Trosse (f) hawser
Trumm (m) thrum
T-shirt (n) T-shirt
Tuch (n) cloth; head-scarf
Tuchbindung (f) plain weave
Tuchfabrik (f) cloth factory
tuften to tuft
Tuftingteppich (m) tufted carpet
Tuftingware (f) tufted fabric
Tuftverankerung (f) tuft-anchorage
Tüll (m) tulle, net
Tüllgardine (f) net curtain, tulle curtain
Tüllspitze (f) net lace
Tulpendessin (n) **(-Muster)** tulip design
Tumbler (m) tumbler
Tunika (f) tunic
Tupfen (m pl.) dot(s), polka dot(s)
Turban (m) turban
Turbogarn (n) turbo-top yarn
Turbostapler (m) turbostapler
türkis turquoise
türkischer Teppich (m) Turkish carpet
Turnhemd (n) gym shirt
Turnhose (f) gym trousers
Turnschuhe (pl.) runners
Turntrikot (n) gym shirt
Türvorleger (m) doormat
Tussahseide (f) tussore, wild silk

Tweed (m) tweed
Twill (m) twill
Twillgewebe (n) diagonal cloth, diagonal weave
Twinset (m n) twinset
Typ (m) type

U

Überbett (n) coverlet
Überdecknaht (n) seam-covering stitch
überdehnen to overstretch
überdrehte Fäden (mpl) overthrown ends
überfärben to cross-dye
Überfärben (n) cross-dyeing
Übergangsmantel (m) between-season coat
Übergröße (f) oversize
Überkaro (n) overcheck
übermäßiges Tufting (n) overtufting
Überrock (m) overcoat
Überstich (m) bight (of needle)
Übertritt (m) overpap
Überwachung (f) monitoring, control, supervision
Überwendlingsnaht (f) overlock seam, overcast seam
Überzieher (m) pull-ups; overcoat
Überziehkleidung (f) protective outerwear
Überzug (m) covering
U-Boot-Ausschnitt (m) boat neckline
Uferbefestigung (f) river bank consolidation
Uferbefestigungsnetz (n) river bank consolidation net
Ulster (m) ulster
umändern (Kleider) to remodel (clothes)
Umdrehung pro Minute (f) revolution per minute (rpm)
Umfang (m) circumference
Umhang (m) cloak, cape, wrap
Umhängebeutel (m) backpack
Umhängemuster (n) loop-transfer stitch
Umkehrstelle (f) reversing point
Umlegekragen (m) wing collar
Ummantelung (f) sheathing
umnähen, säumen to hem
Umnähstich (m) whip-stitch
Umrandung (f) surround
Umsatz (m) turnover
Umschlingung (f) wrap, embracement
Umschlingungswinkel (m) looping angle
umspinnen to wind
umspulen to wind off
Umstandskleid (n) maternity dress
Umstandskleidung (f) maternity wear
Umwälzpumpe (f) circulation pump
Umwelt ... environmental
Umweltbelastung (f) environmental stress
umwickeln to wrap
Umwindefaden (m) wrapper yarn
Umwindegarn (n) wrap yarn
Umwindegarnspinnen (n) wrap spinning
Umwindespinnmaschine (f) wrap spinner
unbrennbar non-combustible
undurchlässig hermetic, tight, impermeable
undurchsichtig opaque
ungebügelte Falten (f pl.) unpressed pleats
ungebügelter Faltenrock (m) skirt with unpressed pleats
ungedrehtes Garn (n) flat filament yarn
ungefüttert unlined
ungiftig non-toxic
ungleiche Breite (f) irregular width
ungleiche Schußdichte (f) uneven filling
uni plain
Uniform (f) uniform
uniform uniform
uniformiert uniformed
Uniformstoff (m) uniform cloth
unigefärbt plain-dyed
unimprägniertes Gewebe (n) undipped fabric
Unistoff (m) plain fabric, plain material
Uniteppich (m) plain carpet
unkristallisiert amorphous
unlösbar insoluble
unregelmäßig (Querschnitt) multilobal (cross section)
unregelmäßiges Garn (n) irregular yarn
Unreinheit (f) impurity

unsachgemäß improper, incorrect
Unterbekleidung (f) underwear, undergarments
unterbrochenes Spinnverfahren (n) intermittant spinning process
Unterbrustweite (f) chest measurement below the bust
unter Druck (m) **färben** pressure dyeing
Unterfadenspule (f) **(Nähmaschine)** shuttle spool
Unterhemd (n) undershirt
Unterhose (f) underpants
Unterkante (f) hemline
Unterkleid (n) slip, underskirt
Unterkleidung (f) undergarments
Unterlage (f) underlay
Unterlieferung (f) **(Nacheilung)** underfeed
Untermesser (n) bottom knife
Unterrock (m) slip, petticoat
unterschiedliche Schrumpfung (f) differential shrinkage
Unterschuß (m) backing weft, bottom shot
Untersetzer (m) table mat
untersuchen (sorgfältig) to scan
Untertaille (f) camisole
Unterwäsche (f) underwear, underclothes; lingerie
unverfilzt unfelted
UV-beständig UV-resistant

V

Vakuum (n) vacuum
Vakuumdämpfer (m) vacuum steam ager
Vakuumtrockner (m) vacuum drier
Vatermörder (m) high wing collar
V-Ausschnitt (m) V-neck, vee-neck
Velcorex-Cordsamt (m) Velcorex ribbed velvet
Vellin (n) vilene
Velour (m) velour
Velourhebeapparat (m) pile-raising device
Velour-Prägekalander (m) velour-embossing calender
Velourschneidemaschine (f) velour cutter
Velourteppich (m) velvet pile carpet
Velvetin (m) velveteen
Velvet-Schneidemaschine (f) velvet cutter
Velvet-Teppich (m) velvet pile carpet
Verankerungsschicht (f) anchor coat
Verankerungstau (n) mooring rope
verarbeiten to convert, to process; to make up
Verarbeitung (f) finishing, conversion, processing
Verarbeitungskosten (f pl.) conversion costs
Verbandsmull (m) dressing gauze
Verbandstoff (m) bandaging, (surgical) dressing
verbinden (miteinander) to co-mingle
verblassen to fade
Verbraucher (m) consumer
Verbrauchermarkt (m) supermarket
Verbrauchsgüter (n pl.) consumer goods
verbunden mit interfaced with
Verbundstoff (m) bonded fabric
verdeckte Knopfleiste (f) concealed button panel
Verdichtung (f) felting
Verdicker (m) thickener
Verdrehungsfestigkeit (f) torsional rigidity
Veredlung (f) finish
Vereinbarkeit (f) compatability
Verfahren (n) process
Verfahrensschema (n) flow sheet
verfärben to fade, to discolour
verfilzen to felt
Verfilzung (f) felting
verflochten braided
verformen (sich) to loose its shape
Verformung (f) deformation
vergilben to yellow
Verhalten (n) behaviour
Verhältnis (n) ratio
Verkauf (m) sale, selling
Verkäufer (m) salesman
Verkäuferin (f) saleswoman
Verkaufsargument (n) selling point
Verkaufsetage (f) salesfloor
Verkaufsförderung (f) sales promotion

Verkaufsgarn (n) sales yarn
Verkaufsmethoden (f pl.) sales methods
Verkaufsraum (m) salesroom, sales area
Verkaufsschlager (m) big seller
Verkaufsstelle (f) point of sale
Verkaufstisch (m) counter
verkehrter Charmeuse (n) reserve locknit
verklebte Einzelfäden (mpl) coalesced filaments
Verkleidung (f) lining
verklettet matted
Verkreuzung (f) angle of crossing
verlegen (Teppich) to lay (carpet)
Verlegerrolle (f) separator roll, idler roll
Vernadelfaden (m) stitching thread
Vernadeln (n) needling, needle punching
Verpackungsnetzschlauch (m) tubular packing net
Verpackungssack (m) packing sack
verrottungsfest rot-proof
Versand (m) dispatch; mail-order
Versandhaus (n) mail-order house
Versatz (m) racking
Verschleiß (m) wear, wear and tear
Verschleißfestigkeit (f) resistance to wear
Verschlingen (n) entanglement
Verschluß (m) **(Bekl.)** fastener (dressing)
Verschmutzung (f) pollution
Verschönerung (f) embellishment
verschwommen blurred
Verseifung (f) saponification
versetzter Atlas (m) broken sateen, irregular sateen
versetztes Muster (n) transposed pattern
verspannt (Teppich) stretch-laid (carpet)
Verspinnbarkeit (f) spinnability
Versprödung (f) embrittlement
verstärken to reinforce
verstärkter Atlas (m) stitched sateen
Verstärkung (f) reinforcement, splicing
versteifen to stiffen
verstellbar adjustable
verstellen to adjust
Verstreckbarkeit (f) drawability
verstrecken to stretch, to draw
Verstreckung (f) stretch
Verstreckung (f) **des Garnes** (n) **beim Schlichten** (n) stretch of yarn in sizing
Verstreckungszonen (f pl.) draft zones
Versuch (m) trial, test
Versuchsgarn (n) experimental yarn
vertikal vertical
vertikales Muster (n) vertical pattern
Verunreinigung (f) impurity
Vervliesen (n) to bond fabrics
Verweilzeit (f) hold-up time
Verwendung im Objektbereich contract use
Verwendungszweck (m) use
verwirbeltes Garn (n) tangled yarn
Verwirbelung (f) tanglelacing
Verwirbelungsdüse (f) intermingling jet
Verwirbelungspunkt (m) intermingling point
Verwirbelungsriet (n) tangle reed
verziehen to draft
verziehen (Form verlieren) to pull, to lose shape, to bag, to distort
Verzierung (f) decoration
Verzögerungsmittel (n) retarding agent
Verzug (m) **der Ware** distortion
Verzugssystem (n) drafting system
Vicuniawolle (f) vicuna wool
Vielfarbenbereich (m) multicolour range
vielfarbig multicoloured
Vielseitigkeit (f) versatility
viereckiger Ausschnitt (n) square neckline
Viernadelflachnaht (f) four-needle flat stitch seam
Vigognetrikot (m n) imitation tricot
Vigoureuxdruckmaschine (f) vigoureux machine
Vigoureuxgarn (n) vigoureux yarn
Vinyl (n) vinyl
Vinylfaser (f) vinyl fibre
Vinyl-Fußbodenbelag (m) vinyl floor-covering
violett violet
Viskose (f) viscose
Viskosefaser (f) viscose fibre
Viskoseseide (f) viscose silk
Viskosezellwolle (f) viscose rayon
Viskosimeter (m) viscometer
Viskosität (f) viscosity

Vitrine (f) showcase
VK-polymerisation (f) fully continuous polymerisation
Vlies (n) fleece
Vliesbildemaschine (f) randon web machine
Vliesstoff (m) fleecy material
Vogelaugendessin (n) **(-muster)** (n) birds-eye pattern
Vogelschutznetz (n) protective net against birds
Voile (m) voile
Volant (m) frill, flounce, ruffle, volant
Vollachsel (f) built-up shoulder
voller Griff (m) full hand
Vollflächenauftragung (m) full-surface application
vollorientiertes Garn (n) fully oriented yarn (FOY)
vollschlanke Figur (f) fuller figure
vollschwarz jet black
vollstretch fully elasticised
vollsynthetisch fally-synthetic
vollverstrecktes Garn (n) fully drawn yarn (FDY)
Volumen (n) volume, bulk
voluminös bulked, lofty
vom ursprünglichen Farbton abweichen to fade
Vorbehandlung (f) pre-treatment
Vordertasche (f) front pocket
Vorderteil (n) front (of a garment)
Vordrehung (f) pre-twist
vordringen to advance
Voreilaufnadelgerät (n) overfeed pinning equipment
voreilende Spule (f) leading bobbin
Voreilrolle (f) pre-take-up roller
Voreilung (f) overfeed
vorfixieren to pre-set
Vorfixierung (f) pre-setting
vorführen to present, to show
Vorführung (f) presentation
Vorgarn (n) slubbing, slub yarn, roving (Chemiefasern)
Vorgarnspule (f) roving bobbin
Vorgarnwalze (f) condenser bobbin
vorgefacht pre-plied
vorgerauht pre-raised
vorgeschrumpft pre-shrunk
Vorgespinst (n) slub, slubbing
vorgewaschen pre-washed
Vorhang (m) curtain
Vorhangschiene (f) curtain rail
Vorleger (m) mat, doormat, throw rug
vororientiertes Garn (n) pre-oriented yarn (POY), partially oriented yarn (POY)
Vorortanwendung (f) on-site application
Vorratsbehälter (m) hopper
Vorreinigung (f) pre-scour
vorscheren to pre-crop
vorschrumpfen to pre-shrink
Vorspannung (f) pre-tension
vorspinnen to rove
Vorspinnmaschine (f) roving frame, finisseur
Vorstrecken (n) pre-drafting
Vorstrich (m) pre-coating
Vorstrick (m) **(Teppich)** primary coating (carpet)
Vorteil (m) advantage
Vortrockner (m) pre-drier
Vorvernadeln (n) pre-needling
vorverstrecktes Garn (n) pre-oriented yarn (POY), partially oriented yarn (POY)
vulkanisierte Faser (f) vulcanized fibre

W

Waage (f) balance
Wabenbeschichtung (f) honeycomb-like coating
Wachs (n) wax
Wachsmaschine (f) waxing machine
Wachstuch (n) oil cloth
Wadenstrumpf (m) three-quarter length sock, calf- length sock
Waffelgewebe (n) honeycomb weave
Waffelrücken (m) **(Teppich)** honeycomb back, waffle-backing (carpet)
Wagenspinner (m) mule spinning machine
Wahl (f) choice, quality group
Waldwollgarn (n) pine-needle yarn
Walke (f) fulling mill

walken to full, to mill
Walkloden (m) loden
Walkmaschine (f) fulling machine
Walkstrumpf (m) milled stocking
Walzenkarde (f) roller card
Walzenkrempel (f) roller card
Walzenwarenspeicher (m) roller-type accumulator
Wandbehang (m) wall hanging
Wandbespannung (f) textile wall covering
Wandteppich (m) wall carpet, tapestry
Wandverkleidung (f) wall covering
Wappen (n) coat-of-arms
Wappenmuster (n) armorial design
Ware (f) goods, fabric
Warenaufwicklung (f) cloth take-up
Warenbahn (f) web
Warenbaum (m) cloth beam
Warenbaumregulator (m) cloth beam regulator
Warenbild (n) fabric design; fabric appearance
Warenbreite (f) fabric width
Warenführungseinrichtung (f) **(Gewebe)** cloth-guiding device
Warengewicht (n) fabric weight
Warenhaus (n) department store
Warenmindestmaße (n pl.) minimum measurements
Warenprüfung (f) quality control
Warenspeicherung (f) (Gewebe) cloth storing
Warenzeichen (n) trade mark, brand
Wärmegrad (m) degree of temperature
Wärmeisolierung (f) thermal insulation
Wärmeleitfähigkeit (f) thermal conductivity
warmer Farbton (m) warm hue, warm colour
Warmfutter (n) warm lining
Wartung (f) maitenance, attendance
wartungsfrei maintenancefree
Waschanleitung (f) washing instructions
waschbar washable
Waschbarkeit (f) washability
Wäsche (f) underwear, lingerie
Wäscheband (n) lingerie ribbon
Wäschebeutel (m) laundry bag
waschecht washproof
Waschechtheit (f) wash-fastness
Wascheinrichtung (f) washer
Wäscheknopfloch (n) buttonhole with cross-stitched corners
Wäscheleine (f) clothesline
Wäschetrockner (m) laundry drier
waschfest fast to washing
Waschflotte (f) washing solvent
Waschhandschuh (m) glove-race-cloth
Waschlappen (m) face-cloth, face-flannel
Waschmaschine (f) washing machine
waschmaschinenfest fast to mechanical laundering, machine washable
Waschmittel (n) washing powder
wash-and-wear wash-and-wear
wasserabstoßend water-repellent
wasserabweisend water-repellent
wasserabweisende Ausrüstung (f) waterproof finish, water-repellent finish
Wasseraufnahmefähigkeit (f) water inhibition rate
wasserdicht water-tight
wasserdichte Beschichtung (f) waterproof lamination
wasserdüsenverfestigtes Vlies (n) spunlaced nonwoven
Wasserdüsenwebstuhl (m) water-jet loom
Wasserdüsen-Webverfahren (n) water-jet weaving
Wasserechtheit (f) fastness to water
Wasserenthärter (m) water-softener, softener
Wasserfarbe (f) water colour
Wasserschutzbekleidung (f) water-protective clothing
wäßrige Lösung (f) aqueous solution
Watermaschine (f) water frame
Watte (f) cotton-wool, wadding, absorbent cotton
Wattefärberei (f) carded cotton dyeing
Wattewickelmaschine (f) lap winder
wattieren to wad, to quilt
Wattierer (m) **(Nähmaschine)** quilter
wattiert quilted, wadded
Webart (f) weave type
Webautomat (m) automatic loom
Webbaum (m) weaver's beam

Webblatteinziehmaschine (f) reed drawing-in machine
Webbordüre (f) woven border
weben to weave
Weber (m) weaver
Weberei (f) weaving mill
Weberknoten (m) weaver's knot
Webfach (n) shed
Webfachbildung (f) shedding
Webfehler (m) weaving flaw
Webgeschirr (text.) (n) harness
Webkante (f) selvage, thrum
Webkette (f) warp
Weblastex (n) woven lastex
Webleiste (f) selvage
Weblitze (f) heddle
Webnest (n) tangle
Webrahmen (m) frame
Webschaft (m) harness
Webschaft (m) **(Geschirr)** heddle shaft
Webschütz (m) shuttle
Webspitze (f) leaver's lace
Webstretch (m) stretch weave
Webstrick (m) double-jersey, weave-knit
Webstuhl (m) loom
Webteppich (m) woven carpet
Webware (f) woven fabric, woven material
Wechsel (m) **(Spule)** doffing
wechselfarbig vari-coloured
weich soft
weiche Wicklung(f) soft wound
weicher Griff (m) soft hand
Weichheit (f) softness
Weichmacher (m) softener, plasticizer
Weife (f) reel
Weißwaren (f pl.) household linen, linen goods
weit full (cut), wide
Weite (f) fullness (of cut)
Weite (f) **(Maß)** measurement
Welle (f) shaft
Wellenfach-Webmaschine (f) wave wearing machine
Wellenköper (m) wave twill
Wellenmuster (n) wave pattern
Wellenstuhl (m) rocking shaft loom
wellig wavy
wellige Leiste (f) slack selvage
wellinierter Stoff (m) undulating rateen
wenden to reverse
wendeplattiert reverse-plated
Werbekampagne (f) advertising campaign
Werbemittel (n pl.) advertising aids
werben to advertise
Werbung (f) advertising; publicity
Werbung (f) **auf der Verkaufsstelle** (f) point-of-sale advertising
Werg (m) tow, oakum
Wergteppich (m) tow carpet
Werkzeug (n) tools
Weste (f) vest, waistcoat; cardigan
Westernkleidung (f) Western dressing
wetterfest weatherproof
wetterfeste Kleidung (f) weatherproof clothing
Wettermantel (m) rainproof coat
Whipcord (m) whipcord
Wickel (m) package, lap
Wickelaufbau (m) package buildup
Wickeldetektor (m) lap detector
Wickeldichte (f) package density
Wickeldoubliermaschine (f) lap-doubling machine
Wickeleinlaufgatter (n) ball creel, package creel
Wickelfärbung (f) package dyeing
Wickelgamasche (f) puttee, (-ie)
Wickelgröße (f) package size
Wickelhülse (f) winding tube
Wickelkittel (m) wrapover lab coat
Wickelrock (m) wrapover skirt
Wickelrolle (f) core (fibre)
Wickelschürze (f) wrapover apron
Wickelschutz (m) lap guard
Wickelseele (f) package core
Wickelstern (m) winding star
Wickeltransportwagen (m) batch wagon (bales)
Wickelwalze (f) lap roller
Wickler (m) winder, wrap, batch winder (bales)
Wicklung (f) winding
wiedergewinnen to recover, to reclaim
Wiedergewinnungsgrad (m) recovery index

Wiederholbarkeit (f) reproducibility
Wiederverarbeitung (f) reprocessing
wiederverwendbar reusable
wilde Wicklung (f) random winding
Wildleder (n) suede
Wildlederimitation (f) imitation suede, velveteen
Wildseide (f) wild silk
Wilton(teppich) (m) wilton (carpet)
Wimpel (m) pennant
Windbluse (f) windcheater, windjammer
Windel (f) nappie, (a) diaper
Windelhöschen (n pl.) plastic pants, rubber pants
Windjacke (f) wind jacket, anorak
Windschutznetz (n) wind-protective net
Winterbekleidung (f) winter wear
Winterkollektion (f) winter collection
Winterschlußverkauf (m) **(WSV)** winter sale, after- Christmas sale
Wintersport-Bekleidung (f) winter sports wear
wirken to knit, to warp knit
Wirkflor (n) pile-knitted fabric
Wirkgarn (n) knitted yarn
Wirklastex (m) knit lastex
Wirkmaschine (f) warp-knitting machine
Wirkplissee (n) knitted pleat
Wirksamt (m) warp-knitted velvet
Wirkteppich (m) knitted carpet
Wirkung (f) effect
Wirkungsgrad (m) degree
wirkungsvoll effective, highly effective
Wirkware (f) warp-knitted fabric, knitted fabric
wischen to wipe, to sponge (off)
wischfest spongeable
Wischtuch (n) duster, dusting cloth, polishing cloth
Wollbezeichnungsregeln (f pl.) basic wool description terms
Wolldecke (f) woollen blanket
Wolle (f) wool
Wollfett (n) wool grease
Wollfettgehalt (m) wool fat content
Wollgarnteppich (m) saxony carpet
Wollgeorgette (f) wool georgette
Wollgewebe (n) woollen fabric
Wollgüteklassen (f pl.) wool quality groups
Wollhaspelkufe (f) wool winch
wollig woolly
Woljersey (m) woollen jersey
Wollkämmer (m) wool carder
Wollkämmling (m) wool noil
Wollkotze (f) rough woollen blanket
Wollkrepp (m) woollen crêpe
Wollmousseline (f) wool mousseline
Wollqualität (f) wool grade, wool quality
Wollschädling (m) wool pest
Wollsiegel (n) woolmark
Wollsorte (f) wool type
Wollstoff (m) wool cloth
wringen to wring
Wulst (m) slub
Wulstgarn (n) slub yarn
Würfelmuster (n) dice pattern

Z

Zackenmuster-Schneidmaschine (f) zig-zag cutting machine
Zackenschere (f) pinking shears
Zählweise (f) wrap reel, counter reel
Zahnradtexturierung (f) gear-crimping process
Zapfen (m) pike
zart rosa soft pink
Z-Draht (m) Z-twist
Zebrastreifen (m pl.) zebra stripe(s)
Zeitschalter für Abzugswiederholung (f) doff timer
Zellglas (n) cellophane
Zellstoff (m) cellulose
Zellstoffgarn (n) cellulose yarn
Zellulose (f) cellulose
Zellulosefaden (m) cellulose filament
Zellwolle (f) rayon staple fibre
Zellwolltrikot (n) rayon staple fibre knit
Zelt (n) tent
Zeltbett (n) canopy bed
Zeltdach (n) canvas roof, soft roof
Zeltkleid (m) tent dress

Zentraleinkauf (m) central buying
Zentrifuge (f) centrifuge, hydroextractor
Zentrifugengarn (n) box-spun yarn
Zentrumswickler (m) centre winder
Zephir (m) zephyr
Zerfalltemperatur (f) decomposition temperature
zerreißen to tear
Zettel (m) warp (weaving)
Zettelbaum (m) back beam
Zettelmaschine (f) beamer
zetteln to warp
Zibelinegarn (n) zibeline yarn
Zickzack (m) zig-zag
Zickzackdessin (n) **(-muster)** (n) zig-zag pattern
Zickzacknaht (f) zig-zag seam
Zickzackrüsche (f) zick-zack braid
Zickzackschere (f) pinking shears
ziehen to pull; to snag
Zierde (f) adornment
Zierferse (f) fancy heel
Zierknopf (m) ornamental button
zierlich dainty, graceful
Zierstich (m) decoration stitch
Zigeunerkleid (n) gipsy dress
Zigeunerlook (m) gipsy look
Zipfelrock (m) petalled skirt, handkerchief skirt
zitronengelb (n) lemon yellow
Zobel (m) sable
Zopfmuster (n) cable-stitch pattern
Zubehör (m) accessories
Zufuhr (f) infeed
Zug (m) linsey-woolsey
Zugfestigkeit (f) tensile strength
Zugfestigkeitsprüfung (f) tensile test
Zugwalze (f) drawing roller
zulässige Bügeltemperatur (f) permissible ironing temperature
Zunahme (f) increace; widening
zunehmen to increase
Zunge (f) tongue
Zungennadel (f) latch needle
zupfen to pluck, to pick
Zupfleinwand (f) lint
zurichten (Pelz) to dress (fur)
zurückgewinnen to recycle
zusammenlegen (Stoffe) to batch (fabric)
zusammennähen to sew together
zusammensetzen to assemble
zusammenstoßen (Nähen) to butt (sew.)
Zusatz (m) addition
Zusatzausrüstung (f) ancillary equipment
zusätzliches Grundgewebe (n) reinforcement backing, extra backing
Zusatzstoff (m) additive
zuschneiden to cut (garment-making)
Zuschneider (m) cutter (tailoring)
Zuschneidetisch (m) cutting table
Zuschnitt (m) cut; cutting
Zutaten (f pl.) trimmings (garment); additives
Zweibadverfahren (n) two-bath process
zweietagige Maschine (f) double-deck machine
zweifädig twin-thread
zweifädige Rundwirkwaren (f pl.) twofold circular-knit goods
zweifädiger Brokat (m) double-thread brocade
zweifädiges Garn (n) two-ply yarn
Zweikomponentensystem (n) two-component system, bicomponent system
Zweinadelsaumnaht (f) two-needle-overseam
Zweireiher (m) double-breaster, double-breasted jacket (coat)
zweireihig double-breasted
Zweischuß (m) double weft, two-shot
Zweischußbindung (f) double weft
zweischützíger Plüsch (m) two-shuttle plush
zweisystemig two-sytem
zweiteilig two-piece
zweiteiliges Ensemble (n) two-piece outfit, two-piece emsemble
Zweitrücken (m) **(Teppich)** secondary backing (carpet)
Zweitträger (m) **(Teppich)** secondary backing (carpet)
Zweiwalzenquetsche (f) two-bowl squeezer
Zweiwegreißverschluß (m) two-way zip fastener
Zweizylindergarn (n) condenser yarn
Zweizylinderspinnerei (f) cotton-condenser spinning
Zwickel (m) gusset, gore

Zwillich (m) ticking, twill
Zwirn (m) twist, twisted yarn
zwirnen to twist, to throw (silk)
Zwirnmaschine (f) doubling frame, throwing frame
Zwischenfachschaftmaschine (f) centre-shed dobby
Zwischenfutterstoff (m) scrim
Zwischenfütterung (f) interlining
Zwischenkollektion (f) mid-season collection; follow-up collection
Zwischenprodukt (n) intermediate product
Zwistbindung (f) double-weft weave
Zylinder (m) cylinder
Zylinderdurchmesser (m) roller diameter, cylinder diameter
Zylindereinstellung (f) roller setting
Zylinderhut (m) top hat, silk hat
Zylindertrockenmaschine (f) cylinder dryer, cylinder-drying machine
zylindrische Hülse (f) cylindrical tube
zylindrische Kreuzspule (f) cheese

Teil II

Englisch – Deutsch

Part II

English – German

aba Aba (f)
abaca Abaka (m)
abrade (to) scheuern, abreiben
abraded yarn Spezialgarn (n) mit gebrochenen Kapillaren (f pl)
abrasion Abrieb (m), Scheuerung (f)
abrasion mark Scheuerstelle (f)
abrasion resistance Scheuerfestigkeit (f), Abriebfestigkeit (f)
abrasion-resistant scheuerfest, abriebfest
abrasion test Scheuerprüfung (f)
abrasive Schleifmittel (n)
abrasive cloth Schmirgelleinen (n)
absence of twist Drallfreiheit (f)
absolute specific gravity absolutes spezifisches Gewicht (n)
absorb (to) **(dye)** aufziehen (Farbe)
absorbent saugfähig
absorbent cotton Watte (f)
absorption Aufnahmefähigkeit (f)
absorption process (dye) Absorptionsverfahren (n)
accelerate (to) beschleunigen
accelerator Beschleunigungsmittel (n), Akzelerator (m)
acceptance Abnahme (f)
acceptance of material Materialabnahme (f)
accessories Accessoires (pl), Zubehör (m)
accordion pleat Stehfalte (f)
accordion-pleated skirt Plisseerock (m)
accurate fehlerfrei, richtig
acetate (CA) Azetat (n) (CA)
acetate fibre Azetatfaser (f)
acetate silk Azetatseide (f)
acetate staple fibre Azetatspinnfaser (f)
acetic acid Essigsäure (f)
acetone Azeton (n)
acetyl Azetyl (n)
acetylisation Azetylierung (f)
acid Säure (f)
acid (adj.) sauer
acid dye Säurefarbstoff (m)
acidless säurefrei
acrylic Acryl (n)
acrylic fibre Acrylfaser (f)
acrylic filament Acrylfaden (endlos) (m)
acrylic size Acrylschlichte (f)
adaptor Paßstück (n)
addition Zusatz, Zufuhr (m f)
addition polymer Additionspolymerisat (n)
additive Additiv (n), Zusatzstoff (m)
adhere (to) haften, ankleben
adhesion Adhäsion (f), Haftung (f)
adhesive Klebstoff (m)
adhesive bonding Klebebondieren (n)
adhesive label Haftetikett (n)
adhesive laminating Klebekaschieren (n)
adhesiveness Haftvermögen (n)
adhesive plaster Klebeband (n)
adhesive roll Kleberolle (f)
adhesive tape Klebeband (n)
adhesive tensile strength Haft-Zugfestigkeit (f)
adipic acid Adipinsäure (f)
adjust (to) verstellen, einstellen
adjustable verstellbar, einstellbar
adjuvant (substance) Hilfsmittel (n)
advance Fortschritt (m), Vordringen (n)
advantage Vorteil (m)
aerometer Aerometer (m), Dichtigkeitsmesser (m)
aero-space industry Luft- u. Raumfahrtindustrie (f)
affinity Affinität (f); Aufziehvermögen (n); Bindung (f)
Afghalaine (Afghaline) Afghalaine (m)
Afghan carpet Afghanteppich (m)
Afghan karakul Afghankarakul (m)
African esparto grass Alfa (n)
after-draw (to) nachstrecken
afternoon dress Nachmittagskleid (n)
after-polymerization Nachpolymerisation (f)
after-sales service Kundendienst (m)
after-ski wear Après-Ski-Kleidung (f)
aftertreatment Nachbehandlung (f)
ageing Alterung (f)
ageing under exposure to light Lichtalterung (f)
aida canvas Aida (m)
aigrette Aigrette (f)
air bubble Luftblase (f)
air-bulked lufttexturiert
air chamber Luftkammer (f)
air conditioning Klimatisierung (f)
air cushion drying drum Tragluft-Trommeltrockner (m)

air-dried luftgetrocknet
air flow Luftstrom (m)
air-inflated double skin tent (air-inflated double-walled tent) doppelschalige aufblasbare Zelthalle (f), Luftkissenzelt (n)
air-jet loom Luftdüsenwebstuhl (m)
air-jet spinning Luftdüsenspinnen (n)
air-jet texturing (also texturizing) Luftblastexturierung (f)
air mattress Luftmatratze (f)
air-permeability Luftdurchlässigkeit (f)
air-permeable luftdurchlässig
air-supported hall Traglufthalle (f)
air-textured yarn (ATY) lufttexturiertes Garn (n)
air-tight luftundurchlässig, luftdicht
alba velvet Jacquardsamt (m)
Alençon lace Alençonspitze (f)
alfa Alfa (n), Espartogras (n)
alginate fibre Alginatfaser (f)
alginic artificial silk Alginatchemieseide (f)
alginic fibre Alginatfaser (f)
algol dyestuff Algofarbstoff (m)
alizarin dyestuff Alizarinfarbstoff (m)
alkali Alkali (n), Laugensatz (m)
alkaline alkalisch
alkaline dye alkalischer Farbstoff (m)
alligator cloth Alligatortuch (n)
all-over pattern durchgehendes Muster (n)
allowance Toleranz (f)
all-purpose allzweck-
aloefibre Aloefaser (f)
alpaca Alpaka (n), (Faser) (f)
alpaca yarn Alpakagarn (n)
alteration Änderung (f)
alumina Aluminat (n), Alaunerde (f)
American cloth Lackleder (n)
ammonium acetate Ammoniumacetat (n)
amorphous amorph, unkristallisiert
amylopectin Amylopektin (n)
analysis Analyse (f)
anchor coat Verankerungsschicht (f)
ancillary equipment Zusatzausrüstung (f)
angle of crossing Verkreuzung (f)
Angora (wool) Angorawolle (f)
anilin dye Anilinfarbstoff (m)
animal fibre tierische Faser (f)
anionic dye Anionfarbstoff (m)
ankle sock Knöchelsocke (f)
anklets Knöchelsöckchen (n pl)
annealing system Nacherhitzer (m)
annual turnover Jahresumsatz (m)
annular ringförmig
anorak Anorak (m)
anthracite (colour) Anthrazit (m) (Farbe)
anti-crease finish Knitterfreiausrüstung (f)
antierrosion net Antierrosionsnetz (n)
antifelting finish Antifilzausrüstung (f), filzfreie Ausrüstung (f)
antifoaming agent Antischaummittel (n)
antiglare net Blendschutznetz (n)
antimicrobial treatment Antibakterizidbehandlung (f)
antipilling Antipilling (n)
antislip antirutsch
antisoiling schmutzabweisend
anti-soil treatment Antischmutzausrüstung (f)
antistatic antistatisch
antistatic agent Antistatikum (n), Antistatikmittel (n)
antistatic finish antistatische Ausrüstung (f)
apparatus for scouring in autoclaves Beuchapparat (m)
apparent density Schüttgewicht (n)
appearance Ansehen (n), Erscheinung (f)
appliqué work Aufnäharbeit (f)
apply paraffin (to) paraffinieren
approved genehmigt, zugelassen
après-ski dressing Après-Ski-Kleidung (f)
apron Schürze (f); Laufband (n), Führungsriemchen (n)
apron drafting system Riemchenstreckwerk (n)
apron fold Mittelfalte (f)
apron frock (a.dress) Schürzenkleid (n)
arabesque Arabesque (f)
aramid fibre Aramidfaser (f)
Aran sweater irischer handgestrickter Pullover (m)
area rug Auslegeteppich (m)

Argyle pattern Argylemuster (n)
Argyle socks Argylesocken (f pl)
armband Ärmelhalter (m)
armchair Sessel (m)
armhole Armloch (n), Ärmelloch (n), Armausschnitt (m)
armorial design Wappenmuster (n)
Arras wall carpet Arazzo (m)
article Artikel (m)
artificial künstlich, Kunst-
artificial hair Kunsthaar (n)
artificial leather Kunstleder (n), Lederimitat (n)
artificial resin Kunstharz (n)
artificial silk Kunstseide (f)
artificial turf Kunstrasen (m)
artificial wool Kunstwolle (f)
arts and crafts Kunstgewerbe (n)
asbestos Asbest (m)
asbestos apron Asbestschürze (f)
asbestos cloth Asbesttuch (n)
asbestos clothing Asbestschutzkleidung (f)
asbestos fibre Asbestfaser (f)
asbestos suit Asbestanzug (m)
asbestos yarn Asbestgarn (n)
ashy fahl
Asia Minor carpet anatolischer Teppich (m)
assemble (to) zusammensetzen, aufbauen, aufstellen
assembly-line work Fließbandarbeit (f)
assembly winder Fachmaschine (f)
Association of German Stocking Manufacturers Arbeitsgemeinschaft Deutscher Strumpfstrickereien (f)
assortment Sortiment (n), Sortierung (f)
asymmetric asymmetrisch
asymmetric(al) design asymmetrisches Muster (n)
atactic polymer ataktisches Polymerisat (n)
atlas lapping (vandyke) Atlaslegung (f)
atlas net Atlasfilet (n)
attendance Bedienung (f), Wartung (f)
attire Bekleidung (f), Kleidung (f)
autoclave Autoklav (m), Dämpfer (m)
automatic colour change Farbwechselautomatik (f)
automatic embroidering machine Stickautomat (m)
automatic feed Selbstaufleger (m), selbsttätige Speisevorrichtung (f)
automatic loom Webautomat (m), automatischer Webstuhl (m)
automatic pirn change automatischer Schußspulwechsel (m)
automatic quilting machine Steppnähautomat (m)
automatic reel change fliegender Rollenwechsel (m), automatischer Haspelwechsel (m)
automatic screen printing Filmdruck (m)
automatic shuttle change automatischer Schützenwechsel (m)
autotransfer fliegender Rollenwechsel (m), automatischer Wechsel (m)
autumn collection Herbstkollektion (f)
autumn tints Herbstlaubfarben (f pl)
autumn/winter collection Herbst/Winter-Kollektion (f)
auxiliary agent Hilfsmittel (m)
average Durchschnitt (m), durchschnittlich
awning Markise (f)
awning cloth Markisenstoff (n)
Axminster carpet Axminster-Teppich (m)
azoic dye Azofarbstof (m)
azoic dyeing Azofärbung (f), Azofärberei (f)
azure azur

B

babies wear Babybekleidung (f)
baby wool Babygarn (n)
back (of a garment) Rückenteil (m)
back (to) den Rücken verstärken
back beam Zettelbaum (m)
backcoating Rückenbeschichtung (f)
back filler Kaschiermaschine (f)
backing (carpet) Grundgewebe (n), Rücken (m) (Teppich)
backing construction Rückenkonstruktion (f)

backing for artificial leather Kunstleder-Trägerstoff (m)
backing for laminated fabric Laminatträger (m)
backing layer Rückenbeschichtung (f)
backing weft Unterschuß (m)
backless rückenfrei
backpack Umhängebeutel (m)
backpacking Rückenverstärkung (f)
back pleat Rückenfalte (f)
back sizing Rückseitenbeschichtung (f)
backstrapping Kantenverstärkung (f)
backtwisting process Rückzwirnprozeß (m)
back vent Rückenschlitz (m)
backwashing machine Lisseuse (f)
backwinding Rückspulen (n)
bactericide Bakterienmittel (n)
bag (to) ausbeulen
bagging Sackleinwand (f)
"bags" (coll.) Hose (f)
baggy boldriges Gewebe (n)
baggy ausgebeult
baize Boistoff (m)
bakteria filter Bakterienfilter (m)
balance Gleichgewicht (n), Waage (f)
baldachin Baldachin (m)
bale Ballen (m)
bale breaker Ballenbrecher (m)
bale opener Ballenöffner (m)
baler Ballenwickelmaschine (f)
baler twine Garbenbindegarn (n)
bale tie Ballenumreifung (f)
bale wrap Ballenverpackung (f)
baling press Ballenpresse (f)
ball creel Wickeleinlaufgatter (n)
balloon angle Ballonwinkel
balloonless spinning Ballonlosspinnen (n)
bandage Binde (f), Verband (m), Bandage (f)
bandaging Verbandstoff (m)
bandana Kopftuch (n)
bandana print Bandanadruck (m)
banded collar Blendenkragen (m)
banded pattern Ringelmuster (n)
banderole Banderole (f)
bar Stange (f),Fontur (f)
bar (fault) Schußstreifen (m) (Fehler)
barbed needle Hakennadel (f)
bark crêpe Borkenkrepp (n)
bark weave Borkengewebe (n)
barrier fabric Trenngewebe (n)
barriness in weft Schußstreifigkeit (f)
base Grund (m), Fond (m)
base fabric Grundmaterial (n)
base weave Grundbindung (f)
basic dye basischer Farbstoff (m)
basic length Basislänge (f)
basic pattern Grundmuster (n)
basic wardrobe Grundgarderobe (f)
basket weave Mattenbindung (f), Panamabindung (f)
bast Bast (m)
bast (to) heften
bast fibre Bastfaser (f)
bast hemp Basthanf (m)
bast silk Bastseide (f)
batch Partie (f), Charge (f), Docke (f)
batch (to) **(fabrics)** zusammenlegen, aufrollen (Stoffe)
batching device Aufwickeleinrichtung (f), Aufwickler (m)
batch number Partienummer (f)
batch process Chargenprozeß (m), diskontinuierliches Verfahren (n)
batch size Partiegröße (f)
batch wagon (bales) Wickeltransportwagen (m)
batch winder (bales) Wickler (m)
bath (dye, etc.) Flotte (f); Bad (n)
bathing costume Badeanzug (m)
bathing fashion Bademode (f), Strandmode (f)
bathing suit Badeanzug (m)
bathing trunks Badehose (f)
bath mat Badematte (f)
bathrobe Bademantel (m)
bath rug set Bad-Teppichgarnitur (f)
bath towel Badetuch (n)
batik work Batikarbeit (f)
batiste Batist (m)
batiste ribbon Batistband (n)
batt (carpeting) Filzgarn (n)
batwing sleeve Flügelärmel (m)
Bavarian jacket Janker (m)
BCF = bulked continuous filament texturiertes Teppich-Endlosgarn (n)
beach bag Badetasche (f)

beach fashions Strandmode (f), Bademode (f)
beach shoe Strandschuh (m)
beach sweater Strandsweater (m)
beachwear Strandbekleidung (f)
beaded material Perlengewebe (n)
beaded ribbon Perlenband (n)
beak (of a needle) Spitze (f)
beam Baum (m)
beam (to) **the warp** Kette bäumen
beam bar Einlegestab (m)
beamer Zettelmaschine (f)
beaming Bäumen (n)
beaming oil Schäröl (n)
beaming speed Bäumgeschwindigkeit (f)
beam to beam sizing Schlichten (n) von Baum zu Baum (m)
bearded needle Hakennadel (f), Spitzennadel (f)
bearskin Bärenfell (m)
beater Klopfvorrichtung (f), Schläger (m)
beat up (to) anschlagen
beat-up Schußdichte (f) (Riet)
beat up tightly (to) dicht anschlagen
beaver cloth Bibertuch (n)
beaver yarn Bibergarn (n)
bedclothes Bettbezüge (m pl)
bedding Bettzeug (n)
bed jacket Bettjacke (f), Bettjäckchen (n)
bedlinen Bettwäsche (f)
bed set Bettumrandung (f)
bed sheet Bettuch (n)
bedspread Bettdecke (f), Tagesdecke (f), Bettüberwurf (m)
bed surround (German three-piece set of carpet runners) Bettumrandung (f)
behaviour Verhalten (n)
beige beige, beigefarben
bell bottom ausgestellte Fußweite (f) (Hose)
bell bottom trousers Hose mit ausgestellter Fußweite (f)
belt Gürtel (m), Gurt (m), Riemen (m)
belt (industrial belting) Riemen (m), Transportband (n)
belt loop Gürtelschlaufe (f)
bending rigidity Biegefestigkeit (f)
Berber carpet Berberteppich (m)
beret Baskenmütze (f)
Bermudas Bermudahose (f)
bespoke tailor Maßschneider (m)
betweeners Miederwäsche (f)
between season coat Übergangsmantel (m)
bias (cut on b..) schräggeschnitten
bias binding Schrägband (n)
bias braiding Diagonalflechtung (f)
bias filling Schrägschuß (m)
bib and brace overall Latzhose (f)
bib apron Trägerschürze (f)
bi-component fibre Bikomponentenfaser (f)
bi-component process Bikomponentenverfahren (n)
bi-component system Zweikomponentensystem (n)
bicone Bicone (m)
bicycle tires Fahrradreifen (mpl)
bight (of a needle) Überstich (m)
big seller Verkaufsschlager (m)
bikini Bikini (m)
binder (sewing mach.) Einfasser (m)
binder twine Garbenbindergarn (n)
bind in (to) abbinden; einfassen
binding Band (n), Paspel (m f)
binding cloth Einbandleinen (n)
binding point Bindepunkt (m)
binding tape Einfaßband (n)
bird's eye Vogelaugendessin (n)
biretta Barett (n)
black schwarz
blanket Schlafdecke (f), Bettdecke (f)
blaze Neriseide (f)
blazer Blazer (m), Clubjacke (f)
blazer-jacket Blazerjacke (f)
bleach (to) bleichen
bleaching agent (bleach) Bleichmittel (n), Bleiche (f)
bleaching apparatus Bleichapparat (m)
bleaching bath Bleichbad (n)
bleaching J-box Bleichstiefel (m)
bleaching machine Bleichmaschine (f)
bleach out (to) ausbleichen
bleed (to) ausbluten, bluten
blemish Fehler (m), Makel (m)
blend Garnmischung (f), Mischung (f)

blend (to) mischen
blended cotton yarn Baumwollmischgarn (n)
blended yarn Mischgarn (n) gemischtes Garn (n)
blend ratio Mischverhältnis (n)
blind stitch Blindstich (m)
blind stitch seam Blindstichnaht (f)
block copolymer Blockcopolymerisat (n)
blossom-coloured blütenfarbig
blouse Bluse (f)
blouse (with pouched back) Blouson (m)
bloused back Rucksackrücken (m)
blouson Blouson (m)
blow duct Blasschacht (m)
blowroom Öffneranlage (f)
blue blau
blueish bläulich
blurred (colour, printing) verschwommen
board (to) **(stenter)** ausspannen, formen
boarded heel Preßferse (f)
boater Strohhut (m)
boat neckline U-Boot-Ausschnitt (m)
bobbin Spule (f), Bobine (f)
bobbin carriage Spulenwagen (m)
bobbin case Spulenkapsel (f)
bobbin density Spulendichte (f)
bobbin formation Spulenaufbau (m)
bobbin gripper Spulengreifer (m)
bobbin lace Klöppelspitze (f)
bobbinet Bobinet (m), englischer Tüll (m)
bobbin skewer Aufsteckspindel (f)
bobbin stripping machine Spulenrestabstreifmaschine
bobbin volume Spulenvolumen (n)
bobbin winder (sewing mach.) Spuler (m)
bodice Leibpartie (f), Oberteil (m), Leibchen (n)
bodkin Ahle (f), Pfriem (m)
body and border Fond-Musterung und Bordüre
body carpet gemusterte Auslegeware (f)
body colour Deckfarbe (f)
body warmer Bauchbinde (f)
body width Körperweite (f)
boil off (to) abkochen
bolero Bolerojäckchen (n)
boll weevil Kapselkäfer (m)
bolster doppellanges Unterkissen (n)
bolting cloth Siebtuch (n)
bolting silk Beutelgaze (f)
bond (to) kaschieren, vervliesen, binden, verfestigen
bonded carpet Textilverbundteppich (m)
bonded fabric Verbundstoff (m), Bonded-Stoff (m)
bonded fibre fabric Textilverbundstoff (m)
bonded pile carpet Klebpolteppich (m)
bonding agent Klebemittel (n)
bone(s) (stays) Bügel (m pl)
bone dry volltrocken
bone glue Knochenleim (m)
bone lace Klöppelspitze (f)
bonnet Haube (f)
book binding Bucheinband (m)
book muslin (stark appretierter) Perkal (m)
border Bordüre (f), Borde (f)
border (to) abfassen
bordered carpet abgepaßter Teppich (m)
bordered design abgefaßtes Muster (n)
border with (to) besetzen (Saum)
Botany yarn Botanygarn (n)
bottle bobbin Flaschenspule (f)
bottle green flaschengrün
bottom shot Unterschuß (m)
bottom width (trouser) Fußweite (f)
bouclé Bouclé (n), Noppenstoff (m)
bouclé carpet Boucléteppich (m), Schlingenteppich (m)
bourette Bourette (f)
bourette silk Bouretteseide, Abfallseide (f)
bourette yarn Bourettegarn (n)
boutique Boutique (f)
boutique fashion(s) Boutiquemode (f)
bow Schleife (f), (Fehler) Krümmung (f)
bowed filling Bogenschuß (m)
bowed weft adjuster Bogenverzugsrichter (m)
bowler (hat) Melone (f)
bow tie Fliege (f)
boxspun yarn Zentrifugengarn (n)
boy's size Knabengröße (f), Burschengröße (f)

bra' BH (m), Büstenhalter (m)
braces Hosenträger (m)
Bradford system Bradford-Spinn-system (n)
braid Biese (f), Flechte (f), Litze (f), Tresse (f)
braid (to) flechten
braided flecht-, verflochten
braided floorcovering geflochtener Fußbodenbelag (m)
braided rope geflochtenes Seil (n)
braiding machine Flechtmaschine (f)
brake lining Bremsbelag (m)
branch (shop, business etc.) Filiale (f)
brand awareness Bekanntheitsgrad (m)
branded goods Markenartikel
brand name Markenname (m), Marke (f), Warenzeichen (n)
brand-name policy Markenpolitik (f)
brass-coloured messingfarben
brassière Büstenhalter (m)
brassière cup Büstenkörbchen (n)
breaker Gewebelage (f) unterhalb des Profils (n)
breaker plate Stützplatte (f)
breaking elongation Bruchdehnung (f)
breaking head Reißkopf (m)
breaking length Reißlänge (f)
breaking load Reißkraft (f)
breaking point Bruchstelle (f)
breaking zone Reißzone (f)
breastband Brustband (n)
breast pocket Brusttasche (f)
breathability Atmungsfähigkeit (f)
breeches Reithose (f), Breecheshose (f)
bridal gown Brautrobe (f), Brautkleid (n)
bride Braut (f)
briefs Slip (m)
brighten (to) aufhellen
brightener Aufheller (m)
brim Krempe (f)
brise bise Store (m) (fertige oder halbfertige Voilgardine)
bristle Borste(f)
bristle hair Grannenhaar (n)
broadloom (carpet) Breitstuhl (m) [-teppich (m)]
broad-stretching roll Breitstreckwalze (f)
broadtail Breitschwanz (m)
brocade Brokat (n)
broken end Fadenbruch (m)
broken pick Platzer (m)
broken sateen versetzter Atlas (m)
brown braun
brush Bürste (f)
brush (to) bürsten
brushed fabric (auf)gerauhte Ware (f), Flausch (m)
brushed goods angerauhte Ware (f)
brushed up aufgerauht, flauschig, gezupft
brushing machine Bürstmaschine (f)
brush roll Bürstwalze (f)
Brussels carpet Brüsseler Teppich (m)
bubble off (to) abperlen
bucking kier Beuchkessel (m)
buckle Schnalle (f), Spange (f)
buckram Steifleinen (n), Starrleinen (n), Buckram (m)
buckskin Buckskin (m)
bud design Blütenmuster (n)
buff Isabellfarbe (f)
built-up shoulder strap Vollachsel (f)
built-up sleeve Polsterärmel (m)
bulk Bauschigkeit (f), Fülle (f)
bulk density Schüttgewicht (n), -volumen (n)
bulked bauschig, voluminös
bulked yarn Bauschgarn (n), gebauschtes Garn (n)
bulk regain Bauscherholung (f)
bulletproof waistcoat schußsichere Weste (f)
bump Faserbandpaket (n)
burgundy burgundfarbig
buried thread eingebundenes Chor (n)
burlap Sackleinen (n)
burning test Brennprobe (f)
burnous Burnus (m)
burnout Ausbrenner (m)
burn out (to) ausbrennen
burr Grat (m), Klette (f)
burr beater Kletten-schläger (m)
bursting test Berstversuch (m)
burunduk Burunduk (m)
bust Büste (f)
bust dart Brustabnäher (m)
bust measurement Brustweite (f), Oberweite (f), Brustumfang (m)

butt (to) **(fabrics in sewing)** flach zusammennähen, zusammenstoßen
butterfly sleeve Schmetterlingärmel (m)
butter muslin Mull (m)
button Knopf (m)
button (to) knöpfen
button-down collar Button-Down-Kragen (m)
buttonhole Knopfloch (n)
buttonhole cutting block Knopflochschneidblock (m)
buttonhole scissors Knopflochschere (f)
buttonhole sewing machine Knopflochnähmaschine (f)
buttonhole with cross-stitched corners Wäscheknopfloch (n)
buttoning on loops Schlingenverschluß (m)
button panel Knopfleiste (f)
button-through durchgeknöpft
button-through skirt Knopfrock (m)
buy (to) einkaufen, kaufen
buyer Einkäufer (m)
buying Einkauf (m)
buying association Einkaufsverband (m)

C

cable Kabel (n)
cablé cablé
cable-covering fabric Kabelummantelung (f)
cabled yarn mehrstufiger Zwirn (m)
cable stitch Zopfmuster (n)
cake Spinnkuchen (m), Spulkranz (m)
cake-dyed spinnkuchengefärbt
calcium alignate Calcium-Alignat (n)
calculated length Sollänge (f)
calculated weight Sollgewicht (n)
calender Kalander (m)
calender (to) kalandern
calendered linen Glanzleinwand (f), Glanzleinen (n)
calender for tricot fabrics Trikot-Kalander (m)
calf-length sock Wadensocke (f)
calibrate (to) eichen, kalibrieren
calibrated geeicht
calibration Eichung (m), Gradeinteilung (f)
calico Kattun (m)
calico weave Kattunbindung (f)
cam Nutentrommel (f), Kurvenscheibe (f)
cam box Schloßhalterung (f)
cambric Kammertuch (n)
cam-controlled kurvengesteuert
cam follower Nutenstein (m)
camelhair Kamelhaar (n)
camelhair coat Kamelhaarmantel (m)
camel hair yarn Kamelhaargarn (n)
camisette Cammisette (f)
camisole Camisol (n), Untertaille (f)
cam loom Exzenterwebstuhl (m)
camouflage net Tarnnetz (n)
can changer Kannenwechsler (m)
candlewick Docht (m)
candlewick yarn Dochtgarn (m)
canopy Baldachin (m)
canopy bed Zeltbett (n)
cantrece Cantrece (f)
canvas Leinwand (f)
canvas roof Zeltdach (n)
cap Mütze (f), Kappe (f), Sportmütze (f)
cape Umhang (m), Cape (n)
cape cloak Pelerine (f)
cape collar Capekragen (m)
capillary Kapillare (f)
capillary break Kapillarbruch (m)
capillary compactness Kapillarschluß (m)
capped seam Kappnaht (f)
caprolactam Caprolactam (n)
cap spinning frame Glockenspinnmaschine (f)
carbohydrate size Kohlehydratschlichte (f)
carbon Kohle (f)
carbon fibre Kohlenstoffaser (f), Kohlefaser (f)
carbonize (to) karbonisieren, verkohlen
car carpet Autoteppich (m)
carcasse Karkasse (f), Reifengrundgewebe (n)
car cover Autohaube (f)
card Karde (f), Krempel (f)
card (to) kardieren

card cloth Kratzenstoff (m)
carded kardiert
carded cotton dyeing Wattefärberei (f)
carded wool spinning Streichgarnspinnerei (f)
carded yarn Streichgarn (n)
cardigan Strickjacke (f), Cardigan (m)
cardigan neckline Blendenausschnitt (m)
carding Kardieren (n)
carding roller Kardierwalze (f), Kratzenwalze (f)
carding willow Krempelwolf (m)
card room Kardierraum (m)
carefree pflegeleicht
care properties Pflegeeigenschaften (pl)
care symbols Pflegekennzeichen (m pl)
car headlining Autohimmel (m)
carnak Karnak
carpet Teppich (m)
carpet antislip mat Teppichbremse (f)
carpet backing Teppichrücken (m)
carpet beat-up Noppenzahl (f) (Teppich)
carpet core Teppichwickelhülse (f)
carpet design Teppichmuster (n)
carpet face Teppichnutzschicht (f)
carpet face fibre Faser für Teppichnutzschicht (f)
carpet fibre Teppichfaser (f)
carpeting Auslegeware (f), Teppichboden (m)
carpet knitting machine Teppichwirkmaschine (f)
carpet laying Teppichverlegung (f)
carpet manufacturer Teppichhersteller (m)
carpet pile Teppichpol (m), Teppichflor (m)
carpet-printing machine Teppichdruckanlage (f)
carpet raschel Teppichraschel (m)
carpet-shearing machine Teppich-Schermaschine (f)
carpet sweeper Teppichkehrer (m)
carpet tile Teppichfliese (f)
carpet tufting Tufting (n), Tuften (n)
carpet weaving Teppichweberei (f)
carpet yarn Teppichgarn (n)
carrier Träger (m)
carrier-free (carpet) trägerfrei, carrierlos
carry (to) **(a line)** einen Artikel führen
carton Karton (m)
car upholstery Autopolster(n)
Cashmere Kashmir (m)
Cashmere yarn Kashmirgarn (n)
cast off (to) abketten
cast-off garments abgelegte Kleidung (f); Klamotten (f pl)
cast on (to) anschlagen
casual leger
casuals Freizeitbekleidung (f)
casual shirt Freizeithemd (n)
casual wear Freizeitkleidung (f), Legerbekleidung (f)
catalist Katalisator (m)
catcher roll Fangwalze (f)
cationic dyeable kationisch färbbar
cationic dyestuff kationischer Farbstoff (m)
cavalry twill Kavallerietwill (m)
cellophane Zellophan (n)
cellulose Zellulose (f), Zellstoff (m)
cellulose acetate Azetat (n)
cellulose yarn Zellulosegarn (n)
cellulosic fibre Zellulosefaser (f), Reyonfaser (f)
central buying Zentraleinkauf (m)
centre-shed dobby Zwischenfachschaftmaschine (f)
centre winder Zentrumswickler (m)
ceramic Keramik (f); keramisch
chafe (to) scheuern
chafe mark Scheuerstelle (f)
chain gill Kettenstrecke (f)
chain guide Kettenführung (f)
chain link Kettenglied (n)
chain stitch Kettenstich (m)
chain stitch seam Kettenstich-Naht (f)
chain warp Bindekette (f)
chair-back protector Stuhlrückenschoner (m)
chair-leg test (static loading test) Stuhlbeintest (m)
chalk Kreide (f)
chalk stripe Kreidestreifen (m)
chamber drier Kammertrockner (m)
Chanel suit Chanelkostüm (n)
characteristics Eigenschaften (f pl)
chardonnet silk Nitrozelluloseseide (f)
charmeuse Charmeuse (n)
chasuble Chasuble (m)

check Karo (n)
checked kariert
check pattern Karomuster (n)
cheese Kreuzspule (f)
cheese adaptor Paßstück (n)
cheese cloth Mull (m)
chemically inert chemisch neutral
chemical resistance chemischer Widerstand (m)
chemise dress Hemdblusenkleid (n)
chenille Chenille (f), Etuisamt (m)
chenille pullover „Nicki" (m)
chequerboard pattern Schachbrettmuster (n)
chesterfield Chesterfield (m); Sofa (n)
chest measurement Brustweite (f), Oberweite (f)
Cheviot Cheviot (m)
chevron Chevronmuster (n)
chic chic, schick
chiffon Chiffon (m)
children's clothing Kinderbekleidung (f)
children's sizes Kindergrößen (f pl)
children's sleep wear Kinderschlafbekleidung (f)
children's wear Kinderkleidung (f)
child's cardigan Kinderjäckchen (n), Kinderstrickjacke (f)
China grass Chinagras (n)
chintz Chintz (m), Zitz (m)
chips Schnitzel (npl)
chips cutter Schnitzelschneide (f)
chips dryer Schnitzeltrockner (m)
chlorine Chlor (n)
chloro fibres Chlorfasern (f pl)
choice Auswahl (f)
christening robe (gown) Taufkleid (n)
chuck Spulenträger (m)
circular combing machine Rundkammstuhl (m)
circular-knit pile fabric Henkelplüsch (m)
circular-knitted fabric Rundstrickware (f)
circular knitting Rundstrickerei (f), Rundgestrick (n)
circular-(weft) knitting machine Rundstrickmaschine (f)
circular knitting needle Rundstricknadel (f)
circular lace Rundlaufspitze (f)
circular looper Rundkettelmaschine (f)
circular pleats Rundfalten (f pl)
circular skirt Glockenrock (m)
circular spinneret Runddüse (f)
circumference Umfang (m)
ciré Wachsausrüstung (f), ciré (n)
civil engineering fabric bautechnische Textilien (n pl)
clasp Klipp (m), Schnalle (f)
classic klassisch
classic design klassisches Muster (n)
classic texturing process klassisches (Helanca) Verfahren (n)
cleaning Reinigung (f)
cleaning cloth Reinigungstuch (n)
cleaning machine Putzmaschine (f)
clearance sale Räumungsverkauf (m)
climatic stability Klimakonstanz (f)
climbing rope Kletterseil (n)
clip Clip (m), Klemme (f), Kluppe (f)
clip cone Schnappspule (f)
clipped carpet Scherteppich (m)
clip stenter Kluppenrahmen (m)
cloak Umhang (m), Mantel (m)
cloqué Cloqué (m)
closeknit (closely knitted) dichtes Maschenbild (n)
cloth Tuch (n), Stoff (m)
cloth beam Warenbaum (m)
cloth beam regulator Warenbaumregulator (m)
clothes Kleidung (f), Bekleidung (f)
clothes brush Kleiderbürste (f)
clothes hanger Kleiderbügel (m)
clothesline Wäscheleine (f)
cloth factory Tuchfabrik (f)
cloth-guiding device Warenführungseinrichtung (f)
cloth-humidifying machine Gewebebefeuchtungsmaschine (f)
clothier Ausstatter (m)
clothing Bekleidung (f), Kleidung (f)
clothing manufacturer Konfektionär (m)
clothing production (rtw) Konfektion (f)
cloth in the bale Meterware (f)
cloth plate Stoffplatte (f)
cloth roller Tuchwickelrolle (f)
cloth storing Warenspeicherung (f) (Gewebe)

cloth tape-up Warenaufwicklung (f)
coalesced filaments verklebte Einzelfäden (mpl)
coarse count grobe Nummer (Garn) (f)
coarse fibre Grobfaser (f)
coarse-knit Grobgestrick (n)
coarsening Aufrauhen (n)
coarse 1/1 rib Glatt/Rechts
coat Mantel (m)
coat (to) bemänteln
coat (to) **(apply a surface)** beschichten
coat-dress Mantelkleid (n)
coated backing Rücken (m) mit Beschichtung (f)
coated fabric beschichtetes Gewebe (n)
coatee Jäckchen (n)
coating Mantelstoff (m), Beschichtung (f)
coating machine Beschichtungsmaschine (f), Kaschiermaschine (f)
coating material Beschichtungstoffe (mpl)
coat lining Mantelfutter (n)
coat-of-arms Wappen (n)
cockle Knitter (m)
cocktail dress Cocktailkleid (n)
cocktail trouser suit Cocktailanzug (m)
cocoon Konkon (m)
coefficient of friction Reibungskoeffizient (m)
cohesion Kohäsion (f), Haften (n) (der Fasern)
coiler Bandablieferung (f) (in Kanne)
coir fibre Kokosfaser (f)
coir mat Kokosmatte (f)
coir matting Kokosteppich (m)
cold drawing Kaltverstrecken (n)
cold-pad batch dyeing Kaltverweilverfahren (n)
collage Collage (n)
collar bone Kragenstäbchen (n)
collar stud Kragenknopf (m)
collection Kollektion (f)
college cloth Kollegtuch (n)
college wear Kollegkleidung (f)
coloplast machine Coloplast-Maschine (f)
color (a) Farbe (f)
colorant Farbstoff (m)
colorimeter Farbmeßgerät (n)
colorite Colorit (n)
colour (e) Farbe (f)
colour band Farbstreifen (m)
colour blend Melange (f)
colour depth Farbtiefe (f)
colour deviation Farbabweichung (f)
coloured bunt
coloureds Buntwäsche (f)
coloured twist yarn Moulinégarn (n)
colour fastness Farbechtheit (f), Farbbeständigkeit (f)
colour gradation Farbabstufung (f)
colour guide Farbkarte (f)
colour-jet printing Düsenfarbdruck (m)
colour lay-off Farbabmusterung (f)
colourless farblos
colour masterbatch Farbkonzentratmischung (f)
colour matching Farbvergleich (m)
colour memorization Farbspeicherung (f)
colour retention Farbbeständigkeit (f)
colour scheme Farbschema (n)
colour sensibility Farbempfindlichkeit (f)
colour separation Farbauszug (m)
colour shade Farbton (m)
colour uniformity Farbgleichmäßigkeit (f)
colour value Farbwert (m)
colourway Farbstellung (f)
comb (to) peignieren, kämmen
combed gekämmt, peigniert
combed top Kammzug (m)
combed yarn gekämmtes Garn (n)
combination (colour) Farbzusammenstellung (f), Farbzusammensetzung (f)
combinations Hemdhosen (f pl)
combine (to) kombinieren
combing machine Kämmaschine (f)
comb pocket Kammtasche (f)
comfortable bequem
comfort in wear Tragekomfort (m)
co-mingle, (to) (miteinander) verbinden
commercial weight Handelsgewicht (n)
commission manufacture Lohnverarbeitung (f)
compact spinning Kompaktspinnen (n)
companion fabrics Composées (n pl)
compatibility Vereinbarkeit (f), Verträglichkeit (f)

compensating roller Tänzerwalze (f)
compensator roller Pendelwalze (f)
complaint Beanstandung (f)
complet Complet (n)
composée Composé (n)
computer-controlled computergesteuert
concealed button panel verdeckte Knopfleiste (f)
condenser bobbin Vorgarnwalze (f)
condenser yarns Kondensatorluntengarne (n pl)
conditioned (atmosphere) konditioniert (Klima) (f)
conditioned tenacity konditionierte Festigkeit (f)
conductivity Leitfähigkeit (f)
cone Konus (m), Cone (m)
cone drum Kegel (f)
cone tube konische Hülse (f)
conical cheese konische Kreuzspule (f)
coning oil Konöl (n)
consumer Verbraucher (m), Verbraucherin (f)
consumer goods Verbrauchsgüter (n pl), Konsumgüter (n pl)
contact drier Kontakttrockner (m)
continuous endlos, stufenlos
continuous dyeing Kontinuefärberei (f)
continuous open-width bleaching unit Kontinue-Breitbleiche (f)
continuous pattern durchlaufendes Muster (n)
continuous scouring machine Kontinue-Waschmaschine (f)
continuous spinning Kontinuespinnverfahren (n)
continuous spun yarn Kontinue-Garn (n)
contract (to) eingehen, schrumpfen
contract carpet Teppich f.d.Objektbereich
contract use (carpet) Verwendung im Objektbereich
contract work (carpets) Objektgeschäft (n), Lohnarbeit (f)
contrast (to) **(colour)** abstechen
control system Kontrollsystem (n)
conventional allowance Handelszuschlag (m)
converse pattern reziprokes Muster (n)
conversion costs Verarbeitungskosten (f pl)
converter (machine) Converter (m)
converter top Converter-Kammzug (m), Reißspinnband (n)
converter tow Reißkabel (n)
conveyor-air-nozzle system Luftdüsentransportsystem (n)
conveyor belt Förderband (n)
conveyor drier Bandtrockner (m)
cooling section Kühlstrecke (f)
cooling water Kühlwasser (n)
co-ordinate (to) kombinieren
co-ordinates zweiteiliges Ensemble (n)
cop Kops (m), Streckkops (m), Kötzer (m)
co-polymer Copolymerisat (n)
cop-spun yarn Kötzergarn (n)
cop tube Kötzerhülse (f)
cord Kordel (f), Schnur (f)
cord carpet Cordteppich (m)
cord-carrier (sewing machine) Schnurhalter (m)
corded cushion Kordelkissen (n)
corded silk ribbon Ripsband (n)
corded velvet Rippensamt (m), Ripssamt (m)
cord embroidery Schnürli (f)
corder (sew. mach.) Schnureinnäher (m)
cording Kordierung (f), Schnürung (f)
cording foot (sewing machine) Schnurfuß (m)
cordonnet Kordonnetseide (f)
cordonnet yarn Kordonnetgarn (n)
corduroy Cord (m)
corduroy cutting machine Kordschneidemaschine (f)
core Kern (m), Seele (f)
core (fibre) Wickelrolle (f), Seele (f)
core plug Hülseneinsatz (m)
core-spun Corespun(garn) (n), kernelastisch
core-spun yarn Kernzwirn (m)
cork linoleum Korklinoleum (n)
corkscrew (weave) Adriabindung (f), Corkscrew (m)
corkscrewing Korkenziehererscheinung (f)
corridor carpet Läufer (m) (Tepp.)
corrode (to) korrodieren, ätzen

corselette Korselett (n)
corset Korsett (n)
corsetry Mieder(n), Miederwaren (pl)
corso skirt Sattelrock (m)
Cossack trousers Pluderhose (f)
cost comparison Kostenvergleich (m)
costume Kostüm (n)
cotelé Cotelé (n)
cot roller Druckwalze (f)
cotton Baumwolle (f)
cotton blend Baumwollgemisch (n), Baumwollmischung (f)
cotton brocade Baumwollbrokat (n)
cotton cambric Baumwollbatist (m), Kammertuch (n)
cotton condenser spinning Zweizylinderspinnerei (f)
cotton corduroy Baumwollcord (m)
cotton count Baumwollnummer (f), Baumwollnumerierung (f)
cotton crèpe Baumwollkrepp (m)
cotton jersey Baumwolljersey (m)
cotton linters Baumwoll-Linters (pl)
cotton print Baumwolldruck (m), bedruckter Baumwollstoff (m), bedruckte Baumwolle (f)
cotton spinning Baumwollspinnerei (f)
cotton tape Baumwollband (n)
cotton waste Baumwollwerg (m), Putzwolle (f)
cotton wool Watte (f)
cottony baumwollähnlich
cotton yarn Baumwollgarn (n)
couch Couch (f)
count Nummer (f), Feinheit (f)
count (yarn) (Garn)nummer (f), Feinheit (f)
count (coarse-, fine-) Nummer (f) (grobe N., feine N.)
counter (machine) Zähler (m), Zählwerk (n)
counter notation (in-) gegenlegig
counter reel Zählweite (f)
counter scroll Gegenschnecke (f)
course Maschenreihe (f)
course per minute Maschenreihen pro Minute (f)
cover Decke (f), Bucheinband (m)
coverall Kombination (f)
covering nets for pallets Abdecknetze (npl) für Paletten (fpl)
coverlet Tagesdecke (f), Überbett (n)
cowl Kapuze (f), Kutte (n)
coverage Deckkraft (f), Bedeckung
covering Überzug (m), Abdeckung (f)
covering power Deckkraft (f)
covert steile Köperbindung (f)
cowl collar Kuttenkragen (m)
cowl dress Kuttenkleid (n)
crabbing jack Brennbock (m)
crabbing machine Krabbmaschine (f)
crackle (to) knistern
craquelé weave Craquelé (m)
crash grobes Gewebe (n)
crash padding Schutzpolsterung (f)
craze (fashion) Modetorheit (f)
craua Caroàfaser (f)
cravat Krawatte (f)
cream (colour) creme, isabellfarben
crease Knitter (m); Falte (f)
crease (in trouser leg) Bügelfalte (f)
crease (to) knittern
creased verknittert
creaseless (non-crease) knitterarm, knitterfrei
creasing Knitterbildung (f)
creaseproof knitterfrei, knitterfest
crease recovery Knittererholung (f), Knittererholungs-Vermögen (n)
crease resistance Knitterfreiheit (f)
crease resistant knitterarm, knitterfrei
crease-resistant finish knitterarme Ausrüstung (f)
creation Kreation (f), Schöpfung (f)
creel Gatter (n), Schärgatter (n), Spulengestell (n)
crêpe Krepp (m), Crêpe (m)
crêpe bandage Kreppverband (m), elastischer Verband (m)
crêpe-de-chine Crêpe-de-Chine (m)
crêpe georgette Crêpe-Georgette (m), Doppelkrepp (m)
crêpe rubber Schaumgummi (n)
crêpeset nylon Kreppnylon (n)
crêpon Krêpon (m)
crêpe weave Kreppgewebe (n)
crêpe yarn Kreppgarn (n)
cretonne Kretonne (f)
crib Kinderbett (n), Krippe (f)

Crimean lamb Krimmer (m)
crimp Kräuselung (f)
crimp (to) kräuseln
crimp contraction Kräuselkontraktion (f)
crimped crêpe Kräuselkrepp (m)
crimped fibre Kräuselfaser (f)
crimped yarn Kräuselgarn (n)
crimping chamber Stauch-, Kräuselkammer (f)
crimp lengthening Kräusellängung (f)
crinkly fabric krauses Gewebe (n)
crinkle (knit-texturing) Crinkle (Strick-Fixier-Texturierung) (f)
crinkle (to) knittern
crisp kernig
crisp handle kerniger Griff (m), trockener Griff (m)
crochet (to) häkeln
crocheted galloon lace Häkelgalonspitze (f)
crocheted seam Häkelnaht (f)
crochet hook (needle) Häkelnadel (f)
crochet lace Häkelspitze (f)
crochet work Häkelarbeit (f)
crock (to) abfärben
crossbred wool Crossbred-Wolle (f)
cross cutter Querschneider (m)
cross-dye (to) überfärben, kreuzfärben
cross-dyeing Überfärben (n)
crossfolder Querleger (m)
crossing warp Drehkette (f)
cross jack Kreuzsegel (n)
cross join Kreuzverbindung (f)
cross lapper Kreuzleger (m)
cross-link (to) kreuzvernetzen
cross-linking Kreuzvernetzung (f)
cross-plaiting Kreuzablage (f)
cross pleat Querfalte (f)
cross-section Querschnitt (m)
cross tube Kreuzschlauch (m)
cross twill Kreuzköper (m)
cross-warp machine Kreuzschärvorrichtung (f)
cross-wound bobbin Kreuzspule (f)
crude granulate Rohgranulat (n)
crush (to) knautschen
crushed zerknautscht
crush-resistant druckfest, trittfest
crushed imitation leather Knautschlack (m)
Crylor Crylor (n)
crystalline kristallartig, kristallin
crystallization Kristallisation (f)
crystal pleat Stehfalte (f)
cuff Manchette (f), Ärmelaufschlag (m)
cuff-link Manschettenknopf (m)
cummerbund Kummerbund (m), Leibgurt (m)
cuprammonium fibre Kupferammoniakfaser (f), Cuprofaser (f)
cuprammonium silk Kupferseide (f)
cuprammonium staple fibre Kupferspinnfaser (f), Cuprofaser (f)
curled pile Kräuselvelour (m)
curly (fur, pile) lockig (Pelz, Pol)
curtain (net or voile) Gardine (f)
curtain (heavy drape) Vorhang (m)
curtain hook Gardinenhaken (m)
curtaining (net or voile) Gardinenstoff (m)
curtaining (heavy) Vorhangstoff (m), Dekostoff (m)
curtain rail Gleitschiene (f), Vorhangschiene (f)
curved geschweift
curved twill krummer Köper (m)
cushion Kissen (n)
cushion cover Kissenbezug (m), Kissenhülle (f)
culotte Culotte (f)
custom Kundschaft (f)
customer service Kundendienst (m)
cut (to) schneiden
cut (of a suit, etc.) Schnitt (m), Fasson (f), Zuschnitt (m)
cut (to) **(in general)** schneiden
cut (to) **(tailor)** schneidern
cut (weaving) eingezogene Leiste (f)
cutaway coat Cutaway (m), Cut (m), Schwalbenschwanz (m)
cut fabric geschnittene Ware (f)
cut loop Schnittpol (m)
cut pile Schnittflor (m), geschnittener Flor (m)
cut pile carpet Schnittflorteppich (m), Velourteppich (m)
cut pile carpeting Schnittware (f)
cutter Schneide (f)

cutter (tailor) Scheidermeister (m), Zuschneider (m)
cut the loops (to) aufschneiden
cutting Schneidern (n); Zuschnitt (m)
cutting bar Schneidstange (f)
cutting device Abschneidevorrichtung (f)
cutting table Zuschneidetisch (m)
cutting template Schablone (f), Stanzschablone (f)
cylinder drying machine Zylinder-Trokkenmaschine (f)
cylinder steamer Zylinderdämpfer (m)
cylindrical sieve Rundsieb (m)

D

Dacca Daccamousseline (f)
Dacca cotton Daccabaumwolle (f)
Dacca silk Daccaseide (f)
damage (to) beschädigen
damage Schaden (m)
damask Damast (m)
damask weave Damastbindung (f)
damp feucht
dampen (to) befeuchten
damping Dämpfung (f)
damping roller Feuchtwalze (f)
dancing roller Tänzerwalze (f)
dappled scheckig
dark dunkel
darken (to) abdunkeln
darken subsequently (to) nachdunkeln
dark shade dunkler Farbton (m)
darn (to) stopfen
darning needle Stopfnadel
darning thread Stopfgarn (n)
darning wool Stopfwolle (f)
dart Abnäher (m)
dated altmodisch
daytime wear Tageskleidung (f)
dead pile toter Pol (m)
decatise (to) dekatieren
decatizing autoclave Kesseldekatiermaschine (f)
decatizing cylinder Dekatierzylinder (m)
decatizing machine (finishing) Dekatiermaschine (f)
deck chair Klappstuhl (m)
decolletage Decolleté (n)
decolourant Entfärbungsmittel (n)
decolouration Entfärbung (f)
decolourise (to) entfärben
decomposition temperature Zerfalltemperatur (f)
decoration Dekoration (n), Verzierung (f); Schmuck (m)
decoration stitch Zierstich (m)
decorative fabric Dekorationsstoff (m)
decrease (to) **(knitting)** abnehmen
deep tief
deep colour dunkler Farbton (m)
deep-cuffed sleeve Stulpenärmel (m)
deep cut tiefgeschnitten
deepen (to) **(print.)** abdunkeln
deep pile Langflor (m)
deep-pile carpet Langflorteppich (m)
deep-pile knit Wirkflor (m)
deerskin Wildleder (n), Hirschfell (n)
defect (general) Fehler (m) (allg.)
defelting Entfilzen (n)
defelter Entfilzer (m)
deformation Verformung (f)
degrease, (to) entfetten
degree Grad (m), Größenordnung (f)
degree of dryness Trockenheitsgrad (m)
dehair (to) enthaaren
delicate cycle Schonwäsche (f)
delicate fabrics heikle Stoffe (m pl)
delicately tailored feinmodelliert
delivery end Auslauffeld (n)
delivery eye (sew. m.) Auslaßöse (f)
delivery roll Abzugwalze (f), Lieferwalze (f)
delusterant Mattierungsmittel (n)
delustering agent Mattierungsstoff (m)
delustering equipment Mattierungseinrichtung (f)
delustre (to) mattieren
demand Nachfrage (f)
denier (den) Denier (n) (den)
denim Denim (m), Jeansstoff (m)
denim fabric Jeansstoff (m)
denims Jeans (pl)
dense dicht
dense weave dichtes Gewebe (n)
density Dichte (f), Wickeldichte (f), Densität (f)

dent (of a reed or comb) Rietstab (m)
department Abteilung (f)
depilate (to) enthaaren
design Muster (n), Entwurf (m), Musterung (f)
design (to) entwerfen, dessinieren
designer Dessinateur (m), Entwerfer (m), Modeschöpfer (m)
design paper Patronenpapier (n)
desize (to) entschlichten
desizing machine Entschlichtungsmaschine (f)
detergent Waschmittel (n), Reinigungsmittel (n)
detwister Schlauchöffner (m)
develop (to) entwickeln
development Entwicklung (f)
device for unspinning Ausnadeleinrichtung (f)
dewatering device Entwässerungseinrichtung (f)
diacetat Diazetat (n)
diagonal (cut) schräg (Schnitt)
diagonal cloth Twill (m)
diagonal pattern Diagonalmuster (n)
diagonal stripe Schrägstreifen (m)
diagonal weave Twillgewebe (n), Köper (m), Diagonalbindung (f)
diagramme (e), diagram (a) Diagramm (n)
diameter Durchmesser (m)
diamond pattern Würfelmuster (n), Rhombenmuster (n)
diaper Windel (f)
dice pattern Würfelmuster (n)
die Düse (f) (Spinn.)
differential dyeing Differentialfärben (n)
differential shrinkage unebene Schrumpfung (f), Krumpfung (f)
diffuse (to) **(dye)** diffundieren
digital potentiator Speicher (m)
dimension Abmessung (f)
dimensionally stable formstabil
dimensional stability Formstabilität (f), Maßstabilität (f)
dimethylformamide DMF Dimethylformamid (n)
dimethylterephthalate DMT Dimethylterephthalat (n)
dimity Dimity (m n)
dinner jacket Smokingjacke (f)
dinner suit Smoking (m)
Dior pleat Diorfalte (f)
dip (to) eintauchen; imprägnieren
dipped fabric imprägniertes Gewebe (n)
dip pick-up Aufnahme (f) des Imprägniermittels (n)
direct cabling Direktkablieren (n)
direct dye Direktfarbstoff (m)
direction of twist Drehungsrichtung (f), Drehungssinn (m)
direct spinning process Direktspinnverfahren (n)
dirndl (dress) Dirndl (n), Dirndlkleid (n)
dirndl material Dirndlstoff (m)
dirt Schmutz (m)
dirt pick-up Schmutzannahme (f)
dirt-repellent schmutzabstoßend
dirt-resistant schmutzabstoßend
discharge printing Ätzdruck (m)
discolouration Entfärbung (f), Verfärbung (f)
discount Rabatt (m)
discount store Discountladen (m)
discriminating anspruchsvoll
discriminating customer anspruchsvolle Kundin (f) – Kunde (m)
disentangling nicht kringelnd (Zwirn)
dishcloth Spültuch (n)
disinfect (to) desinfizieren
disinfectant Desinfektionsmittel (n)
dispatch Versand (m)
dispatch dept. Versandabteilung (f)
disperse dye Dispersionsfarbstoff (m)
dispersing agent Dispergiermittel (n)
display Auslage (f); Dekoration (f)
display (to) ausstellen
display advertising Schauwerbung (f)
display figure Schaufensterpuppe (f), Mannequin (n)
distangle (to) auflösen (Fasern)
distort (to) verziehen
distortion (of goods) Verzug (m) (Ware)
divided skirt Hosenrock (m), geschlitzter Rock (m)
dobby Schaftmaschine (f)
dobby loom Schaftwebstuhl (m)
dobby-weave fabric schaftgemustertes Gewebe (n)
dobby weaving Schaftweberei (f)

doctor blade Rakel (m)
doctor blade blanket Rakeltuch (n)
doffer Absetzeinrichtung (f)
doffer comb Abnehmerhacker (m)
doffing Absetzen (n), Wechsel (m) (Spule)
doffing roller Anspinnwalze (f)
doff timer Zeitschalter für Abzugswiederholung (m)
dog's tooth Hahnentritt (m)
doily Telleruntersetzer (m)
doll Puppe (f)
doll's clothes Puppenkleider (n pl), Puppenbekleidung (f)
doll's dress Puppenkleid (n)
doll's hair Puppenhaar (n)
domestic carpet Teppich f. Wohnbereich
domestic textiles Heimtextilien (f pl)
Donegal carpet Donegal-Teppich (m)
Donegal tweed Donegal-Tweed (m)
donning Anlegen (n)
door mat Türvorleger (m), Vorleger (m)
dope Schlichte (f)
dot Tupfen (m)
dotted getupft
double (to) **(ply)** fachen, doublieren
double-apron spinning system Doppelriemchen-Spinnverfahren (n)
double atlas Doppelatlas (m)
double backing (carpet) Doppelrücken (m) (Teppich)
double-bed Doppelbett (n)
double-breasted doppelreihig
double-breasted suit zweireihiger Anzug (m)
double-chain stitch seam Doppelkettenstichnaht (f)
double cylinder Doppelzylinder (m)
double damask Doppeldamast (m)
double-deck machine zweietagige Maschine (f)
double-draft doppelter Verzug (m)
double drawing doppeltes Strecken (n)
doubled yarn doubliertes Garn (n), gefachtes Garn (n)
double-ended latch needle Doppelzungennadel (f)
double-face Double-Face (m), beidrechter Stoff (m)
double-fleecy lining Doppelfutterware (f)
double-glove Doppelhandschuh (m)
double-jersey Doppeljersey (m)
double-knit Doppelgestrick (n), doppelflächige Ware (f)
double-knitting wool Schnellstrickgarn (n), Schnellstrickwolle (f)
double-plush Doppelplüsch (m)
doubler Doubliermaschine (f)
double saddle-stitch seam Doppelsteppstichnaht (f)
double strokes Doppelhübe (m pl)
double-thread brocade zweifädiger Brokat (m)
double weft Zweischußbindung (f)
double welt Doppelrand (m)
doubling crosswinder Fachkreuzspulmaschine (f)
doubling frame Fachmaschine (f), Zwirnmaschine (f)
doubling machine Doubliermaschine (f)
doubling twister Fachzwirnmaschine (f)
down Daune (f), Flaum (m)
down silk Poilseide (f)
downtime Rüstzeit (f)
down-twisting Zwirnen mit Abzug nach unten
dpf = denier per filament Denier pro Einzelkapillare (m)
draft (to) strecken, verziehen
draft Fadeneinzug (m)
drafting Verstrecken (n)
drafting system Verzugssystem (n), Verstreckungssystem (n)
dragnet Schleppnetz (n)
drainage woven fabric Drainagegewebe (n)
drap-de-soie Drap-de-Soie (m)
drape (to) drapieren
draper Stoffhändler (m)
drapers and outfitters Textilfachgeschäft für Stoffe und Bekleidung (f)
drapery Vorhangstoffe (m pl)
drapery department Stoffabteilung (f)
drapes Vorhänge (m pl)
draping properties Fall (m) (eines Stoffs)
draw (to) strecken
drawability Verstreckbarkeit (f)

draw cylinder Streckzylinder (m)
draw in (to) einziehen (Fäden)
drawing frame Streckrahmen (m), Strecke (f)
drawing rollers Streckwerk (n), Streckwalzen (f pl)
drawn and annealed steel fibre gezogener und geglühter Stahlfaden (m)
draw pin Streckstift (m)
draw ratio Streckverhältnis (n)
draw roller Ausziehwalze (f), Streckwalze (f)
drawstand Streckwerk (n)
drawstring Kordel (f)
draw-textured yarn (DTY) strecktexturiertes Garn (n)
draw-texturing Strecktexturieren (n)
draw-twisting Streckzwirnen (n)
draw-twisting machine Streckzwirnmaschine (f)
draw-warping Streckschären (n)
draw winder Streckspulmaschine (f)
draw yarn (to) abziehen (Garn)
dress (woman's garment) Kleid (n)
dress (clothing, attire) Bekleidung (f)
dress (to) sich kleiden
dress (to) **(a window, etc.)** dekorieren (ein Schaufenster usw.)
dress (to) **(fur)** zurichten (Fell, Haut)
dress fabric Kleiderstoff (m)
dressing Appretur (f), Ausrüstung (f)
dressing (surgical) Verband (m), Verbandstoff (m)
dressing gauze Verbandmull (m)
dressing-gown Morgenrock (m), Morgenmantel (m)
dressman männl. Modell (n)
dress shirt Abendhemd (n)
dress-up doll Anziehpuppe (f)
drier (dryer) Trockner (m)
drill Drell (m), Drill (m)
drip-dry bügelfrei
drive-belt Treibriemen (m)
drop a mesh (to) Masche fallenlassen
drop design gesenktes Muster (n)
dropped sleeve (set in yoke) Passenärmel (m)
dropped stitch Fallmasche (f)
drop stitch Moosstich (m)
drop-stitch pattern Nadelzugmuster (n)
drop wires Lamellen (f pl), Falldrähte (f pl), Fadenreiter (m pl)
drugget Teppichfilz (m), Teppichschoner (m)
drum drier Trommeltrockner (m)
dry trocken
dry (to) trocknen
dry-clean (to) chemisch reinigen
dry-cleaning chemische Reinigung (f), Trockenreinigung (f)
dry-cleaning unit Chemischreinigungsanlage (f)
dry handle trockener Griff (m)
dry heat-set (to) trockenheißfixieren
dry heat setting Trockenheißfixierung (f)
drying cylinder Trockentrommel (f)
drying drum Trockentrommel (f)
drying stenter Spannrahmen-Trocknungsmaschine (f)
dry spinning Trockenspinnen (n), Trockenspinnerei (f)
dry weight Trockengewicht (n)
duchess satin Duchesse (f)
duffle Düffelstoff (m)
duffle-coat Dufflecoat (m)
dull matt
dull finish Mattausrüstung (f)
dulling Mattieren (n)
dummy Schaufensterpuppe (f)
dun (colour) fahl
duo-twist process Trennzwirnverfahren (n)
duplex Duplex . . .
durability Strapazierfähigkeit (f), Haltbarkeit (f)
durable strapazierfähig, haltbar
durable press Permanent-Press (m)
duration ribbon Stoßband (n)
dust bag (vacuum cleaner) Staubbeutel (m) (Staubsauger)
dust cover Schonbezug (m)
duster Staublappen (m), Wischtuch (n)
duster coat Staubmantel (m)
dust filter Staubfilter (m)
dustfree staubfrei
dusting cloth Wischtuch (n)
dust removal Staubbeseitigung (f)
duvet Daunendecke (f)
dye Farbe (f), Farbstoff (m)
dye (to) färben

dye absorption Farbabsorption (f)
dye affinity Anfärbbarkeit (f), Farbaffinität (f)
dyebath Farbflotte (f)
dye-fixing agent Farbfixiermittel (n)
dyeing affinity Farbaffinität (f), Farbaufnahme (f)
dyeing apparatus Färbeapparat (m)
dyeing cheese Färbespule (f)
dyeing inside out Linksfärben (n)
dyeing jig Färbefoulard (m)
dyeing solution Farbflotte (f)
dye in the piece (to) stückfärben
dye liquor Farbflotte (f)
dyelot Farbpartie (f)
dye on the beam (to) baumfärben, unter Druck färben
dye penetration Durchfärbung (f)
dyestuff Farbstoff (m)
dye take-up Farbaufnahme (f)
dye vat Farbkufe (f)
dynamic loading dynamische Belastung (f)

E

ear flap Ohrenklappe (f)
early Victorian Biedermeierstil (m)
ear muff Ohrenschützer (m), Ohrenwärmer (m)
earth colours Erdtöne (m pl)
ease-of-care fabric pflegeleichtes Material (n)
easy care pflegeleicht
easy-care properties Pflegeleichtigkeit (f)
easy chair Sessel (m)
easy-iron bügelleicht
ecologically harmless ökologisch unbedenklich
ecru Ecru (m), Grauware (f)
edge Rand (m), Kante (f)
edge binding Eckenband (n), Einfaßband (n)
edge crimp Kantenkräuselung (f)
edge-crimping process Klingenziehverfahren (n)
edge guard Kantenwächter (m)
edge guide (sewing machine) Kantenführung (f)
edge seam Rändernaht (f)
edge stress Kantenbeanspruchung (f)
edge-to-edge fastening Bord-à-Bord
effect Wirkung (f)
effective leistungsfähig
effective pile (pile above backing) Polnutzschicht (f) (über Teppichgrund/Lamina)
effect thread Effektfaden (m)
effect yarn Effektgarn (n)
efficiency Wirkungsgrad (m), Ausnutzung (f), Leistung (f)
Egyptian yarn Makogarn (n)
Egyptian (yarn) fabrics Mako (m n), Makostoff (m)
eiderdown Daunendecke (f), Steppdecke (f)
elasthan (PUE) Elasthan (PUE) (n)
elasthan fibre Elasthanfaser (f)
elastic elastisch
elastic (band) Gummiband (n), Gummilitze (f)
elasticfabric elastisches Gewebematerial (n)
elastic gathering Gummizug (m)
elastic inset Elastikeinsatz (m)
elasticity Elastizität (f), Dehnbarkeit (f)
elastic narrow fabric elastisches Schmalgewebe (n)
elastic stocking Gummistrumpf (m)
elastic welt Elastikrand (m)
elastic yarn elastisches Garn (n)
elastomer Elastomer (m)
elastomer in warp längselastischer Stoff (m)
elastomer in weft querelastischer Stoff (m)
elastomeric thread Elastomerfaden (m)
elastomerized elastomerisiert
elbow patch Ellbogenflicken (m)
elbow sleeve halblanger Ärmel (m)
electric blanket Heizdecke (f)
electronic yarn clearing elektronische Garnreinigung (f)
electrostatic charge elektrostatische Aufladung (f)
electrostatic flocking elektrostatische Beflockung (f)

elegant elegant
elkhorn button Hirschhornknopf (m)
elongation Dehnung (f), Auslängung (f)
elongation at break Bruchdehnung (f)
elongation meter Dehnungsmeßgerät (n)
elongation properties Dehnvermögen (n)
embellishment Verschönerung (f)
emblem Emblem (n)
emboss (to) prägen
embossed pattern Prägemuster (n), Gaufré (n)
embossed velvet Prägesamt (m)
embossing calender (Moire) Prägekalander (m), Gaufrierkalander (m)
embossing machine Prägemaschine (f), Gaufriermaschine (f)
embossing roller Prägewalze (f)
embracement Umschlingung (f)
embrittlement Brüchigwerden (n), Versprödung (f)
embroider (to) sticken
embroidered gestickt
embroidered braid Bandstickerei (f)
embroidering machine Stickereimaschine (f)
embroidery Stickerei (f)
embroidery floss Stickgarn (n)
embroidery frame Stickrahmen (m)
embroidery yarn Stickgarn (n)
empire line Empirelinie (f)
empty bobbin Hülse (f)
emulsifier Emulgator (m)
emulsion Emulsion (f)
end-and-end lease einfaches Kreuz (n)
end break Fadenbruch (m)
energy consumption Energieverbrauch (m)
end-finding machine Fadensucher (m)
ends Kettfäden (m pl)
ends per inch (cm) Kettfäden (m pl) pro inch (pro cm)
end use Endverbrauch (m), Verwendungszweck (m)
end-user Endverbraucher (m)
English cotton count (ne) Nummer englisch (Ne)
ensemble Ensemble (n), Komplett (n)
entanglement hier: Faserverflechtung (f), Verschlingen (n)
environmental Umwelt-
environmental stress Umweltbelastung (f)
enzyme Enzym (n)
epaulette Schulterklappe (f), Schulterriegel (m)
equalizer Egalisiermaschine (f)
equip (to) ausrüsten, bestücken
equipment Ausrüstung (f)
erect pile aufrechtstehender Flor (m)
esparto Esparto (m), Espartogras (n)
etch (to) ätzen
ether Äther (m)
ethylene glycol Äthylenglycol (n)
ethylene perchlorate Perchloräthylen (n)
ethyl vinyl acetate Äthylvinylazetat (n)
Eton collar Tellerkragen (m)
evenness Egalität (f) (Färberei); Gleichmäßigkeit (f)
eveness tester Gleichmäßigkeitsprüfer (m)
evening colour Abendfarbe (f)
evening dress Abendkleidung (f) (Herr); Abendkleid (n) (Dame)
evening gown Abendkleid (n)
evening sheer (stocking) Abendstrumpf (m)
evening shirt Abendhemd (n)
evening wear Abendkleidung (f)
examination Prüfung (f)
examine (to) prüfen
examiner Prüfer (m)
exchange (to) auswechseln
exhaust air Abluft (f)
exhaustion Ausschöpfung (f)
exhaust process Ausziehverfahren (n)
exhibition Ausstellung (f)
expander rod Breitstreckstab (m)
expander roller Breitstreckwalze (f)
experimental yarn Versuchsgarn (n)
explosion-proof explosionsgeschützt
expose (to) belichten
exposure Belichtung (f)
extension Dehnung (f)
extension at break Bruchdehnung (f)
extra backing zusätzliches Grundgewebe (n)

extract (to) ausziehen
extractor Extraktor (m), Zentrifuge (f)
extra twist Nachdrehung (f)
extract yarn Extraktgarn (n)
extruder Extruder (m)
extrusion process Extrusionsverfahren (n)
eye-catcher Blickfänger (m)
eyelet Öse (f)
eyelet buttonhole Augenknopfloch (n)
eyelet embroidery Strickereispitze (f)
eyeshade Blendenschirm (m)

F

fabric Gewebe (n), Stoff (m)
fabrication Fabrikation (f)
fabric clippings Stoffschnitzel (m pl)
fabric construction Gewebekonstruktion (f), Bindung (f)
fabric contexture Gewebestruktur (f), -zusammensetzung (f)
fabric design Gewebemuster (n), Warenbild (n)
fabric exit Warenauslauf (m)
fabric fault Gewebefehler (m)
fabric glove Stoffhandschuh (m)
fabric inlet Wareneinlauf (m)
fabric in rope form Stoff (m) in Strangform (f)
fabric producer Stoffhersteller (m)
fabric relaxation Gewebeentspannung (f)
fabric sample Stoffmuster (n)
fabric-to-fabric bonding Doppelvliesverbindung (f)
fabric weight Stoffgewicht (n)
fabric width Stoffbreite (f)
face (text.) Oberfläche (f)
facecloth Waschlappen (m)
face flannel Seifenlappen (m)
face-to-face (carpet) Doppelteppich (m)
face weft Oberschuß (m)
factory Fabrik (f), Betrieb (m), Betriebsanlage (f)
fade (to) bleichen, verblassen, vom ursprünglichen Farbton abweichen
faded verblaßt, fahl
faille Faille (m)
failure rate Ausfallrate (f)
fair Messe (f)
fairground Messegelände (n)
Fair Isle pattern Faire-Isle (n) (buntes Strickmuster von den Shetland Inseln)
fair stand Messestand (m)
fake fur Pelzimitat (n)
faller Nadelstab (m)
fall plate Fallblech (n)
false twill Scheinköper (m), falscher Köper (m)
false-twist process Falschdraht-Verfahren (n)
false-twist yarn Falschdrahtgarn (n)
fan Fächer (m), Ventilator (m)
fancy dress Maskenkostüm (n)
fancy goods Galanteriewaren (f pl)
fancy heel (hose) Zierferse (f)
fancy twist Effektzwirn (m)
fancy yarn Effektgarn (n)
fashion Mode (f), Fasson (n) (Stil)
fashionable modisch, aktuell
fashion appeal modische Aussage (f)
fashion artist Modezeichner(in) (m f)
fashion colour Modefarbe (f)
fashion design Modeentwurf (m)
fashion drawing Modezeichnung (f)
fashion fair Modemesse (f)
fashion favorite Modefavorit, (m), Modehit (m)
fashion presentation Modevorführung (f)
fashion preview Modevorschau (f)
fashion show Modeschau (f)
fashion sketch Modezeichnung (f)
fashion trend Modetrend (m)
fashion versatility Modevielseitigkeit (f)
fashions in readymades Konfektionsmode (f)
fastener (dressing) Verschluß (m) (Kleidung)
fastness Echtheit (f)
fastness to abrasion Scheuerfestigkeit (f), Abriebfestigkeit (f)
fastness to chlorine Chlorechtheit (f)
fastness to dye Farbechtheit (f)
fastness to gas fumes Gasechtheit (f)
fastness to ironing Bügelechtheit (f)

fastness to light Lichtechtheit (f)
fastness to perspiration Schweißechtheit (f)
fastness to steam treatement Dämpfechtheit (f)
fastness to washing Waschechtheit (f)
fastness to water Wasserechtheit (f)
fast to boiling kochecht
fast to ironing bügelfest
fast to mechanical laundering waschmaschinenfest
fast to washing waschfest
fat content Fettgehalt (m)
fatigue Ermüdung (f)
fault Fehler (m)
fawn beigefarben, fahl
feather Feder (f)
feeder Mitläufer (m)
feeder yarn Liefergarn (f), Zuführfaden (m)
feed gripper (sewing machine) Transportierklaue (f)
feeding Fachvorlage (f)
feeding device Einführvorrichtung (f)
feeding disc (sewing machine) Transportierscheibe (f)
feeding roller Einlaufwalze (f)
feeding section Einlauffeld (n)
feel (hand) Gefühl (n), Griff (m)
feeler clip Tasterkluppe (f)
feeler roller Tastrolle (f)
felling foot (sewing machine) Kapper (m)
felt Filz (m)
felt (to) filzen, verfilzen
felt calender Filzkalander (m)
felted filzig, verfilzt
felted yarn gefilztes Garn (n)
felting Verfilzung (f), Verdichtung (f), Filzunterlage (f)
felt paper Filzpapier (n)
felt sleeve Filzmanschette (f)
feminine liner, feminine pad Damen-Hygieneeinlage (f)
ferment (to) fermentieren
festive festlich
festoon drier Kurzschleifentrockner (m)
fibre (e), **fiber** (a) Faser (f)
fibre adhesion Haften (n) der Fasern
fibre board Faserplatte (f)
fibre-bonded floorcovering Nadelvlies-Fußbodenbelag (m)
fibre breakage Faserriß (m)
fibrecake Faserkuchen (m)
fibre count Fadenzahl (f)
fibre cross-section Faserquerschnitt (m)
fibre extraction Entfaserung (f)
fibre fabric Fasergewebe (n)
fibrefill Füllfaser (f), Füllvliesstoff (m)
fibreglass Glaswolle (f)
fibreglass-reinforced plastics glasfaserverstärkte Kunststoffe (m pl)
fibre imigration Faserwanderung (f)
fibre length Faserlänge (f)
fibre line Faserstrecke (f)
fibre orientation Faserorientierung (f)
fibre parallelization Faserparallellage (f)
fibre producers Faserhersteller (m pl)
fibre strength Faserfestigkeit (f)
fibre structure Faseraufbau (m)
fibre tow Faserkabel (n)
fibre tuft Faserbüschel (n)
fibre waste reclaiming equipment Faserabfallaufbereitungsanlage (f)
fibrillated fibre Split-, Spaltfaser (f)
fibrillated tapes fibrillierte Bändchen (n pl), Folienbändchen (n pl)
fibrillating equipment Fibrilliereinrichtung (f)
fibrous faserig
fibrous insulation material Faserdämmstoff (m)
fibrous nap Faserflor (m)
figure Figur (f)
figured figuriert
figured fabric Faconné (m)
figured pattern Figuralmuster (n)
figured Wilton carpet (wire-loom or face-to-face) (Jacquard-)gemusterter Schnittflor (Ruten- oder Doppel)-teppich (m)
figure-flattering figurbetonend, körperbetonend
filament Filament (n), Kapillarfaden (m), Endlosgarn (n)
filament break, end break Faserbruch (m)
filament bundle Fadenbündel (n)
filament cohesion Fadenschluß (m)
filament core Fadenseele (f)

filament denier Denier (n) des Kapillarfadens
filament titre Einzeltiter (m)
filament yarn Filamentgarn (n), Endlosgarn (n)
filet tulle Filettüll (m)
filigree Filigran (n)
filler yarn Schußfaden (m)
filling fibre Füllfaser (f)
filter bag Filtertasche (f)
filter cloth Filtertuch (n), Filtriertuch (n)
final draft Endverzug (m)
fine-knit Feingestrick (n)
fine-meshed feinmaschig
fineness Feinheit (f)
fine rib (2/2) Feinripp (m), Doppelfeinripp (m)
fine rib goods Feinrippware (f)
fine rib machine Feinrippmaschine (f)
finger seam Fingernaht (f)
finger stall Fingerling (m)
finish Ausrüstung (f), Appretur (f), Veredelung (f), Avivagemittel (n)
finish (to) ausrüsten
finish application bath Präparationsbad (n)
finish-decatizing machine Finish-Dekatiermaschine (f)
finished article Fertigware (f)
finished goods Fertigerzeugnisse (n pl)
finished width of cloth Fertigbreite (f)
finisher scutcher Endschlagstelle (f)
finishing Veredelung (f); Verarbeitung (f)
finishing machine Appreturmaschine (f)
finishing procedure Appreturvorgang (m)
finishing process Ausrüstungsverfahren (n), Appretur (f)
finish needling Endvernadeln (n)
finisseur Vorspinnmaschine (f)
fireproof feuerfest
fireproof curtains feuerfeste Gardinen (f pl)
fireproof finish feuerfeste Ausrüstung (f)
fire-protective clothing Feuerschutzbekleidung (f)
firm handle fester Griff (m)
fisherman's rib Rippenmuster (n)
fishing line Angelschnur (f)
fishnet Fischnetz (n)
fish-scale pattern Schuppenmuster (n)
fish pot Fischkescher (m)
fit (to) **(to try on)** anprobieren
fit (to) **(to be correct size)** passen
fitted tailliert
fitted carpeting Auslegeware (f), Auslegeteppich (m), Teppichboden (m)
fitting Anprobe (f)
fitting room Anprobekabine (f)
flabby lappig
flag Fahne (f)
flag cloth Fahnenstoff (m)
flake Flocke (f)
flake-dyeing Flockenfärbung (f)
flake yarn flambiertes Garn (n)
flame-bonding Flammenkaschierung (f)
flameproof finish Flammenschutzausrüstung (f)
flame resistant flammfest
flame-retarding flammenhemmend
flame-singeing machine Flammsengmaschine (f)
flammability Entflammbarkeit (m)
flange (weaving) Baumscheibe (f)
flanged bobbin Scheibenspule (f)
flannel Flannel (m)
flannelette sheet Biberbettuch (n)
flap Klappe (f)
flap (of a pocket) Taschenklappe (f)
flap (of a collar) Schenkel (m) (eines Kragens)
flap pocket Pattentasche (f)
flare (to) ausstellen
flared skirt ausgestellter Rock (m)
flat flach
flat bed printing Flachdruck (m)
flat conical cheese Sonnenspule (f)
flat fabric Flachgewebe (n)
flat filament yarn ungedrehtes Garn (n)
flatiron Bügeleisen (n)
flat-knit Flachgestrick (n)
flat-knitting Flachstrickerei (f)
flat-knitting machine Flachstrickmaschine (f)
flat needle Flachnadel (f)
flat seam Kappnaht (f), Anrändernaht (f)
flat-seam sleeve Kappnahtärmel (m)
flat-setting press Glättvorrichtung (f)
flat-steel heddle Flachstahllitze (f)

flat-weft knitting machine with spring beard needles Flachkuliermaschine (f)
flatwoven flachgewebt
flat yarn glattes Garn (n), Flachgarn (n)
flax Flachs (m)
flax breaker Flachsbreche (f)
flax fibre Flachsfaser (f)
flax linen Flachsleinen (n), Flachsleinwand (f)
flax spinning Flachsspinnerei (f)
flax weaving Flachsweberei (f)
fleece Vlies (n)
fleecy lining Florfutterstoff (m)
fleecy material Vliesstoff (m)
flexibility Biegsamkeit (f)
flightsuit Fliegeranzug (m)
flimsy mullartig
flimsy fabric hauchdünnes Gewebe (n)
float (to) **(weaving)** flottieren
floatability Schwimmfähigkeit (f)
float drier Schwebetrockner (m)
floating thread Flottierfaden (m)
float-plated pattern hinterlegtplattiertes Muster (n)
float warp flottierende Kette (f)
float weft flottierender Schuß (m)
flock Flock (m)
flock (to) beflocken
flock fibre Flockfaser (f)
flocking machine Flockmaschine (f), Beflockungsmaschine (f)
flock-printing Flockdruck (m)
flock silk Flockseide (f)
flock wool Flockwolle (f)
floor covering Bodenbelag (m)
floor mat (motor car) Automatte (f)
floral floral
floral pattern Floralmuster (n), Blumenmuster (n)
flounce Volant (m), Falbel (f)
flow sheet Verfahrensschema (n)
fluffy flaumig, pelzig
fluid flüssig, Flüssigkeit (f)
fluidyer Flüssigkeitsfärbeeinrichtung (f)
fluorcarbon fibre Fluorcarbonfaser (f)
fluorescent fluoreszent
fluorescent brightening agent optischer Aufheller (m)
flush again (to) nachspülen
fly (dust) Flug (m)
fly (trouser) Schlitz (m), Hosenschlitz (m)
fly (mech.) Flug (m)
flyer Flügel (m)
flyer rover Flügelvorspinnmaschine (f)
flyer spinning frame Flügelspinnmaschine (f)
flyer twister Flügelzwirnmaschine (f)
flyer winding Flyerwicklung (f)
flyer yarn Flügelgarn (n)
foam Schaum (m)
foam (to) schäumen
foam-backed fabric Schaumstoffkaschierung (f)
foam backing Schaumbeschichtung (f)
foam-bonding Schaumstoffkaschierung (f)
foam-coating machine Schaumauftragmaschine (f)
foam fibre Schaumfaden (m)
foam material Schaumstoff (m)
foam rubber Schaumgummi (n)
foam sandwich Schaumstoff-Kaschierung (f)
fold (to) doublieren (Garn); falten
folded yarn gefachtes Garn (n), einstufiger Zwirn (m)
folding chair Klappstuhl (m)
folding machine Abtafelmaschine (f)
folklore Folklore (m)
folkloristic folkloristisch
fond-de-robe Fond-de-Robe-Stil (m)
football attire Fußballkleidung (f)
football jersey Fußballtrikot (n)
football shorts Fußballhose (f)
footless hose Stutzen (pl)
foot-rope (trawl) Grundtau (n) (Schleppnetz) (n)
foot sack Fußsack (m)
foot strap (trouser) Hosensteg (m)
footwear Fußbekleidung (f), Schuhwerk (n)
forage cap Feldmütze (f)
foreign matter Fremdkörper (m pl)
form Form (f), Format (n)
formal formell; festlich
formal attire formelle Kleidung (f), festliche Kleidung (f)
formaldehyde Formaldehyd (n)
format Format (n), Foom (f)

Foster cones Fosterkonen (m pl)
foulard Foulard (m)
foundation garments Miederwaren (f pl), Mieder (n)
four-poster bed Himmelbett (n)
fox Fuchs (m)
frame Rahmen (m), Gestell (n)
frame (to) **(stretch)** spannen
fray (to) ausfransen
free (dress, etc.) beweglich (Kleid)
freedom of movement Bewegungsfreiheit (f), Beweglichkeit (f)
free-fall yarn Spinngewölle (n)
French circular frame französischer Rundstuhl (m)
French lawn Linon (m)
French seam französische Naht (f), Rechts-Links-Naht (f)
French yarn count (nf) Nummer (f) französisch (Nf)
frequency Frequenz (f), Häufigkeit (f)
fresco Fresko (n)
friction Reibung (f)
friction calender, glazing calender Glättkalander (m), Glänzkalander (m)
friction coefficient Reibungskoeffizient (m)
friction-resistant scheuerfest, abriebfest
friction spindle Friktionsspindel(f)
friction-spun yarn Friktionsgarn (n)
friction texturing Friktionstexturierung (f)
frieze Fries (m)
frill Vollant (m)
fringe Franse (f)
fringed trimming Fransenband (n)
frock Kleid (n)
front (of a garment) Vorderteil (n) (eines Kleidungsstückes)
front pocket Vordertasche (f)
fugitive tint Signierfarbstoff (m)
full (cut) weit, weitgeschnitten
full (to) **(mill)** walken
fulled fabric gewalktes Gewebe (n)
full figure beleibte Figur (f)
full hand voller Griff (m)
fulling machine Walkmaschine (f)
fulling mill Walke (f), Walkmaschine (f), Hammerwalke (f)
fullness (cut) Weite (f)
full-surface application Vollflächenauftragung (f)
fully drawn yarn (FDY) vollverstrecktes Garn (n)
fully elasticized vollstretch, vollelastisch
fully fashioned fully fashioned .
fully-fashioned knitting machine Cottonmaschine (f)
fully-fashioned stocking Cottonstrumpf (m), Fully-Fashioned-Strumpf (m), Feinstrumpf (m)
fully-fashioned stocking with knitted-on heel Kombistrumpf (m)
fully oriented yarn (FOY) vollorientiertes Garn (n)
functional fibre aufgabenspezifische Faser (f)
fun fur Pelzimitat (n)
fungicide Mittel gegen Pilzsporen (n)
fur Pelz (m), Rauchware (f)
fur coat Pelzmantel (m)
fur collar Pelzkragen (m)
fur fabrics Pelzimitationen (f pl)
fur fair Pelzmesse (f)
fur goods Pelzwaren (f pl), Rauchwaren (f pl)
fur hat Pelzmütze (f)
furnishing damask Dekorationsdamast (f)
furnishing fabric Dekorationsstoff (m), Dekostoff (m)
furnishing industries Möbelindustrie (f)
furniture Möbel (n)
furniture cover Möbeldecke (f)
furniture cover (loose cover) Schonbezug (m)
furniture covering fabric Möbelbezugsstoff (m)
furrier Kürschner (m)
fur lining Pelzfutter (n)
furriers Kürschnerei (f)
fur trimming Pelzbesatz (m)
fuzzing Flusenbildung (f)

G

gabardine Gabardine (f)
galoshes Galoschen (f pl)
garb Bekleidung (f)

garden carpet Gartenteppich (m)
garment Kleidungsstück (n)
garter Strumpfband (n)
garters Sockenhalter (m pl)
gas (to) gasieren
gasket Dichtung (f)
gassed yarn gasiertes Garn (n)
gathering foot (sewing machine) Kräuselfuß (m) (Nähmaschine)
gathering net Fangnetz (n)
gathering tape Kräuselband (n)
gauge Feinheit (f), Feinheitsgrad (m)
gauge (carpet) Nadelabstand (m)
gauge scale Feinheitstafel (f)
gauntlet Stulphandschuh (m)
gauze Gaze (f), Mull (m)
gauze weave Gazegewebe (n)
gear-crimping process Zahnradtexturierung (f)
gelatine size Gelatineschlichte (f)
general outfitters Herren- und Damen-Oberbekleidungsgeschäft (n)
geometric geometrisch
geometric design geometrisches Muster (n)
geometrics Geometrie (f)
georgette Georgette (f)
geotextile applications geotechnische Anwendungen (f pl)
geotextiles geotechnische Textilien (n pl)
German Industrial Standard Deutsche Industrienorm (f) (DIN)
gill box Nadelstabstrecke (f)
gimp buttonhole Gimpelknopfloch (n)
gimp cord Gimpelfaden (m)
gin Egreniermaschine (f)
gin (to) entkörnen, egrenieren
gipsy dress Zigeunerkleid (n)
girdle Strumpfhalter (m), Korselett (n)
girl's size Mädchengröße (f)
girls' wear Mädchenkleidung (f)
girth Sattelgurt (m)
glacé Glacé (m)
glass cloth Gläsertuch (n)
glass fabric Glasgewebe (n)
glass fibre Glasfaser (f)
glass-fibre reinforced glasfaserverstärkt
glass fibre yarn Glasfasergarn (n)
glass filament yarn Endlosgarn (n), Glasseide (f)
glass fleece Glasvlies (n)
glass staple fibre Glasspinnfaser (f)
glass wadding Glaswatte (f)
glass wool Glaswolle (f)
glaze (glazing) Glanz (m)
glazing calender, friction calender Glanzkalander (m), Glättkalander (m)
glencheck Glencheck (n)
Glengarry schottische Feldmütze (f)
glossy glänzend
glove Handschuh (m)
glove facecloth Waschhandschuh (m)
glue Leim (m)
glue (to) leimen
gobelin Gobelin (m)
godet Galette (f)
goffred (design) aufgepreßt (-es Muster) (n)
gold embroidery Goldstickerei (f)
gold filigree threads Goldgespinst (n)
gold-knitted goldgewirkt
golf bag Golftasche (f)
goods Ware (f)
good value preisgünstig, preiswert
gore Zwickel (m)
gore (to) einsetzen
gored skirt Bahnenrock (m)
gossamer hauchdünn
gossamer fabric hauchdünner Stoff (m)
gown Kittel (m), Kleid (n), Talar (m)
grade Qualität (f)
graduation Abstufung (f)
grained gekörnt
grammes per denier Gramm (pl) pro Denier
granite weave Granitbindung (f)
granulated material Granulat (n)
granule Granulat (n)
grass-collecting bag Grasfangsack (m)
grass-seed protective net Grassamenschutznetz (n)
gravure Tiefdruck (m)
grease Fett (n)
greasy wool Fettwolle (f), Schweißwolle (f)
Greek carpet griechischer Teppich (m)

green grün
greenhouse sun-protection net Gewächs-haus-Sonnenschutznetz (n)
grège Rohseide (f)
greige (unbehandelt) Rohware (f)
greige stocking Strumpfrohling (m)
grenadine silk Grenadineseide (f)
grey grau
grey fabric Rohware (f), Ecru (m)
grey width of cloth Rohbreite (f)
grind (to) **(form of brushing)** schleifen
grinding machine Schleifmaschine (f)
gripper (Axminster) Greifer (m) (-Axminster) (m)
gripper loom Greiferwebstuhl (m)
gross weight Bruttogewicht (n)
ground Grund (m), Fond (m), Erde (f) (elektr.)
ground colour Grundfarbe (f)
ground row (knitting) Anfangsreihe (f)
guarantee Garantie (f), Gewähr (f)
guest towel Gästetuch (n)
guide Führung (f)
guide bar Leitstab (m), Legeschiene (f)
guide needle Lochnadel (f)
guide plate Führungsplatte (f)
guide roller Einzugswerk (n), Leitwalze (f)
guipure Spitzenart (f)
gusset Zwickel (m), Einsatz (m)
gusset-type heel Keilferse (f)
gym shirt Turntrikot (m n), Trikot (m n)
gym trousers Turnhose (f)
gypsy look Zigeuner-Look (m)

H

haberdashers Kurzwarengeschäft (n); Herrenartikel
haberdashery Kurzwaren (f pl)
hackle (to) hecheln
hackle Flachs (m)
hackling machine Hechelmaschine (f)
hail-protective net Hagelschutznetz (n)
hair Haar(n), Roßhaar (n)
hairband Haarband (n)
haircord Haircord (m), Haargarn (n), Bouclégarn (n)
haircord carpet Haargarnteppich (m)
hairiness Haarigkeit (f)
hairnet Haarnetz (n)
hairpin lace Gabelhäkelei (f)
hair velvet Haargarn-Velour
hairy haarig
hair yarn Haargarn (n)
half-beam (warp knitting) Halbbaum (m) (Wirkerei)
half-belt Rückengürtel (m), Rückengurt (m)
half-boil (to) assouplieren (Seide)
half-cardigan stitch Perlfang (m)
half-damask Halbdamast (m)
half-hose halblange Socke (f)
half-lined halbgefüttert
half-linen Halbleinen (n)
half-silk Halbseide (f)
half-sleeve Halbärmel (m)
Halle-Seydel converter Reißmaschine (f), Halle-Seydel-Maschine (f)
hammock Hängematte (f)
hand Griff (m) (text.)
handbag Handtasche (f)
hand-block printing Handdruck (m)
hand-finished handgefertigt
hand-hemming Handsäumen (n)
handicraft Handarbeit (f)
handkerchief Taschentuch (n)
handkerchief lawn Taschentuch-leinenbatist (m)
handkerchief linen Taschentuch-leinen (n)
handkerchief skirt Zipfelrock (m)
hand-knit Handgestrick (n)
hand-knitted handgestrickt
hand-knitting wool, hand-knitting yarn Handstrickgarn (n)
handknotted handgeknotet
hand knotter Handknoter (m)
handle Griff (m) (mech.)
handloom Handwebstuhl (m)
hand-made handgearbeitet
hand-screen printing Handrahmen-druck (m)
hand-sewn handgenäht, handgearbeitet
hand-spun handgesponnen
hand-spun yarn Handgarn (n)
hand-woven handgewebt
handy griffig, handlich
hanger (loop) Aufhänger (m)

hank Strang (m), Fitze (f), Strähn (m)
hank detwister Strangöffner (m)
hank-dye (to) strangfärben
hank-dyed stranggefärbt
hank-dyeing Strangfärbung (f)
hank length Stranglänge (f), Strähnenlänge (f)
hank opener Strangausbreiter (m)
hank-printing machine Stranggarndruckmaschine (f)
hank-washing machine Strangwaschmaschine (f)
hapoc finish Hapoc-Dekatur (f)
hard hand harter Griff (m)
hard-twisted mungo Azurgarn (n)
hard weft material hartes Webmaterial (n)
harlequin check Harlekin-Karo (n)
harlequin costume Harlekin-Kostüm (n)
harness (weaving) Geschirr (n) (Weberei), Webschaft (m)
Harris tweed Harris-Tweed (m)
harsh hand rauher Griff (m)
harvesting net Erntenetz (n)
hassock Kniekissen (n)
hat Hut (m)
hatband Hutband (n)
hat binder (sewing machine) Huteinfasser (m)
hatmaker Hutmacher (m)
hatters Hutgeschäft (n)
havelock Havelock (m)
haversack Rucksack (m)
hawser Hanftau (n), Trosse (f)
hazardous gefährlich, bedenklich
headband Stirnband (n), Stirnbinde (f)
headgear Kopfbekleidung (f)
headline (trawl) Kopfleine (f), (Schleppnetz)
headlining Dachinnenverkleidung (f) (Auto)
head rest Kopfstütze (f)
head-rest cover Kopfstüzenschoner (m)
head scarf Kopftuch (n)
heald Litze (f)
heart-shaped neckline Cœur-Ausschnitt (m)
heat Hitze (f), Wärme (f)
heat-bonding Heißverfestigen (n)
heater plate Heizschiene (f)
heat-protective clothing Hitzeschutzbekleidung (f)
heat-resistant hitzebeständig
heat-set (to) heißfixieren
heat-set fibre thermofixierte Faser (f)
heat-setting Heißfixierung (f), Thermofixierung (f)
heat-set yarn fixiertes Garn (n)
heat shrinkage Heißschrumpfung (f)
heat-stretched fibre heißverstreckte Faser (f)
heavy schwer
heavy denier starker Titer (m)
heddle Weblitze (f)
heddle shaft Webschaft (Geschirr) (m)
heel Ferse (f)
heel (to) anfersen
heel splicing Fersenverstärkung (f)
hem Saum (m)
hem (to) säumen, umnähen
hemline Saumlinie (f), Unterkante (f)
hemming Säumen (n)
hemp Hanf (m)
hemp breaker Hanfbrechmaschine (f)
hemp rope Hanfseil (n)
hemp yarn Hanfgarn (n)
hemstitch Hohlsaum (m)
hermetic undurchlässig
herringbone pattern Fischgratmuster (n), Fischgrätmuster (n)
herringbone stitch Hexenstich (m)
hessian (fabric) Rupfen (m), Sackgewebe (n)
high bulk Hochbausch (m), HB (m)
high-bulk spun yarn Hochbauschgarn (n)
high-buttoning (-buttoned) hochgeschlossen
high-draft rowing frame Hochverzugsflyer (m)
high fashion market aktueller Modemarkt (m)
high foot Hochfuß (m)
high-frequency drying unit Hochfrequenztrockner (m)
highly elastic hochelastisch
highly oriented yarn (HOY) hochorientiertes Garn (n)
highly-styled hochmodisch, hochwertig
high-pile carpet Hochflorteppich (m)

high polymer Hochpolymer (n)
high-shrinkage fibre Hochschrumpffaser (f)
high-speed drawing frame Schnellläuferstrecke (f)
high-speed only (HSO) fibre Faser (f) nach dem Hochgeschwindigkeitsverfahren
high-speed spinning Schnellspinnen (n)
high-speed winder Hochgeschwindigkeitsspulmaschine (f)
high-tech fibre hochtechnische Faser (f)
high-temperatur dyeing HT-Färben (n), Hochtemperatur-Färberei (f)
high tenacity Hochfestigkeit (f)
high-tenacity fibre hochfeste Faser (f)
high-tenacity yarn hochfestes Garn (n)
high-wet modulus (HWM) fibre HWM-Faser (f) (hochnaßfeste Faser)
hip Hüfte (f)
hip measurement Hüftweite (f), Hüftumfang (m)
hip pocket Gesäßtasche (f)
hipsters Hüfthose (f)
hitch back Spannstelle (f)
Hoffmann press Formpresse (f)
hold-up time Verweilzeit (n)
hollander Mahlholländer (m)
hollow fibre Hohlfaser (f)
hollow selvage Hohlkante (f)
hollow spindle Hohlspindel (f)
Homburg (hat) Homburger (m)
homespun (Scotch or Irish tweed) Homespun-(schottischer oder irischer) Tweed (m)
homespun linen Hausleinen (n)
homespun yarn Homespun-Garn (n)
home textiles Heimtextilien (pl)
homogeneity Homogenität (f), Gleichmäßigkeit einer Mischung (f)
homopolymer Homopolymerisat (n)
honeycomb back Waffelrücken (m) (Teppich)
honeycomb-like coating Wabenbeschichtung (f)
honeycomb weave Waffelgewebe (n)
hood Kapuze (f)
hood dress Kapuzenkleid (n)
hook (of a needle) Haken (m) (einer Nadel) (f)
hooked rug Schlaufenteppich (m)
hooks and eyes Haken und Ösen (pl)
hooped pattern Ringelmuster (n)
hoops Ringel (m pl)
hopper Vorratsbehälter (m), Speisekasten (m)
hopper feeder Kastenspeiser (m)
hopsack grobes Gewebe (n)
horizontal stripes Querstreifen (m pl), Ringelstreifen (m pl), Ringel (m pl)
horse blanket Pferdedecke (f)
horse hair Pferdehaare (n pl)
horseshoe neckline Hufeisenausschnitt (m)
hose Strumpfhose (f), Schlauch (m)
hosepipe Schlauch (m)
hosiery Strumpfwaren (f pl); Strickwaren (f pl)
hosiery dyeing machine Strumpffärbemaschine (f)
hosiery finishing Strumpfwarenausrüstung (f)
hosiery forming machine Strumpfformmaschine (f)
hosiery knitting machine Strumpfwirkmaschine (f)
hospital clothing Krankenhauskleidung (f)
hostess gown Kaminkleid (n)
hostess suit Hausanzug (m), Kaminanzug (m)
hot-air chamber Mansardentrockner (m)
hot-air sizing machine Lufttrocken-Schlichtmaschine (f)
hot-air thermosetting machine Heißluft-Fixiermaschine (f)
hot-bonding tape Heißklebeband (n)
hotflue Hotflue (f)
hot impregnation (carpet) Heißpflatschen (n)
hot melt Schmelze (f) (Chemiefasern)
hot-melt coating Heißschmelzbeschichtung (f)
hot pants Hot Pants (pl)
hot pin Heizstift (m)
hot-press (to) heiß bügeln
hot-water thermosetting maschine Heißwasser-Fixiermaschine (f)
houndstooth Hahnentritt (m)

housecoat Hausmantel (m), Morgenmantel
house dress Hauskleid (n)
household linen Weißwaren (f pl), Aussteuer (f)
household washing (wash) Haushaltswäsche (f), Hauswäsche (f)
house smock Kasak (m), Hauskittel (m)
huckaback Drell (m)
hue Farbe (f), Färbung (f)
huckaback weave Gerstenkornbindung (f)
hug (to) **(dress)** anschmiegen
hugging (of a dress) schmal, eng tailliert
humid feucht
humidifying Befeuchtung (f)
humidifying machine Befeuchtungsmaschine (f)
humidity Feuchtigkeit (f)
hunting design Jagddessin (n)
hunting green jägergrün
hunting hat Jägerhut (m)
hydroextractor Schleuder (f), Zentrifuge (f)
hydrophillic hydrophil
hydrophobic hydrophob
hygroscopic hygroskopisch

I

idle roll Blindwalze (f)
idler roll Verlegerolle (f)
ignite (to) entzünden
ignition Entzündung (f), Zündung (f)
ignition point Brennpunkt (m)
ignition test Brennprobe (f)
imitation Imitat (n), Imitation (f)
imitation camelhair Kamelhaarimitat (n)
imitation fur Pelzimitation (f)
imitation leather Kunstleder (n), Lederimitat (n)
imitation tricot Trikotimitat (n)
imitation yarn Imitatgarn (n)
immerse (to) eintauchen
Imperial Axminster Imperial-Axminster (m)
impermeable undurchlässig
impregnate (to) imprägnieren
impregnating spray Imprägnierspray (n)
impression fabric Computergewebe (n)
improper fehlerhaft, unsachgemäß
impurity Verunreinigung (f), Unreinheit (f)
inclination of twill line Steigerungsgrad (m) der Köperlinie (f)
increase (to) zunehmen
indanthren Indanthren (n)
Indian embroidered carpet gestickter indischer Teppich (m)
indicate (to) anzeigen
indigo Indigo (n)
indoor use Innenverwendung (f)
industrial brake-lining Bremsbelag (m) (techn.)
industrial fabric technisches Gewebe (n)
industrial fibre technische Faser (f)
industrial rubber goods Industriegummiwaren (fpl)
industrial wipe Maschinenputztuch (n)
industrial yarn technisches Garn (n)
infant wear Kinderbekleidung (f)
inflatable boat Schlauchboot (n)
inflatable mattress Luftmatratze (f)
infra-red drier Infrarot-Trockner (m)
inherent bonding Eigenverfestigung (f)
injury protection fabric Schutzdecke f. Verletzte (f)
inlay Einlage (f)
innovation Neuheit (f), Neuerung (f)
inorganic fibre anorganische Faser (f)
inset pocket eingeschnittene Tasche (f)
inside breast pocket Innenbrusttasche (f)
inside leg measurement Schrittlänge (f)
inside seam (trouser) Schrittnaht (f)
inside treadle motion Innentritt (m)
insoluble unlösbar
inspection machine Prüfmaschine (f), Schaumaschine (f)
inspection table Schautisch (m)
instep Fußblatt (n)
in stock auf Lager (n)
insulate (to) isolieren
insulating mat Isoliermatte (f)
insulating tape Isolierband (n)
insulation cloth Isolierstoff (m)
insulation material Dämmstoff (m), Isoliermaterial (n)

intarsia type pattern Intarsienmuster (n)
integrated spinning Direktspinnen (n)
interfaced with verbunden mit
interfaces Grenzschichten (f pl)
interior decoration Raumausstattung (f)
interlaced yarn abschnittweise verwirbeltes Garn (n)
interlacing Fadenverkreuzung (f)
interlining Einlagestoff (m), Zwischenfutter (n), Einlage (f)
interlock Interlock (m)
interlock seam Interlocknaht (f)
interlock stitch Interlockstich (m)
intermediate frame Mittelflyer (m)
intermediate product Zwischenprodukt (n)
intermingling jet Verwirbelungsdüse (f)
intermingling point Verwirbelungspunkt (m)
intermittant spinning process unterbrochenes Spinnverfahren (n)
internal tension Eigenspannung (f)
International Wool Secretariat (IWS) Internationales Wollsekretariat (n)
intersecting Intersekting (n)
intersector Intersektingstrecke (f)
in the grey als Rohware (f)
intimates Leibwäsche (f)
inverted pleat Tollfalte (f)
invisible mending Kunststopfen (n)
invoiced weight Fakturagewicht (n)
ionic ionegen, ionisch
iridescent irisierend, irideszent, changeant
iron (flat iron) Bügeleisen (n)
iron (to) bügeln
ironing board Bügelbrett (n)
ironing cloth Bügeltuch (n)
ironing press Bügelpresse (f)
ironing pressure Preßdruck (m)
ironing temperature Bügeltemperatur (f)
ironing test Bügelprobe (f)
iron-on tape aufbügelbares Band (n)
irregular (broken) sateen versetzter Atlas (m)
irregular width unregelmäßige Breite (f), ungleiche Breite (f)
irregular yarn unregelmäßiges Garn (n), schnittiges Garn (n)
isostatic isostatisch
isothermal isotherm

J

jabot Jabot (n)
jack (dobby) Trieb (m) (Schaftmaschine)
jacket Jacke (f), Sakko (n), Jackett (n)
jacquard jacquard
jacquard card Jacquardkarte (f)
jacquard fabric Jacquardgewebe (n), Jacquardstoff (m)
jacquard loom Jacquardstuhl (m)
jacquard pattern Jacquardmuster (n)
Japanese silk Japanseide (f)
jaspé Jaspé
jaspé tricot Jaspé Trikot (n)
jaspé yarn Jaspégarn (n)
J-box Muldenwarenspeicher (m)
jean Jeansstoff (m)
jeans Jeans (pl)
jeans suit Jeansanzug (m)
jeans wear Jeansbekleidung (f)
jerkin Joppe (f)
jersey Jersey (m) (fabric), „Pulli" (m)
jersey-knit Jersey-Strickware (f)
jersey-loop Jersey-Loop (m)
jet black Vollschwarz (n)
jet dyeing Düsenfärberei (f), Düsenfärben (n)
jet-dyeing machine Düsenfärbemaschine (f)
jet-textured düsengekräuselt
jig, jigger Jigger (m)
jodhpurs Reithose (f) (knöchellang)
join a thread (to) anspinnen (Faden)
jumper Pullover (m), Pulli (m)
jumper suit Jumperkleid (n), Jumperanzug (m)
jump suit Overall (m)
jute Jute (f)
jute spinning Jutenspinnerei (f)
jute yarn Jutegarn (n)

K

kapok Kapok (m)
kasak Kasak (m)
keep fabric at open width (to) den Stoff (m) breitbehandeln
kelim carpet Kelim (m), Kelimteppich (m)
kemps tote Haare (n pl), Stichelhaare (pl)
kerchief Kopftuch (n), Halstuch (n)
kettle Kessel
kettle-holder Topflappen (m)
khaki Khaki (n)
khaki cloth Khakistoff (m)
kidneys' protective belt Nierengurt (m)
kilt Kilt (m) (knielanger Faltenrock aus Schottenkaro. In Irland aus Unistoff)
kimono Kimono (m)
kimono collar Kimonokragen (m)
kimono sleeve Kimonoärmel (m)
kinky körnig
kit Ausrüstung (f) (Sport)
kit-bag Seesack (m)
kitchen apron Küchenschürze (f)
knee caps Kniewärmer (m pl)
knee-length stockings Kniestrümpfe (m pl)
knee-length trousers Kniehose (f)
knee protector Knieschoner (m) (Sport)
knee sock knielange Socke (f), Kniebundhosenstrumpf (m)
knee width Knieweite (f)
knickerbockers Kniebundhose (f), Knickerbocker (m)
knickers Damenschlüpfer (m pl); Fußballhose (f)
knife pleat Liegefalte (f); Quetschfalte (f)
knit (to) **(technically: to weft knit)** stricken
knit-deknit process (also knit-de-knit) Strick-Fixier-Texturierung (f), Crinkle-Verfahren (n)
knitlastex Wirklastex (n)
knit loop Maschenstich (m)
knit plush Strickplüsch (m)
knits Maschenwaren (f pl), Strick- und Wirkwaren (f pl)
knitted gestrickt; gewirkt
knitted carpet Wirkteppich (m)
knitted dress Strickkleid (n)
knitted fabric Maschenware (f)
knitted glove Strickhandschuh (m)
knitted pleat Strickplissee (n); Wirkplissee (n)
knitted sets Obertrikotagen (pl), Sets (pl)
knitted stocking Strickstrumpf (m)
knitted underwear gestrickte Unterwäsche (f)
knitted waistband Strickbund (m)
knitted yarn Wirkgarn (n)
knitting machine Strickmaschine (f), Wirkmaschine (f)
knitting needle Stricknadel (f)
knitwear Maschenware (f); Strick- und Wirkwaren (f pl)
knitwear industry Maschinenindustrie (f)
knitwear sizes Strickerei- und Wirkereimaße (n pl)
knityarns Strickgarne (n pl)
knock off (to) anstoßen
knock-off motion Fadenwächter (m)
knock over (to) **(mech)** abschlagen
knot Knoten (m)
knot (to) knüpfen (Teppich), knoten
knot extensibility Knotendehnbarkeit (f)
knot-free knotenfrei
knotless knotenlos
knotted carpet Knotenteppich (m), geknüpfter Teppich (m)
knot tenacity Knotenfestigkeit (f)
knotter Knoter (m)

L

lab (laboratory) Labor (n)
label Etikett (n)
labelling regulations Auszeichnungsbestimmungen (f pl)
laboratory coat Laborkittel (m)
laboratory test (labtest) Laborversuch (m)
lace Spitze (f)
lace bobbin Klöppel (m)
lace edging Spitzensaum (m)

lace insertion aufgesetzte Spitze (f)
laces (boot and shoe) Senkel (m pl), Schuhsenkel (m pl)
laces and embroideries Spitzen und Stickereien (f pl)
lace tape Spitzenband (n)
lace trimming Spitzenbesatz (m)
lace-up gun Anlegepistole (f) (Fäden)
lace with (to) besetzen (Kleid)
lacing (corsetry) Schnürung (f)
lacquer Lack (m)
ladder (stocking) Laufmasche (f)
ladder prevention Laufmaschensicherung (f)
ladderproof maschenfest
ladder stop Maschenfang (m)
ladies outfitters Damenbekleidungsgeschäft (n)
lagoon bed Haffbefestigung (f)
laid-in fabric Futterware (f)
lamb Lamm (n)
lambskin Lammfell (n)
lambskin lining Lammfellfutter (n)
lambswool Lammwolle (f), Lambswool (n)
lamé Lamé (n)
laminate (to) kaschieren, beschichten
laminated kaschiert, beschichtet
laminating machine Kaschiermaschine (f)
lap (of a skirt) Schoß (m)
lap Wickel (m)
lap detector Wickeldetektor (m)
lap-doubling machine Wickeldoubliermaschine (f)
lapel Revers (n), Aufschlag (m), Patte (f)
lapel collar Reverskragen (m)
lap guard Wickelschutz (m)
lapping, wrapping Bombage (f)
lapping machine Lappingmaschine (f)
lap roller Wickelwalze (f)
lap winder Wattewickelmaschine (f)
lash Knopfschlaufe (f)
lashing-in Schußeinschlag (m)
latch needle Zungennadel (f)
latex Latex (n)
latex backing Latexuntergrund (m)
launder (to) waschen
laundry Wäsche (f), Wäscherei (f)
laundry bag Wäschebeutel (m)
laundry drier Wäschetrockner (m)
lavender lavendelfarbig
lawn Batist (m)
lay Schnittlage (f)
lay (to) **(carpet)** verlegen
layer Lage (f)
laying method Verlegeverfahren (n)
lay off (to) abmustern
lay-on-air drier Traglufttrockner (m)
leading bobbin voreilende Spule (f)
leaf Schaft (m)
lease band Kreuzband (n)
lease rod Kreuzstab (m), Kreuzschiene (f)
leasing reed Hakenriet (m)
leather Leder (n)
leather button Lederknopf (m)
leather trimmings Lederbesatz (m)
leaver's lace Webspitze (f)
left-sided linksseitig
left twist Linksdrehung (f)
leg-of-mutton sleeve Keulenärmel (m)
leisure wear Freizeitkleidung (f)
lemon yellow zitronengelb (n)
length Länge (f)
lengthening Längung (f)
length of foot Fußlänge (f)
lengthwise stripes Längsstreifen (m pl)
Leno weave Dreherbindung (f)
let-off motion Ablaßvorrichtung (f), Kettablaßvorrichtung (f)
level Niveau (n), Stand (m), Höhe (f)
level foam (carpet) glatter (ungeprägter) Schaum (m) (Teppich)
levelling agent Egalisierungsmittel (n)
lick roller Pflatschwalze (f)
life jacket Schwimmweste (f)
life utility Brauchbarkeitsdauer (f)
lifter, lifting hook Platine (f)
light hell
light barrier Lichtschranke (f)
light fastness Lichtechtheit (f)
light-sensitive lichtempfindlich
light shade heller Farbton (m)
lilac Flieder (m)
lime process Kalkverfahren (n)
line Linie (f), Silhouette (f), Schnittform (f)
line (of goods) Artikel (m)
line (to)füttern

linen Leinen (n)
linen counter Fadenzähler (m)
linen finish Leinenprägung (f)
linen goods Weißwaren (pl)
linen hosiery Leinenstrickerei (f)
linen sheet Laken (n)
linen union Halbleinen (n)
linen yarn Flachsgarn (n)
lines as button-measure Linien (f pl) als Knopfmaß (n)
lingerie Damenwäsche (f), Wäsche (f)
lining Futterstoff (m), Futter (n), Verkleidung (f)
lining fabric Futterstoff (m)
lining material Futterware (f), Futterstoff (m)
lining taffeta Futtertaft (m)
lining velvet Etuisamt (m)
link (to) ketteln
link (stitch) Kettelnaht (f)
linking Ketteln (n)
links/links (purl) links/links
links/links machine Links/Links-Maschine (f)
linoleum Linoleum (n)
Linsey-Woolsey Beiderwand (f), Zeug (n), Wolle (f), Baumwolle (f)
lint Zupfleinwand (f)
liquid Flüssigkeit (f)
liquid flüssig
liquor pick-up Flüssigkeitsaufnahme (f)
liquor ratio Flottenverhältnis (n)
liquor-to-goods ratio Flottenverhältnis (n)
lisle Brillantgarn (n) (feiner, extra fester Baumwollfaden)
livery Livree (f)
locknit Charmeuse (f)
loden Loden (m),Walkloden (m)
loden coat Lodenmantel (m)
loden jacket Lodenjacke (f)
loft Loft (m)
lofty bauschig, voluminös
London-shrunk Bezeichnung für in England ausgerüstetes Oberbekleidungsgewebe
long-butt needle Hochfußnadel (f)
long-fibrous langfasrig
long-haired langhaarig
longitudinal stripes Längsstreifen (pl)
long line Leine (f)
long-pile carpet Hochflorteppich (m)
long-stitch course Langreihe (f)
long-stitch course pattern Langreihenmuster (n)
look Aussehen (n)
loom Webstuhl (m)
loom fly Stuhlflug (m)
loomstate stuhlfertig, stuhlroh
loop Schlinge (f), Schlaufe (f)
loop (knitting) Masche (f)
loop (carpet) Schlinge (f), Schlaufe (f)
loop-buttoning Schlingenverschluß (m)
looped carpet Bouclépteppich (m), Schlingenflorteppich (m)
looper Kettelmaschine (f)
looping angle Umschlingungswinkel (m)
loop pile Schlingenflor (m)
loop-pile carpet Schlingenflorteppich (m)
loop-pile fabric Schlingengewebe (n)
loop-pile goods Schlingenware (f)
loop retainer Schlingenhalter (m)
loop-retainer cam Schlingenhalter-Exzenter (m)
loop-retainer carrier Schlingenhalter-Träger (m)
loop steamer Hängeschleifendämpfer (m)
loop strength Schlingenfestigkeit (f)
loop-transfer stitch Umhängemuster (n)
loop yarn Schlingengarn (n)
loose car seat cover Autoschonbezug (m)
loose cover Schonbezug (m), abnehmbarer Überzug (m)
loose its shape (to) sich verformen, Form verlieren
loosely-woven lockerbindig
loose reed Losblatt (n)
lose colour (to) Farbe (f) verlieren
lose shape (to) verziehen
Louisor gold filaments Louisor-Goldfäden (m pl)
lounge suit Anzug (m), Sakkoanzug (m)
low-oriented yarn (LOY) niederorientiertes Garn (n)
lubricant Gleitmittel (n), Schmiermittel (n)

lubricate (to) schmieren, einfetten
luggage Gepäck (n)
luggage net Gepäcknetz (n)
lumberjacket Lumberjacke (m), Holzfällerjacke (f)
luminescence Leuchtkraft (f)
luminous leuchtend
luminous colour Leuchtfarbe (f)
luna silk Lunaseide (f), Viskoseseide (f)
Lurex Lurex (n)
lustre Glanz (m)
lustrine Lüstrin (m)
lustrous glänzend
lye Lauge (f), Alkali (n), Bleiche (f)
lying pleat Liegefalte (f)

M

maceline Doppeltaft (m)
machine for impregnating in open width Breitimprägniermaschine (f)
machine for raising with card wire Kratzenrauhmaschine (f)
machine for sueding Schmirgelmaschine (f)
machine-knotted maschinell geknüpft
machine-made buttonhole Maschinenknopfloch (n)
machine-washable waschmaschinenfest
macramé Knüpfarbeit (f), Makramée (f)
made-to measure nach Maß (n) gearbeitet, maßgeschneidert
made-to-measure suit Maßanzug (m)
made-to-order article (special) Sonderanfertigung (f)
Madras Madras (m)
Madras muslin Baumwollgewebe (n), fein
magazine creel Gatter (n) mit Doppelaufsteckung (f)
Magyar sleeve Magyarärmel (m), Kimonoärmel
mail bag Postsack (m)
mail-order Postversand (m)
mail-order catalogue Versandkatalog (m)
mail-order house Versandhaus (n)
maintenance Wartung (f), Aufrechterhaltung (f)
maintenance-free wartungsfrei
make Machart (f)
maker-up Konfektionär (m)
make up (to) aufmachen
make-up (to) konfektionieren; anfertigen
making-up (rtw) Konfektion (f)
making up Ausarbeitung (f)
mako Mako (n)
mako cushion Makokissen (n)
mako yarn Makogarn (n)
male model Dressman (m)
Malimo machine Malimo-Maschine (f)
Malimo technology Malimo-Technik (f)
Manchester goods Manchesterstoff (m)
mandarin Mandarinstoff (m)
mangle Mangel (f)
man-made fibre Chemiefaser (f)
man-made fibre industry Chemiefaser-Industrie (f)
mannequin (model) Mannequin (n), Modell (n), Vorführdame (f)
mannequin (display dummy) Schaufensterpuppe (f)
man's jacket Herrenjacke (f)
man's shirt Herrenhemd (n)
man's suit Herrenanzug (m)
man's vest Herrenweste (f)
man's waistcoat Herrenunterjacke (f), Herrenweste (f)
mantle Gewand (n), Robe (f)
manufacture (to) herstellen, produzieren
manufacture Fertigung (f), Herstellung (f)
manufacturer Fabrikant (m), Hersteller (m)
marengo yarn Marengogarn (n)
marigold motif Dotterblumenmotiv (n)
marine rope Schiffahrtsseil (n)
mark (to) kennzeichnen, markieren
market Markt (m)
market share Marktanteil (m)
marl meliertes Garn (n)
marocain Crêpe-Marocain (m)
marquee Zelt (n)
marquisette Marquisette (f)
marten Marder (m)
mask Maske (f)

mass-dyed düsengefärbt
mass dyeing Massefärbung (f)
mat (to) mattieren
mat matt
mat Matte (f), Vorleger (m)
match (to) passen, abstimmen
match (to) **(a shade)** einen Farbton (m) treffen, eine Farbe (f) abstimmen
matching Rapport (m)
material Stoff (m)
maternity dress Umstandskleid (n)
maternity fashion Umstandsmode (f)
maternity wear Umstandskleidung (f)
matinée coat Babyjäckchen (n)
matted mattiert
matting Spinnmattieren (n)
mattress Matratze (f)
mattress ticking Matratzendrell (m)
mat weave Mattenbindung (f)
mauve lila
maxi-length Maxilänge (f)
maximum width of warp when dressed maximale Bewicklungsbreite (f)
mean length mittlere Länge (f)
mean denier mittlerer Titer (m)
mean value Mittelwert (m)
measure Maß (n)
measure (to) messen
measurement Maß (n)
measuring and plaiting unit Meß-Legevorrichtung (f)
measuring and rolling unit Meß-Wickelmaschine (f)
measuring machine Meßmaschine (f)
measuring of weight per unit area Flächengewichtsmessung (f)
measuring tape Bandmaß (n), Meßband (n)
medium-oriented yarn (MOY) Garn mit mittlerem Orientierungsgrad (n)
melamine Melamin (n)
melamine resin Melaminharz (n)
melange meliertes Garn (n)
melange yarn Melangegarn (n)
melon sleeve Keulenärmel (m)
melt (fibres) Schmelze (f)
melt-blown product geblasenes Produkt (n) (Blasfolie)
melting point Schmelzpunkt (m)
melton Kutschertuch (n)
melt spinning process Schmelzspinnverfahren (n)
mend (to) reparieren, ausbessern
mending Ausbessern (n)
men's fashion Herrenmode (f)
men's outer wear HAKA (f), Herrenoberbekleidung (f)
men's size Herrengröße (f)
men's suiting Herrenanzugsstoff (m)
men's underwear Herrenunterwäsche (f)
mercerize (to) merzerisieren
merino Merino (n)
merino wool Merinowolle (f)
merino yarn Merinogarn (n)
mesh Masche (f)
mesh densitiy Maschendichte (f)
mesh loop Henkel (m)
mesh stockings Netzstrümpfe (m pl)
mesh tricot Netztrikot (m n)
meshwork Netzwerk (n)
metal detector Metallmelder (m)
metal fastener Metallverschluß (m)
metallic fibre Metallfaser (f)
metallic threads Metallfäden (m pl), Glanzfäden (m pl)
metallic yarn Metallgarn (n)
metal zip-fastener Metallreißverschluß (m)
meteor silk Meteorseide (f)
meter (a), metre (e) Meter (f)
metric count Nummer metrisch (f) (Nm)
metric measurement metrisches Maß (n)
metric size metrische Größe (f)
MFA (Multi-Fibre-Arrangement) Faserabkommen (n)
microdust Feinstaub (m)
micro-mesh Micro-Mesh (f)
micro-morphological mikromorphologisch
microporous mikroporös
midnight blue mitternachtsblau (n)
mid-season Zwischensaison (f)
mid-season collection Zwischenkollektion (f)
migrate (to) **(dye)** migrieren (Farbe)
migration (dye) Migration (f)
Milanese fabric Milanese (f)
mildew-proof schimmelfest
military braid Militärborte (f)

mill (spinning m, weaving m) Spinnerei (f), Weberei (f)
mill (to) walken, foulieren
milled glove Walkhandschuh (m)
milled stocking Walkstrumpf (m)
millefleurs Millefleurs (m n)
milliner Hutmacher(in) (m f), Putzmacher (m)
millinery Kopfbekleidung (f), Damenoberbekleidung (f), Putzmacherei (f)
mill scissors Industrieschere (f)
mineral wool, glass wool Glaswolle (f)
mingled scheckig
mingled yarn meliertes Garn (n), Minglegarn (n)
minicare pflegeleicht
minidress Minikleid (n)
mini-length Minilänge (f)
minimum-dressed width of warp Mindestbewicklungsbreite (f)
minimum standards (measurements) Mindestmaße (n pl)
minipants Minischlüpfer (m)
miniskirt Minirock (m)
mink coat Nerzmantel (m)
mirror Spiegel (m)
mishandling in cleaning Reinigungsfehler (m)
missing pick fehlender Schußfaden (m)
mitten (mitt) Fäustling (m), Fausthandschuh (m)
mix-and-match (mix'n match) kombinieren
mix and match clothing Kombinationsbekleidung (f)
mixed twist Drehungsfehler (m)
mixed yarn (fabric fault) falsches Garn (n) (Gewebefehler)
mixture Mischgewebe (n), Mischung (f)
mock cake Färbewickel (m)
modacrylic (PAM) Modacryl
modacrylic fibre modifizierte Acrylfaser (f), Modacryl (f)
modalic fibre Modalfaser (f)
model Modell (n)
modified system modifiziertes Verfahren (n)
mohair Mohairwolle (f)
mohair yarn Mohairgarn (n)
moiré Moiré (m)
moiré linen Moorleinen (n)
moist feucht
moist-towelette Feuchttuch (n)
moisture absorbency Feuchtigkeitsaufnahmevermögen (n)
moisture content Feuchtigkeitsgehalt (m)
moisture measurer Feuchteprüfer (m)
moisture permeability Feuchtigkeitstransport (m)
moisture transmission Feuchtigkeits-Durchlässigkeit (f)
moisture regain Konditionierung (f) (Reprise)
molecular preorientation molekulare Vororientierung (f)
molecular weight Molekulargewicht (n)
molecule Molekül (n)
moleskin Englischleder (n)
molleton Molton (m)
monitoring Überwachung (f)
monofil monofil
monofilament yarn Monofilgarn (n)
monogram Monogramm (n)
monomer Monomer (n)
mooring rope Verankerungstau (m)
moquette Mokett (n), Plüschgewebe (n)
mordant Beizmittel (n)
morning coat Cut (m), Cutaway (m), Schwalbenschwanz (m)
morning dress formelle Herrenbekleidung (f)
morphology Morphologie (f)
mosquito net Moskitonetz (n)
moss green moosgrün
moth Motte (f)
mothball Mottenkugel (f)
mother-of-pearl Perlmutt (f)
mother-of-pearl button Perlmutterknopf (f)
mothproof mottenfest, mottensicher
mothproofing Mottenschutz (m)
motif Motiv (n) (Muster)
motorcycle jacket Motorradjacke (f)
mould-proof fäulnisfest
mourning attire Trauerkleidung (f)
mousseline Mousseline (m)
moutonne Moutonnestoff (m)
muff Muff (m) (Garnaufnahme)

muff dyeing Muff-Färbung (f)
muffler Schal (m), Schalldämpfer (m) (techn.)
Muk decatising process Muk-Dekatur (f)
mule spinning machine Wagenspinnmaschine (f)
mule yarn Selfaktorgarn (n)
mull Mull (m)
multi-axial fabric Multiaxialstoff (m)
multi-coloured mehrfarbig
multi-coloured pattern Buntmuster (n), mehrfarbiges Muster (n)
multi-colour printing Mehrfarbendruck (m)
multi-colour range Vielfarbenbereich (m)
multi-end-twist Mehrfachzwirn (m)
multi-fibre yarn Mehrfasergarn (n)
multifil multifil
multifilament yarn Multifilgarn (n)
multi-layer structure Mehrlagenstruktur (f)
multi-layer tenter frame Mehretagenspannrahmen (m)
multi-line head Mehrfach-Verteilkopf (m)
multilobal (cross section) mehrlappig (Querschnitt)
multi-pass frame Etagenrahmen (m)
multiple filament mehrfädig
multi-ply yarn Mehrfachgarn (n)
multi-purpose Mehrzweck- (m)
multishift (counter) Mehrschichtenzähler (m)
mungo yarn Mungogarn (n)
muslin Mousseline (f)
mustard Senf (m)

N

nap Flor (m), (Gewebe)
nap (to) aufrauhen
nap-finishing unit Strichveredlungsmaschine (f)
napkin Windel (f); Serviette (f)
napped fabric aufgerauhte Ware (f)
nappie Windel (f)
nappie overpants Windelhöschen (n)
narrow eng, schmal
narrow (to) abnehmen
narrow fabric Schmalwaren (f), Schmalgewebe (n)
natural fibre Naturfaser (f)
natural rubber Kautschuk (m)
navel Abzugsdüse (f)
navy blue marineblau
neckerchief Halstuch (n), Tuch (n)
neckline Ausschnitt (m)
necktie Schlips (m), Krawatte (f), Binder (m)
needle Nadel (f)
needle bar Nadelbarre (f), Nadelstange (f) (Nähmaschine)
needle bed Nadelbett (n)
needle clamp Nadelklammer (f)
needled genadelt
needled material Nadelverbundstoff (m)
needled pile floorcovering Polvliesbodenbelag (m)
needle eye Nadelöhr (n)
needle faller Nadelstab (m)
needle felt Nadelfilz (m)
needle head Nadelkopf (m)
needle insertion Nadeleinsatz (m)
needle ledge Nadelleiste (f)
needle lifter Nadelheber (m)
needleloom carpet Nadelstuhlteppich (m)
needleloom felt Nadelfilz (m)
needleloom floorcovering Nadelfilz-Bodenbelag (m)
needleproof nadelfest
needle-punched carpet Nadelfilzteppich (f)
needle punching Vernadeln (n)
needlepunch machine Nadelfilzmaschine (f)
needle-thread controller Nadelfadenregulator (m)
needle-threading device Nadeleinfädler (m)
needling Vernadeln (n)
negligé Negligé (n)
nep Noppe (f)
neppiness Noppigkeit (f)
nep yarn Noppengarn (n)
net Netz (n); Tüll (m)

net container Netzcontainer (m)
net curtain Voilegardine (f), Tüllgardine (f), Store (m)
net lace Tüllspitze (f)
net stocking Netzstrumpf (m)
netting Netzartikel (m), Netzbildung (f), Filetarbeit (f)
netting for agriculture Agrarnetze (n pl)
nettle Nessel (m)
net weight Nettogewicht (n)
new wool Schurwolle (f)
night attire Nachtwäsche (f)
night cap Schlafmütze (f)
nightdress Nachtkleid (n)
nightgown Schlafrock (m), Nachtkleid (n)
"nightie" Nachthemdchen (n)
nightshirt Nachthemd (n)
nipper (sewing machine) Klemme (f)
nip rollers Quetschwalzen (f pl)
nitrate rayon Nitratkunstseide (f)
nitro-cellulose Nitrozellulose (f)
nitro-cellulose silk Nitrozelluloseseide (f), Chardonnet-Seide (f)
noil Kämmling (m)
non-allergenic antiallergisch
non-automatic loom nicht automatischer Webstuhl (m)
non-combustible unbrennbar, feuerfest
non-fibrous faserfrei
non-flammable flammfest
non-glitter yarn nicht glänzendes Garn (n)
non-ionic nicht ionogen
non-iron bügelfrei
non-shrink einlaufsicher, schrumpffrei
non-skid fabric (skiing suits) Gleitschutzstoff (m) (Skikleidung)
non-slip rutschfest
non-toxic ungiftig
non-woven carpet nichtgewebter Teppich (m)
non-wovens Non-Wovens (pl)
norm Norm (f)
normal normal
normal sock Schaftsocke (f)
normal sock length normale Sockenlänge (f)
nosing Treppenkante (f)
novelty Nouveauté (f), Neuheit (f)
novelty yarn Effektgarn (n)
nozzle Düse (f)
number of needles Nadelzahl (f)
number of picks Schußfadenzahl (f)
nun's veiling Nonnenschleiertuch (n)
nursing blanket Krankendecke (f)
nylon Nylon (n)
nylon yarn Nylongarn (n)

O

oakum Werg (m)
ocelot trimmings Ozelotbesatz (m)
ochre Ocker (n)
odorless geruchlos
OE spinning (open end) OE-Spinnen (n)
off-colour Fehlfarbe (f)
off-shade Farbtonabweichung (f)
off-the-face hat Aufschlaghut (m)
off-the-shoulder schulterfrei
oilcloth Lacktuch (n), Wachstuch (n)
oil-collecting mat Ölfangmatte (f)
oilskin coat Lackmantel (m)
olefine fibre Olefinfaser (f)
oligomer Oligomer (n)
olive oliv
ombré ombré
one-piece Einteiler (m)
one-piece dress einteiliges Kleid (n)
on-line in Verbund mit, direkt prozeßgekoppelt
on-line data collection On-line-Datenerfassung (f)
on-line programme Bildschirmprogramm (n)
on-site application Vorortanwendung (f)
opaque opak, undurchsichtig
op-art Op-Art (f)
open check Fensterkaro (n)
opener Öffner (m)
opener for tubular fabrics Schlauchöffner (m)
open fibre (to) Fasern (f pl) öffnen
opening (of a store, etc.) Eröffnung (f)
open-knit offenes Maschenbild (n)
open square neck rechteckiger Ausschnitt (m)

open-width washing machine Breitwaschmaschine (f)
open wing collar Schillerkragen (m)
openwork á-jour, Filet (n)
openwork fabric durchbrochenes Gewebe (n)
openwork pattern Durchbruchmuster (n)
optical brightener agent optischer Aufheller (m)
order Order (f), Bestellung (f)
order book Orderbuch (n)
order number Bestellnummer (f)
order to warp threads Kettfadenfolge (f)
organdie Organdy (m)
organza Organza (m)
organzine Organsin (m)
oriental carpet Orientteppich (m), Perserteppich (m)
Orlon® Orlon® (n)
ornamental ornamental
ornamental button Zierknopf (m)
ostrich feathers Straußenfeder (f pl)
outdoor carpet „outdoor"-Teppich (m)
outdoor use Außenverwendung (f)
outer-wear Oberbekleidung (f)
outfit Ensemble
outfitter Ausstatter (m)
outlet section Auslaufgerüst (n), Auslauffeld (n)
outsize Übergröße (f)
oval neckline ovaler Ausschnitt (m)
oven-dry tensile strength Reißfestigkeit (f) im ofentrockenen Zustand (m)
overall Overall (m)
overall dress Kittelkleid (n)
overall length (of beam) Gesamtbaumbreite (f)
overcast seam Überwendlingnaht (f)
overcheck Überkaro (n)
overcoat Mantel (m), Überzieher (m), Paletot (m)
overfeed Voreilung (f)
overfeed pinning equipment Voreillaufnadelgerät (n)
overlap Übertritt (m)
overlay Tagesdecke (f)
overlock seam Überwendlingnaht (f)
oversize Übergröße (f)
oversleeve Ärmelschoner (m)
overstretch (to) überdehnen
overthrown ends überdrehte Fäden (mpl)
overtufting übermäßiges Tufting (n)
Oxford check Oxford-Karo (n)
oxide ceramic Oxydkeramik (f)

P

package Paket (n); Aufmachungseinheit (f), Wickel (m) (text.)
package bildup Wickelaufbau (m)
package core Wickelseele (f)
package-dyed packgefärbt
package-dyeing Wickelfärbung (f)
package size Wickelgröße (f)
packing Dichtung (f)
packing density Wickeldichte (f)
packing sack Verpackungssack (m)
pad (to) ausfällen, klotzen
padding Polster (n), Posterung (f)
padding and impregnating machine Appreturfoulard (m)
padding machine Quetschmaschine (f), Klotzmaschine (f)
paddle dyeing machine Paddel-Färbemaschine (f)
paddler Foulard (m)
pad mangle Foulard (n)
pailette Pailette (f)
pair Paar (n)
Paisley Paisley-Muster (n)
palmette Palmblattmuster (n)
Panama Panamahut (m)
panel Leiste (f), Einsatz (m), Einsatzstück (n)
panel pocket Leistentasche (f)
panties Slip (m); Höschen (n)
pants Schlüpfer (m), Hose (f)
pants suit Hosenanzug (m)
panty hose Strumpfhose (f)
paper collar Einlegestreifen (m)
paper tube Papphülse (f)
paper yarn Papiergarn (n)
parachute Fallschirm (m)
paraffin wax emulsion Paraffinemulsion (f)

parameter Parameter (m)
parallelisation of fibres Parallelisieren (n) der Fasern (f pl)
parallel-knitted jumper Parallelo (m)
parallel-wound yarn Parallelgarn (n)
parasol Sonnenschirm (m), Gartenschirm (m)
parka Parka (m)
partially oriented yarn (POY) teilverstrecktes Garn (n)
partition Trennwand (f)
partitioning curtain Trenngardine (f)
party dress Partykleid (n), Partydreß (m)
pass Geschirreinzug (m)
pastel pastell
patch Flicken (m), Patch (m)
patch (to) flicken
patch pocket aufgesetzte Tasche (f)
patent fastener Patentverschluß (m)
patent leather Lackleder (n)
pattern Muster (n)
pattern (paper pattern) Schnittmuster (n), Ausscheidebogen (m)
pattern card Musterkarte (f)
pattern of a fabric Gewebemuster (n), Dessin (n) oder Muster (n) eines Gewebes (n) oder Stoffes (m)
pattern drive Musterantrieb (m)
patterned gemustert
patterned carpet gemusterter Teppich (m)
pattern chain Musterkette (f)
pattern edge Musterkante (f)
pattern match Paßmuster (n) eines Gewebes (n)
pattern notation Legung (f)
pattern repeat Rapport (m), Musterwiederholung (f)
pattern warp Figurkette (f)
pattern wheel Musterrad (n)
pea jacket Matrosenjacke (f)
peak (of a cap, etc.) Mützenschirm (m)
peaked lapel Lanzenrevers (m)
peak value Spitzenwert (m)
pearlescent permutschimmernd
peasant blouse Bäuerinbluse (f)
pelerine Pelerine (f)
pellet Kugel (f), Granulat (n)
pelmet Schabracke (f)
pendant lace Pendelspitze (f)
penetrate (to) durchstechen
pennant Wimpel (m)
pepita Pepita (m)
peplum Schößchen (n)
peplum dress Schoßkleid (n)
pepper and salt Pfeffer und Salz (m n)
percale Inlett (n), Perkal (n)
percale tape Perkalband (n)
percentage Prozentsatz (m)
perchloride bath Perchloridbad (n)
perforated beam perforierter Färbbaum (m)
perforated drum drier Siebtrommeltrockner (m)
perforation Perforation (f)
performance in use Gebrauchstüchtigkeit (f)
permanent pleat Permanent-Plissee Dauerplissee (n); Schirmfalte (f)
permanent press Permanent-Press (m)
permanent press process Permanent-Press-Verfahren (n)
permanent setting Dauerfixierung
Persian carpet Perserteppich (m), Orient-Teppich (m)
persian-like persianerähnlich
Persian yarn Moosgarn (n)
Peruvian cotton Perubaumwolle (f)
petalled skirt Zipfelrock (m)
Peter Pan collar Bubikragen (m)
petticoat Petticoat (m), Unterrock (m)
photocell Photozelle (f)
pH-value pH-Wert (m)
pick Einschuß (m), Schußschlag (m)
pick (to) zupfen
pick-out mark Trennstelle (f)
picks and ends Anzahl Schuß- und Kettfäden
picks per inch Schußdichte (f)
pick up a mesh (to) Masche aufnehmen
piddler (tow) Kabelableger (m)
piece-dye (to) stückfärben
piece-dyed stückgefärbt
piece-dyeing Stückfärberei (f)
piece-goods Stückwaren (f pl)
piecener Bandnachführung (f)
piecer Fadenanleger (m)
piecer and doffer Anspinner (m)
piece-scour Stückwäsche (f)
piecing Fadenanlegen (n)

pied-de-poule Pied-de-Poule (m)
piercing fabric Stramin (m)
pigment Pigment (n), Farbstoff (m)
pig tail Sauschwanz (m), Fadenführer (m)
pike Zapfen (m)
pile Flor (m), Pol (m)
pile-bonding machine Klebepol-Maschine (f)
pile density Flordichte (f), Poldichte (f)
pile-dressing unit Polaufbereitungs-einrichtung (f)
pile fabric Florstoff (m)
pile fibre Polfaser (f)
pile-finishing unit Pol-Finish-Einrichtung (f)
pile height Polhöhe (f)
pile-knit Wirkflor (m)
pile layer Polschicht (f)
pile material Polmaterial (n), Flor-material (n)
pile pressure Florabdruck (m)
pile-raising device Velourhebeapparatur (f)
pile rotor Polrotor (m)
pile warp Polkette (f)
pile weaving loom Rutenstuhl (m)
pile weft Polkettschuß (m)
pile weight Polgewicht (n)
pile wire Schnittrute (f)
pile yarn Polgarn (n), Florgarn (n)
pill (to) fusseln, Knötchen bilden, pillen
pillar stitch Franse (f)
pilling Pilling (n), Pilling-Bildung (f), Fusseln (f)
pillow Kopfkissen (n), Kissen (n)
pillowcase (bedding) Kissenbezug (m), Kissenhülle (f)
pillow cover Kissenbezug (m)
pilot plant Pilotanlage (f)
pin Stecknadel (f), Stift (m)
pin (to) zusammennadeln, aufnadeln
pinafore Trägerschürze (f), Lätzchen (n)
pinafore dress Schürzenkleid (n)
pinarette Trägerschürze (f)
pincushion Stecknadelkissen (n)
pineapple cone Pineapple-Cone (m)
pine needle Waldwollegarn (n)
pink rosa
pinking shears Zackenschere (f), Zickzackschere (f)
pin-pleat(s) eingenähte Fältchen (n pl), Biese(n) (f pl)
pins and sockets Stifte (m pl) und Muffen (m pl)
pin stenter Nadelspannrahmen (m)
pin stripe Nadelstreifen (m)
pipe trouser (slacks) Röhrenhose (f)
piping Paspellierung (f), Biese (f), Hohlkordel (f)
piqué Piqué (n), Pikee (n)
pirn Schußspule (f), Kannette (f) Streckkops (m)
pirn cap Streckkopseinsatz (m)
pirn sleeve Streckkopsüberzug (m)
pirn stripper Hülsenreinigungs-maschine (f)
pirn-winding machine Schußspul-maschine (f)
pitch Teilung (f), Abstand (m), Neigung (f)
pivoted reed Drehweblade (f)
place-setting Platzgedeck (n)
plaid Schottenkaro (n)
plain uni
plain carpet Uniteppich (m)
plain-dyed unigefärbt
plain fabric Unistoff (m), Unigewebe (n), Flachgewebe (n)
plain jersey einfacher Jersey (m), Rechts/Links
plain stockinette einflächig
plain weave Leinwandbindung (f)
plain-woven ribbon Taftband (n)
plaiter Abtafelvorrichtung (f), Legemaschine (f)
plaiting down Abtafeln (n)
plaiting table Legetisch (m), Ablagetisch (m)
plant Fabrik (f), Betriebsanlage (f)
plant net Schutznetz (n)
plastic Kunststoff (m)
plastic plastisch
plastic-backed felt Filz (m) mit Kunststoffrücken (m)
plasticize (to) plastifizieren
plasticizer Weichmacher (m)
plastic zip (fastener) Plastik-Reißver-schluß (m)

plate Tafel (f)
plate (to) plattieren
plate-singeing machine Plattenseng-maschine (f)
play off (to) abmustern
play suit Spielanzug (m)
pleat Plissee (n), Falte (f)
pleat (to) plissieren
pleatability Plissierbarkeit (f)
pleated fabric Plisseestoff (m)
pleated quilting Biesensteppung (f)
pleated pocket Faltentasche (f)
pleating machine Plissiermaschine (f)
pleated skirt Faltenrock (m)
pliable flexibel
plimsolls Turnschuhe (m pl), Tennisschuhe (m pl)
pluck (to) zupfen
plug (to) pfropfen
plum red pflaumenrot (n)
plus-fours Golfhose (f)
plush Plüsch (m)
plush pattern Plüschmuster (n)
plush-raising machine Plüschrauh-maschine (f)
plush-weaving machine Plüschweb-maschine (f)
ply Fadenzahl (f) im Zwirn (m)
ply (to) fachen
ply twister Fachzwirnmaschine (f)
ply twisting Fachzwirnen (n)
poachers' pocket übergroße Innentasche (f) (Wilderer-Tasche)
pocket Tasche (f)
pocket entry Tascheneingriff (m)
pocket flap Patte (f), Taschenpatte (f)
pocket lining Taschenfutter (n)
pointed spitz
point-of-sale Verkaufsstelle (f)
point-of-sale advertising Werbung (f) auf der Verkaufsstelle (f)
point paper pattern Patrone (f)
polishing cloth Poliertuch (n)
pollution Verschmutzung (f)
polo collar Polokragen (m)
polo shirt Polohemd (n)
polyacryl (PAC) Polyacryl (PAC)
polyacrylic fibre Polyacrylfaser (f)
polyacrylics Polyacrylfäden (m pl) und -fasern (f pl)
polyacrylo-nitrile synthetics Polyacryl-nitril-Synthetics (n pl)
polyaddition Polyaddition (f)
polyamide (PA) Polyamid (n) (PA)
polyamide fibre Polyamidfaser (f)
polycondensation Polykondensation (f)
polyester (PES) Polyester (n) (PES)
polyester fibre Polyesterfaser (f)
polyester filament Polyester-Endlos-garn (n)
polyethylene (PE) Polyäthylen (PE) (n)
polyethylene terephthalate (PET) Polyä-thylenterephthalat (PET)
polymer Polymerisat (n)
polymerisation Polymerisation (f)
polymerisation machine Kondensations-maschine (f)
polymerize (to) polymerisieren
polymerizer Polymerisier-Einrichtung (f)
polynosic polynosisch
polynosic fibre polynosische Faser (n), Polynosicfaser (f)
polyolefine Polyolefin (n)
polyolefine fibre Polyolefinfaser (f)
polypropylene (PP) Polypropylen (n) (PP)
polypropylene fibre Polypropylen-faser (f)
polystyrene Polystyrol (n)
polystyrene fibre Polystyrolfaser (f)
polyurethane (PUR) Polyurethan (PUR)
polyurethane fibre Polyurethanfaser (f)
polyvinyl Polyvinyl
polyvinyl alcohol size Polyvinylalkohol-schlichte (f)
polyvinylchloride (PVC) Polyvinyl-chlorid (n)
polyvinylchloride filament Polyvinyl-chlorid-Filament (n)
pom-pom Pompon (m), Büschel (m)
poncho Poncho (m)
pongee weiche chinesische Seide (f)
poplin Popeline (f)
poppy (colour) Mohnfarbe (f)
pork pie hat flacher Herrenhut (m)
poromeric poromerisches Material (n), poröses Kunstleder (n)
porosity Porosität (f)
portly beleibt, dick (Herr)

positive warp-letoff positiver Kettenabzug (m)
post-set yarn nachträglich fixiertes Garn (n)
post-treatment Nachbehandlung (f)
pot-decatizing machine Topf-Dekatiermaschine (f)
pouch Beutel (m)
pouch pocket Beuteltasche (f)
pouffe Sitzkissen (n)
poult Rips (m)
powder-point coating Pulver-Punktbeschichtung (f)
power Kraft (f), Leistung (f), Energie (f)
power loom mechanischer Webstuhl (m)
power stretcher Hebelspanner (m)
pram cover Wagendecke (f)
pram set Wagengarnitur (f)
prayer carpet Gebetteppich (m)
precision winding Präzisionswicklung (f)
precoating Vorstrich (m)
precrop (to) vorscheren
predrafting Vorstrecken (n)
predrier Vortrockner (m)
prefabricated vorgefertigt
premetallised dye metallisierter Farbstoff (m)
preneedling Vorvernadeln (n)
preoriented yarn (POY) vorverstrecktes Garn (n), vororientiertes Garn (n)
preplied vorgefacht
preraised vorgerauht
prescour (to) vorreinigen
present (to) vorführen
presentation Vorführung (f)
preset (to) vorfixieren
preshrink (to) vorschrumpfen
preshrunk vorgeschrumpft
press (to) pressen; bügeln
presser bar Presserstange (f) (Nähmaschine); Presse (f)
press fastener Druckknopf (m)
press-finishing machine Presse (f)
press-lustre-decatizing machine Preßglanz-Dekatiermaschine (f)
press-roll tensioner Preßwalzen-Zugeinrichtung (f)
press stud Druckknopf (m)
pressure Druck (m)
pressure cylinder Druckzylinder (m)
pressure roller Druckwalze (f)
pressure-sensitive druckempfindlich
pre-take-up Voreilung (f)
pre-take-up roller Voreilrolle (f)
pret-à-porter Fertigkleidung (f), Konfektion (f)
pretension Vorspannung (f)
pretreatment Vorbehandlung (f)
pretwist Vordrehung (f)
prewashed vorgewaschen
price tag (label) Preisschild (n)
price-to-performance ratio Preisleistungsverhältnis (n)
primary backing (carpet) Ersträger (m), Grundrücken (m)
primary coating (carpet) Vorstrick (m) (Teppich)
princess line Prinzeßlinie (f), Prinzeßausschnitt (m)
print Druck (m), Imprimé (m)
print (to) drucken
printability Bedruckbarkeit (f)
print cloths Druckstoffe (m pl)
printed bedruckt
printed fabric Druckstoff (m), bedruckter Stoff (m)
printed yarn bedrucktes Garn (n)
printing Drucken (n)
printing machine Druckmaschine (f)
printing table Drucktisch (m)
print motif Druckmuster (n)
probe Meßsonde (f)
process Verfahren (n), Prozeß (m), Behandlung (f)
process (to) verarbeiten, behandeln
produce (to) herstellen
producer Hersteller (m)
production Produktion (f), Fertigung (f), Herstellung (f)
profile Profil (n), Querschnitt (m)
profiled cross-section profilierter Querschnitt (m)
profiled fibre Profilfaser (f)
program (a), **programme (e)** Programm (n)
progressive shrinkage progressive Schrumpfung (f)
projectile loom Projektilwebstuhl (m)
protect (to) schonen; schützen
protective clothing Schutzkleidung (f)

protective clothing against cold Kälteschutzkleidung (f)
protective gloves Schutzhandschuhe (mpl)
protective helmet Schutzhelm (m)
protective net Schutznetz (n)
protective net against birds Vogelschutznetz (n)
protective net against falling stones Steinschlagschutznetz (n)
protective outer wear Schutzkleidung (f), Überziehkleidung (f)
protective suit Schutzanzug (m)
protein fibre Proteinfaser (f)
protein size Proteinschlichte (f)
pucker (to) sich verziehen, Falten werfen
puffed sleeve Bauschärmel (m), Puffärmel (m)
pull (to) ziehen
pull (to lose shape) sich verziehen
pulled thread Fadenzieher (m)
pulled wool Gerberwolle (f)
pull-ups Gamaschenhose (f), Überzieher (m pl)
punch (to) stanzen
punched card Lochkarte (f)
punched card store Lochkartenspeicher (m)
punched card technique Lochkartentechnik (f)
punched tape Lochstreifen (m)
pure new wool reine Schurwolle (f)
pure silk reine Seide (f)
pure virgin wool reine Schurwolle (f)
purl stitch Perlstich (m)
purple purpur
purse Portemonnaie (n), Geldbörse (f)
purse twist Kordonnetseide (f)
puttee, (-ie) Wickelgamasche (f)
putty (colour) Kittfarbe (f)
pyjama(s) Pyjama (m), Schlafanzug (m)
pyramid seam Pyramidennaht (f)

Q

quality Qualität (f)
quality circle Qualitätszirkel (m)
quality control Warenprüfung (f), Kontrolle (f)
quality group Qualitätsgruppe (f)
quality improvement Qualitätsverbesserung (f)
quantity Menge (f)
queen's cord Trikot-Satinette (f)
quench duct (man-made fibres) Blasschacht (m)
quenching cabinet Blasschacht (m)
quench system Blasvorrichtung (f)
quick-acting ager Schnelldämpfer (m)
quick-drying schnelltrocknend
quilt Steppdecke (f)
quilted gesteppt, wattiert
quilted bedspread Steppdecke (f)
quilter (sewing machine) Wattierer (m)
quilting stitch Steppnaht (f)
quilt lining Steppfutter (n)

R

rack (off the rack) Stange (f) (von der Stange)
racked and tucked pattern Fangversatzmuster (n)
racked pattern Knieversatzmuster (n)
racking Versatz (m)
radial tyre Gürtelreifen (m)
radiation heating Strahlungsheizung (f)
raffia Bast (m)
rag doll Stoffpuppe (f)
raglan sleeve Raglanärmel (m)
rags (from new fabrics) Abfall (m), Stoffabfall (m)
rags (old clothes) Lumpen (m pl), abgenutzte Kleidung (f)
rag tearing machine Reißwolf (m)
rainbow Regenbogen (m)
rainbow colours Regenbogenfarben (f pl)
rainbow effect Regenbogenwirkung (f)
raincoat Regenmantel (m), Wettermantel (m)
rainproof wasserdicht, wetterfest
rainproof coat Regenmantel (m), Wettermantel (m)

rainwear Wetterbekleidung (f), Regenbekleidung (f)
raise (to) **(pile)** rauhen, aufrauhen
raising machine Rauhmaschine (f)
raising machine with fixed teasels Stabkardenrauhmaschine (f)
raising machine with revolving teasels Rollkardenrauhmaschine (f)
ramie Ramie (f)
ramie fibre Ramiefaser (f)
random sample Stichprobe (f)
random web machine Vliesbildemaschine (f)
random winding wilde Wicklung (f)
range Sortiment (n), Auswahl (f), Angebot (n), Palette (f)
rapid bleach Schnellbleiche (f)
rapier loom Greiferwebstuhl (m)
rapier weaving machine Greiferwebmaschine (f)
raschel carpet Rascheltеppich
raschel knit Raschel (m), Raschelware (f)
raschel knitting machine Raschelmaschine (f)
raschel lace Raschelspitze (f)
raschel tulle Rascheltüll (m)
ratine (ratiné) Ratiné (m)
ratine (to) ratinieren
ratio Verhältnis (n)
raw roh
raw cotton Rohbaumwolle (f)
raw material Rohstoff (m) (allg.)
raw silk Rohseide (f)
raw wool Rohwolle (f)
raw yarn Rohgarn (n), rohes Garn (n)
rayon Reyon (n), Zellwolle (f)
rayon staple fibre Zellwolle (n), Reyonstapelfaser (f)
rayon tricot Zellwolltrikot (n)
rayon viscose Zellwollviskose (f), Kunstseide (f)
reactive dye Reaktivfarbstoff (m)
ready-made fertig (zum Anziehen)
ready-made clothes Fertigkleidung (f), Konfektion (f)
ready-made curtain fensterfertige Gardine (f)
ready-mades Konfektionskleidung (f)
ready-to-wear (rtw) Fertigkleidung (f), Prêt-à-Porter (n)
ready-to-wear industry Konfektion (f), Konfektionsbranche (f)
rear pleat Rückenfalte (f)
rear vent Rückenschlitz (m)
rebreaking zone Nachreißzone (f)
recharge (to) nachsetzen (Färbebad)
recipe Rezept (n)
reclaim (to) rückgewinnen
reclining twill flacher Köper (m)
recommended price empfohlener Preis (m), Richtpreis (m)
recover (to) aufarbeiten, wiedergewinnen, erholen
recovery Erholung (f), Rückgewinnung (f)
recovery behavior Erholungsverhalten (n)
recovery index Wiedergewinnungsgrad (m)
recovery qualities Erholungsvermögen (n)
rectangular spinneret Rechteckdüse (f)
rectilinear combing machine Flachkammstuhl (m)
recycle (to) zurückgewinnen
recycling Rückgewinnung (f)
red rot
reduce (to) herabsetzen
reduced (in price) herabgesetzt
reed Riet (m), Kamm (m), Webblatt (n)
reed drawing-in machine Webblatteinziehmaschine (f)
reeded twill Rietköper (m)
reediness Blattstreifigkeit (f)
reeding Rieteinstellung (f)
reed mark (fault) Blattfehler (m)
reed space Webblatt-Teilung (f)
reel (weaving, knitting) Spule (f)
reel Haspel (f), Weife (f)
reeling machine Haspelmaschine (f)
reel off (to) abhaspeln
regeneted fibre Regeneratfaser (f)
registered trademark eingetragenes Warenzeichen (n)
reinforce (to) verstärken
reinforcement Verstärkung (f)
reinforcement tape Stoßband (n)
reinforcing net Netzarmierung (f)
reject (to) aussondern, zurückweisen
rejects Ausschuß (m)

relative humidity relative Feuchtigkeit (f)
relaxation Entspannung (f)
relaxed fibre geschrumpfte Faser (f)
relax fabric (to) den Stoff (m)entspannen
relief design Reliefmuster (n), plastische Musterung (f)
remnants Reste (m pl), Stoffreste (pl)
remodel (to) **(clothes)** umändern (Kleider)
remote control Fernbedienung (f)
repellant (water, soil, oil) abweisend (Wasser, Schmutz, Öl)
reposing mat Liegematte (f)
reprocess (to) aufarbeiten
reprocessing Wiederverarbeitung (f)
reproducibility Reproduzierbarkeit (f), Wiederholbarkeit (f)
rep runner (carpet) Cordläufer (m)
rep weave Ripsbindung (f)
rescue bag Erste-Hilfe-Tasche (f)
rescue net Rettungsnetz (n)
residential fibre Faser (f) f. Wohnbereich (m)
residual liquor Restflotte (f)
residual shrinkage Restschrumpfung (f), Restkrumpfung (f)
resilience Erholungsvermögen (n), Elastizität (f)
resiliency Elastizität (f)
resilient (carpet) trittelastisch, trittfest, elastisch
resin Harz (n); Kunstharz (n)
resistance Festigkeit (f)
resistance to tearing Reißfestigkeit (f)
resistance to wear and tear Strapazierfähigkeit
resistant to soiling schmutzabstoßend, schmutzabweisend
resistant to tearing reißfest
retail Einzelhandel (m)
retail co-operative chain Genossenschaft (f)
retailer Einzelhändler (m), Detaillist (m)
retail outlet Einzelhandelsstelle (f)
retail sale Einzelverkauf (m)
retail shop Einzelhandelsgeschäft (n)
retail textile trade Textileinzelhandel (m)
retail trade Einzelhandel (m)
retarding agent Verzögerungsmittel (n)
retention Beibehaltung (f)
reusable wiederverwendbar
revers Patte (f)
reverse (to) wenden
reverse stitch Rückstich (m)
reversible beidseitig nutzbar
reversible fabric beidseitig nutzbares Gewebe (n), doppelseitige Ware (f)
reverse locknit verkehrtes Charmeuse (n)
reverse-plated wendeplattiert
reverse twill Gegenköper (m)
reversing point Umkehrstelle (f)
reversing weft Kehrschuß (m)
revolution per minute (rpm) Umdrehung (f) pro Minute (upm)
rewinding machine Rückspulmaschine (f)
rewind slitter Trennwickler (m)
rhombic design Rhombenmuster (n), Rautenmuster (n)
rib Rips (m), Rippe (f)
ribbed gerippt
ribbed fabric Rippengewebe (n)
ribbed pattern Rippenmuster (n)
ribbed sock Rippensocke (f)
ribbed velvet Cordsamt (m)
ribbon Band (n), Borte (f)
ribbon breaker Spiegelstörung (f)
ribbon card Bandkratze (f)
ribbon loom Bandwebstuhl (m)
ribbon warping machine (weaving) Randzettelmaschine (f)
ribbon weaving Bandweberei (f)
ribbon winder Bandwickelmaschine (f)
rib cuff Patentrand (f)
rib fabric Rippware (f), gerippter Stoff (m)
rib-knitting Patentstrickerei (f)
rib twill Ripsköper (f)
rib weave Ripsbindung (f)
rib welt Patentrand (m)
rick-rack-braid Zickzackrüsche (f)
riding breeches Reithose (f), Breecheshose (f)
riding coat Reitjacke (f), Redingote (f)
riding habit Reitkostüm (n)
right twist Rechtsdrehung (f)
rigid hart, brettig
ring Ring (m)
ring rail Ringbank (f)

ring spindle Ringspindel (f)
ring spinneret Ringdüse (f)
ring spinning Ringspinnen (n)
ring-spinning frame Ringspinnmaschine (f)
ring-spun yarn Ringspinnergarn (n)
ring traveller Ringläufer (m)
ring tube Hülse (f)
rinse (to) spülen
rinsing bath Spülbad (n)
rinsing machine Spülmaschine (f)
rinsing medium Spülmittel (n)
rivet (in jeans) Niete (f)
road bed Straßenbett (n)
robot Roboter (m)
rocking and shaft loom Wellenstuhl (m)
roll Walze (f), Ballen (m)
roll (to) aufrollen
roll collar Rollkragen (m)
rolled hem Rollsaum (m)
roller bar Ablaufstange (f)
roller card Walzenkarde (f), Walzenkrempel (f)
roller diameter Zylinderdurchmesser (m)
roller feeler Röllchentaster (m)
roller milling machine Zylinderwalke (f)
roller printing Zylinderdruck (m), Rouleauxdruck (m)
roller setting Zylindereinstellung (f)
roller-type accumulator Walzenwarenspeicher (m)
rolling bobbin Abrollspule (f)
rolling machine Aufrollmaschine (f)
roll length Ballenlänge (f)
roll off (to)
roll seam Rollsaum (m); Rollnaht (f)
roll up (to) **(sleeves)** aufkrempeln, aufschlagen
roll-up slacks Krempelhose (f)
rompers Strampelhose (f)
roof-covering fabric Dachbespannung (f)
roofing felt Dachpappe (f), Dachhaut (f)
room temperature Raumtemperatur (f)
rope Seil (n)
rope braiding Seilflechten (n)
rope detwister Schlauchöffner (m), Strangöffner (m)
rope guide Strangführung (f)
rope ladder Strickleiter (f)
rope opener Strangausbreiter (m)
ropes Seilwaren (f pl)
rope shoes Seilschuhe (m pl)
rotary creel Gatter (n) mit drehbaren Spulenhaltern (mpl)
rotary drawing frame Nadelwalzenstrecke (f)
rotary film printing Rotationsfilmdruck (m)
rotary ironer Bügelmaschine (f)
rotary motion Drehbewegung (f)
rotary screen-printing machine Rotations-Filmdruckmaschine (f)
rotary weave Drehergewebe (n)
rotor spinning Rotorspinnen (n) (OE)
rotor yarn Rotorgarn (n) OE
rot-proof verrottungsfest
rotting-resistant verrottungssicher
rough rauh
rough pile moquette Frieselmokett (n)
roving Vorgarn (n), Lunte (f)
roving bobbin Vorgarnspule (f)
roving frame Vorspinnmaschine (f) (Flyer)
roving yarn Vorgarn (n)
royal blue königsblau
rtw (ready-to-wear) Fertigkleidung (f)
rubber-backed rückengummiert
rubberized fabrics gummiertes Gewebe (n pl), gummibeschichtete Stoffe (mpl)
rubber-lined gummiert
rubber (or plastic) pants Windelhöschen (n)
rubber yarn Gummifaden (m)
rubbing finisher Nitschelstrecke (f)
rub down (to) abreiben
rub-fastness Reibechtheit (f)
rub off (to) abreiben
rub up (to) fusseln
ruche Rüsche (f)
rucksack Rucksack (m)
ruffle Krause (f), Halskrause (f), Rüschenkragen (m)
ruffle (mech.) Bremsscheibe (f)
ruffler (sewing machine) Kräusler (m)
rug Decke (f), Vorleger (m)
rugged (durable) strapazierfähig
run-in ratio Einlaufverhältnis (n)
runner (carpet) Läufer (m)
runners Turnschuhe (m pl)

running yard (metre) laufendes Yard (Meter)
run number Partienummer (f)
runoff cover Ablaufdeckel (m)
run on (to) zulaufen
rupture Bruch (m)
rush (colour) schilfgrün (n)
rustic rustikal

S

sable Zobel (m)
sack Sack (m)
sacking Sackgewebe (n), Sackleinen (n)
saddlebag Satteltasche (f)
saddle cloth Satteldecke (f), Schabracke (f)
saddle shoulders Sattelschultern (f pl)
safari style Safaristil (m)
safe ironing temperature zulässige Bügeltemperatur (f)
safety belt Sicherheitsgurt (m)
safety clothing Schutzkleidung (f)
safety net for building sites Fassadenschutznetz (n)
safety pin Sicherheitsnadel (f)
safety strap(belt) Sicherheitsgurt (m)
sail cloth Segeltuch (n); Jeansstoff (m)
sailor blouse Matrosenhemd (n), Marinière (f)
sailor blouse style Vareusestil (m)
sailor collar Matrosenkragen (m)
sailor suit Matrosenanzug (m)
sale Verkauf (m)
sale (clearance, etc.) Ausverkauf (m)
sales area Verkaufsraum (m), Verkaufsfläche (f)
sales floor Verkaufsetage (f)
salesman Verkäufer (m)
sales promotion Verkaufsförderung (f)
saleswoman Verkäuferin (f)
sales yarn Verkaufsgarn (n)
sample Probe (f)
sample card Musterkarte (f)
sample-making Musterkollektion (f)
sampling Muster(ent)nahme (f)
sampling inspection Stichprobenprüfung (f)
sampling scheme Stichprobensystem (n)
sand bag Sandsack (m)
sanforize (to) sanforisieren
sanitary towel Damenbinde (f)
saponification Verseifung (f)
sari Sari (m)
sarong Sarong (m)
sarsenet Sarsonet (m), Seidentaft (m)
sash Schärpe (f)
satin Satin (m), Atlasstoff (m)
satin ribbon Atlasband (n)
satin tricot Satin-Trikot (n)
satin weave Atlaslegung (f), -bindung (f)
Saxony Saxonystoff (m)
saxony carpet Wollgarnteppich (m)
scalloped front panel ausgebogte Knopfleiste (f)
scalloped neckline Bogenausschnitt (m)
scan (to) abtasten, sorgfältig untersuchen
scanner Abtaster (m)
scanning Abtasten (n)
scaper Rakel (f)
scarf Schal (m), Tuch (n)
scarlet scharlach
scatter rug Brücke (f)
scattered flower pattern Streublumenmuster (n)
Schappe silk Schappeseide (f)
Schappe silk yarn Schappegarn (n)
Schappe spinning Schappespinnerei (f)
school cap Schulmütze (f)
school uniform Schuluniform (f)
„Schreiner"-calender Riffelkalander (m)
scissors Schere (f)
scissors skirt Scherenrock (m)
scooped ausgebogt
Scotch gauze Camilla (f)
Scotch silk Ecossais (m)
scour (to) entfetten; absieden, abkochen
scratch resistance Kratzfestigkeit (f)
screen Gitter (n), Schirm (m), Sieb, grob (n), Leinwand (f)
screening inspection Sortierprüfung (f)
screen-printing machine Filmdruckmaschine (f)
screw Schnecke (f), Schraube (f)
screw melter Schneckenschmelzer (m)
scrim Zwischenfutterstoff (m)
scroll design Schneckenmuster (n)
scroll pattern Rankenmuster (n)

scroppy hand Seidengriff (m), seidiger Griff (m)
scuff Abnutzung (f)
sculptured design (carpet) Reliefmuster (n)
scutcher Flachsschwingmaschine (f)
Sea Island cotton Sea-Island-Baumwolle (f)
seal Dichtung (f)
seal of quality Gütezeichen (n), Qualitätssiegel (n)
seam (to) umnähen, säumen
seam Naht (f)
seam-binding Nahtband (n)
seam covering stitch Überdecknaht (f)
seam detector Nahtmelder (m)
seamless nahtlos
seamless stockings nahtlose Strümpfe (m pl)
seamstress Näherin (f)
season Saison (f)
seasonal saisonal, saisonbedingt
seat (in skirt, etc.) Gesäßpartie (f)
seat belt Sicherheitsgurt (m)
seat cover Sitzbezug (m), Sitzschoner (m)
secondary backing (carpet) Zweitträger (m), Zweitrücken (m)
seconds Artikel (mpl) 2. Wahl (f)
section Schärband (n), Fontur (f), Teilbereich (m)
sectional warping machine Sektional-Schärmaschine (f)
section beam (for warp knitting) Teilkettbaum (m)
section warping Sektionalschären (n)
seersucker blau-weiß gestreiftes Leinentuch (n)
see-through durchsichtig
selection Auswahl (f)
self-acting mule Selfaktor (m)
self-crimping process chemische Texturierung (f)
self-extinguishing selbstlöschend
self-lubricating selbstschmierend
selling Verkauf (m), Verkaufen (n)
selling methods Verkaufsmethoden (f pl)
selling point Verkaufsargument (n)
selvage (selvedge) Leiste (f), Gewebe-rand (m), Kante (f)
selvage cutter Kantenschneidgerät (n)
selvage sensor Kantenfühler (m)
selvage stitch Randnaht (f); Randmasche (f)
selvage tear resistance Kantenreißfestigkeit (f)
selvage trimmer Kantenabschneidevorrichtung (f)
selvage uncurler Kantenausroller (m)
semi- halb-
semi-automatic halbautomatisch
semi-dull halbmatt
semi-finished halbfertig
semi-fitted antailliert
semi-mat halbmatt
semi-worsted yarn Halbkammgarn (n)
sensitive empfindlich
sensitivity Empfindlichkeit (f)
separate into fibres (to) auffasern
separates zweiteiliges Ensemble (n)
separator roll Verlegerrolle (f)
sequin Spange (f)
sequins Pailletten (f pl)
serge Serge (m), Futterstoff (m)
serviette Serviette (f)
set (to) fixieren
set Set (m); Garnitur (f)
set (to) **(machine)** aufbäumen; (allg.) einstellen
set-in sleeve eingesetzter Ärmel (m)
settee Sofa (n), Couch (f)
sew (to) nähen
sewing head Nähkopf (m)
sewing machine Nähmaschine (f)
sewing needle Nähnadel (f)
sewing silk Nähseide (f)
sewing thread Nähgarn (n), Nähzwirn (m)
sew in pleats (to) faltenlegen
sew together (to) zusammennähen
shade (to) den Farbton (m) treffen
shade Schattierung (f), Nuance (f), Farbton (m), Abstufung (f), Schatten (m)
shaded (colours) abschattiert
shaded sateen schattierter Atlas (m)
shaft Welle (f), Schaft (m)
shag (a) Plüsch (m)
shantung Shantung (m)
shape Form (f)

shape of heel Fersenform (f)
shape retention Formbeständigkeit (f)
shape-set process Permanent-Press-Verfahren (n)
shaping press Formpresse (f)
sharkskin fabric festgewebter Stoff (m)
shawl Schal (m)
shawl collar Schalkragen (m)
shear (to) scheren
sheared plush Schurplüsch (m)
shearing cylinder Scherzylinder (m)
shearing machine Schermaschine (f)
sheat dress Etuikleid (n), Futteralkleid (n)
sheathing Ummantelung (f)
shed Webfach (n), Fach (n)
shed (to) Fasern (f pl) verlieren
shedding Faserverlust (m)
shedding (Garn)Fachbildung (f)
sheen Schimmer (m)
sheep farmer Schaffarmer (m)
sheep shearing Schafschur (f)
sheepskin Schafpelz (m), Schaffell (n)
sheepskin coat Schafpelzmantel (m)
sheep's wool Schafwolle (f)
sheer glatt
sheet Bettlaken (n), Bettuch (n)
shelf drier Hordentrockner (m)
shellack Schellack (m)
shepherd's check Pepita (f)
Shetland fabric Shetlandware (f)
Shetland wool Shetlandwolle (f)
shift Hängerkleid (n), Arbeitsschicht (f)
shimmer effect Schimmereffekt (m)
shiny leuchtend
shirt Hemd (n)
shirt-blouse Hemdbluse (f)
shirt-blouse sleeve Hemdblusenärmel (m)
shirt button Hemdenknopf (m)
shirting Hemdenstoff (m)
shirt-jacket Hemdjacke (f)
shirt sleeve Hemdärmel (m)
shirtwaist dress (a) Hemdblusenkleid (n)
shirtwaister Hemdblusenkleid (n)
shoddy yarn Shoddygarn (n), Garn aus Reißspinnstoff (n)
shoe fabric Schuhstoff (m)
shoe laces Schuhsenkel (m pl)
shoe-string shoulder strap Spaghettiträger (m)
shogging movement seitliche Versatzbewegung (f)
shop Laden (m)
shop (to) einkaufen
shop assistant Verkäufer (m), Verkäuferin (f)
shop fittings Ladeneinrichtungen (f pl)
shopping bag Einkaufstasche (f)
shopping centre Einkaufszentrum (n)
shopping net Einkaufsnetz (n)
shop window Schaufenster (n)
shop window decoration Schaufensterdekoration (f)
shop window display Schaufensterauslage (f)
short kurz
shorten (to) kürzen, abkürzen
short-haired kurzhaarig
short-liquor dyeing machine Kurzflottenfärbemaschine (f)
shorts Shorts (f pl), Höschen (n pl)
short slip Hemdröckchen (n)
short sock Kurzsocke (f)
shot Schuß (m)
shot taffeta Schillertaft (m)
shoulder collar Schulterkragen (m)
shoulder flap Schulterklappe (f)
shoulder pad(ding) Schulterpolster (n)
shoulder strap Träger (m)
shoulder strap ribbon Trägerband (n)
show Schau (f), Ausstellung (f), Auslage (f)
showcase Ausstellungsvitrine (f), Vitrine (f)
shower curtain Duschvorhang (m)
showerproof wasserabweisend
showing Vorstellung (f), Präsentation (f)
showing of creations (garments) Vorführung (f), Leistungsschau (f)
shrink (to) einlaufen schrumpfen
shrinkage Schrumpfung (f); Einlaufen (n)
shrinkage fibre Schrumpffaser (f), S-Faser (f)
shrinkage-measuring instrument Krumpfungsmeßgerät (n)
shrinkage properties Schrumpfeigenschaften (f pl)

shrinking machine Krumpfmaschine (f)
shrink-resistant schrumpffest, schrumpffrei
shrink-resistant finish schrumpffreie Ausrüstung (f)
shutdown Stillegung (f)
shuttle (Web)schütz (m)
shuttleless schützenlos
shuttleless loom schützenlose Webmaschine (f)
shuttle spindle Schützspindel (f)
shuttle spool (sewing machine) Unterfadenspule (f)
shuttle tension Schützspannung (f) (Weberei), Unterfadenspannung (f) (Nähmasch.)
side flap Seitenklappe (f)
side pocket Seitentasche (f)
sieve Sieb (n)
sieve drum Siebtrommel (f)
silhouette Silhouette (f)
silhouette pattern Schablonenmuster (n)
silicon finish Silikon-Ausrüstung (f)
silk Seide (f)
silk crepe Seidenkrepp (m)
silk damask Seidendamast (m)
silken seidig
silk gauze Müllergaze (f)
silk hat Zylinder(hut) (m)
silk jersey Seidenjersey (m)
silk-like-hand seidenartiger Griff (m)
silk plush Seidenplüsch (m)
silk ribbon Seidenband (n)
silks (horse racing) Stallfarben (f pl)
silk-screen print Seidendruck (m)
silk-screen printing Seidendruck (m); Siebdruck (m)
silk spinning Seidenspinnen (n)
silk-spinning mill Seidenspinnerei (f)
silk thrower Seidenzwirner (m)
silk throwing Seidenzwirnerei (f)
silk-throwing mill Seidenzwirnerei (f)
silk worm Seidenraupe (f)
silky seidig
silky hand seidiger Griff (m)
simplex fabric Simplexware (f)
singe (to) sengen
singeing machine Sengmaschine (f)
single-bed knitting einflächige Wirkerei (f)
single-breasted einreihig
single-breaster (jacket, coat) Einreiher (m) (Jacke, Mantel)
single cylinder machine Einzylindermaschine (f)
single jersey einfacher Jersey (m)
single-tentering and drying machine Einfach-Spann- und Trocknungsmaschine (f)
single-thread loop einfädig
single yarn Einfachgarn (n)
sinker Platine (f)
sinker bar Platinenbarre (f)
sink the loop (to) kulieren
sintered metal Sintermetall (n)
sirius silk Siriusseide (f)
sisal Sisalhanf (m)
sisal yarn Sisalgarn (n)
size Größe (f)
size (finish) Schlichte (f)
size (to) schlichten
size bath Schlichtebad (n)
size circulator unit Schlichte-Umwälzpumpe (f)
sized warp geschlichtete Kette (f)
size take-up Schlichteaufnahme (f)
sizing machine Schlichtemaschine (f)
skein Strang (m), Knäuel (n)
skein dyeing Strangfärbung (f)
skin Fell (n)
skinny pants hautenge Hosen (fpl)
"skinny rib" Rippenpulli (m)
skin rug Fellteppich (m)
skin-tigth hautnah
skipping rope Springseil (n)
skirt Rock (m)
skirting Rockstoff (m)
skirt length Rocklänge (f)
skirt suit Rockkostüm (n)
skirt with pleated flounces Faltenschirmrock (m)
ski slacks (skiing pants) Skihose (f)
ski underwear Ski-Unterbekleidung (f)
ski-wear Ski-Bekleidung (f)
skull cap Käppchen (n)
slack end schlaffer Faden (m)
slacks Damenhosen (f pl), Slacks (pl)
slasher Schlichtmaschine (f)
slashing Schlichten (n)
slatted expander Lattenbreithalter (m)

slay (sley) Schlag (m), Lade (f)
slay return motion Ladenrückzug (m)
sleazy fabric fadenscheiniges Gewebe (n)
sleeping bag Schlafsack (m)
sleeping suit Schlafanzug (m)
sleeve Ärmel (m)
sleeveless ärmellos
sleeve pocket Ärmeltasche (f)
slide fastener Reißverschluß (m)
slightly fitted leicht tailliert
slim schlank
slim fit engtailliert
slim line schlanke Linie (f)
slim skirt gerader Rock (m)
slip Unterrock (m), Unterkleid (n), Schlüpfer (m)
slip (to) abketten; rutschen
slipfree schlupffrei
slippage Abgleiten (n), Rutschen (n)
slippage resistance Rutschfestigkeit (f)
slipper lining Schuhfutter (n)
slip roller method Durchzugsverfahren (n)
slit Schlitz (m)
slit pocket Schubtasche (f)
slit skirt geschlitzter Rock (m)
slitter Trenneinrichtung (f)
sliver Streckband (n), Kammzug (m), Lunte (f)
sliver can Spinnkanne (f)
sliver guide Bandführer (m)
sliver weight Bandgewicht (n)
slop-pad (to) foulardieren
slough-off abgeschlagener Schuß (m)
slub Fadenverdickung (f), lockere Noppe (f), Vorgespinst (n)
slubbing Vorgarn (n), Lunte (f)
slubbing count Luntennummer (f)
slubbing-dyed als Lunte (f) gefärbt
slubbing frame Grobflyer (m)
slub yarn Noppengarn (n), Flammengarn (n)
slumberwear Nachtwäsche (f)
smart flott; chic, fesch
smash (fault) Schützenschlag (m)
smock Kittel (m)
smock (to) smoken
smocking Smokarbeit (f)
smokey grey rauchgrau (n)
smooth glatt
smooth (to) glätten
smooth corded fabric glatter Rippenstoff (m)
smooth surface glatte Oberfläche (f)
smoothness Glätte (f)
snap button Druckknopf (m)
snap fastener Druckknopf (m)
snood Haarnetz (n), Haarband (n)
snow mud chains Schneeketten (fpl)
snow-protection fence Schneeschutzzaun (m)
snug-fitting schmal anliegend
soak (to) **in caustic (lye)** auslaugen
soap Seife (f)
soap powder Seifenpulver (n), Waschpulver (n)
sock Socke (f)
sofa coverlet Sofadecke (f)
soft geschmeidig, weich
soften (to) einweichen, weichmachen
softener Enthärter (m), Weichmacher (m)
softening agent Wasserenthärter (m)
softening point Erweichungspunkt (m)
soft hand weicher Griff (m)
softness Weichheit (f)
soft pink zart rosa
soft wound weiche Wicklung (f)
soiled verschmutzt
soiled end or pick Schmutzfaden (m)
soiling Anschmutzung (f)
soil-repellent schmutzabweisend (m)
soil-resistant fibre schmutzunempfindliche Faser (f)
sole splicing Sohlenverstärkung (f) (Strumpf)
solidification point Erstarrungspunkt (m)
solubility Löslichkeit (f)
solution Lösung (f)
solution dyeing Lösungsfärben (n)
solvent Lösungsmittel (n)
sophisticated hochentwickelt
sort Sorte (f)
sort (to) sortieren
sound emission Geräuschentwicklung (f)
sound insulation Schallisolierung (f), Schalldämmung (f)
sound suppression Geräuschunterdrückung (f)
southwester Südwester (m)

space-dyeing Spacefärberei (f)
spacer Abstandhalter (m)
spacing reed Ausgleichsriet (m)
spare ends Reservefäden (m pl)
spare part Ersatzteil (n)
sparkle (to) glänzen
sparkling glänzend
sparkling yarn Glitzergarn (n)
spats Gamaschen (f pl)
special line Sonderposten (m)
special-type calender for chasing Chasing-Kalander (m)
specification Spezifikation (f)
specific gravity spez. Gewicht (n)
specific weight spezifisches Gewicht (n)
spectogram Spektogramm (n)
speed control Abzugskontrolle (f)
spencer Spencer (m)
specimen Muster (n), Probe (f)
spin (to) spinnen
spin bath Spinnbad (n)
spin beam Spinnbalken (m)
spin box Spinnbalken (m)
spin can Spinnkanne (f)
spin code Spinnpartienummer (f)
spindle Spindel (f)
spindle pitch Spindelteilung (f)
spindle speed Spindelgeschwindigkeit (f)
spin-draw texturizing machine Spinnstrecktexturiermaschine (f)
spin-draw winder Spinnstreckmaschine (f)
spin dry (to) schleudern
spin drier Schleuder (f)
spin duct Spinnschacht (m)
spin dye (to) spinnfärben
spin-dyed spinngefärbt
spin dying Spinnfärbung (f)
spin fibre Spinnfaser (f)
spin finish Spinnpräparation (f)
spin head Spinnkopf (m)
spin melt Spinnschmelze (m)
spinnability Verspinnbarkeit (m)
spinneret Spinndüse (f)
spinning bath Spinnbad (n)
spinning beam Spinnbalken (m)
spinning bobbin Spinnbobine (f)
spinning mill Spinnerei (f)
spinning system Spinneinrichtung (f)
spinning triangle Spinndreieck (n)
spinning wheel Spinnrad (n)
spin oil Spinnöl (n)
spin out (to) ausspinnen
spin-out-limit Ausspinnungsgrenze (f)
spin pack Düsenpaket (n), Düsenverschraubung (f)
spin plan Spinnplan (m)
spin position Spinnstelle (f)
spin pump Spinnpumpe (f)
spin ring Spinnring (m)
spin waste Spinnabfall (m)
spin winder Spinnspuler (m)
spiral steamer Spiraldämpfer (m)
splice Spleiß (m)
split rods Teilstangen (f pl) im Trockenfeld (n)
sponge Schwamm (m)
spongeable wischfest
spool Spule (f)
spool Axminster (carpet) Spulaxminster (m), Spool-Axminster (m)
spooling Spulen (n)
spooling oil Spulöl (n)
spool threading Spinnfadeneinzug (m)
sports jacket Sportsakko (n), Sportjacke (f)
sports shirt Sporthemd (n)
sports wear Sportbekleidung (f)
spot (dot) Tüpfchen (n)
spot (stain) Fleck (m)
spot (to) ausflecken
spotted getupft, scheckig, fleckig
spray nozzle Sprühdüse (f)
spray printing (carpet) Spritzdruck (m)
spreader Ausbreiter (m)
spring hier: Federung (f), Elastizität (f)
spring-sommer collection Frühjahr/Sommer-Kollektion (f)
spunbonded fabric Spinnvliesprodukt (n)
spun-dyed spinngefärbt, düsengefärbt
spunlaced fabric durch geometrische Faseranordnung verfestiges Vlies (n)
spunlaced nonwoven wasserdüsenverfestigtes Vlies (n)
spunlacing Spinnverwirbelung (f)
spunlaid nonwoven Spinnvlies (n)
spun yarn Spinnfasergarn (n), Gespinst (n)
squeegee Gummiquetsche (f)

squeeze (to) abquetschen, abdrücken
squeezer Quetschwerk (n)
squeeze roller Abquetschwalze (f)
squeeze unit Abquetscheinrichtung (f)
stability Formbeständigkeit (f)
stabilization Stabilisierung (f)
stabilize (to) stabilisieren
stable beständig, formbeständig
stadium dome Stadionüberdachung (f)
stain Fleck (m)
stain blocker Fleckenstop (m)
stain blocker system Antiflecken-methode (f)
stain removal Fleckentfernung (f), (f)Reinigung (f)
stain remover Fleckenreiniger (m)
stain-resistant schmutzabweisend, fleckengeschützt
stain-washed farbgewaschen, stain-washed
stair carpeting Treppenläufer (m)
stair nosing Treppenkante (f), Teppich-kantenschutz (m)
stair rod Treppenstange (f)
standard Norm (f)
standard normal, standard
standard atmosphere Normklima (n)
standard heel Normalferse (f), Pendel-ferse (f)
standard stocking Normalstrumpf (m)
standard twist Normaldrehung (f)
standard weave Grundbindung (f)
stand-up collar Stehbündchen (n)
stand-up pleats aufspringende Falten (f pl)
stapel (a), **staple (e)** Stapel (m)
staple cutter Stapelschneide (f)
staple fibre Spinnfaser (f), Stapelfaser (f)
staple fibre yarn Fasergarn (n)
staple length Stapellänge (f), Faserlänge (f)
starch Stärke (f)
starch (to) schlichten, stärken
starch finish Stärkeausrüstung (f)
star-dye (to) sternfärben
star-dyeing Sternfärbung (f)
star-dyeing machine Färbestern (m)
star-frame ager Sterndämpfer (m)
starting place Anwebstelle (f)
static statisch
static electricity statische Aufladung, statische Elektrizität (f)
static eliminator elektrostatische Entla-dungsmittel (n)
static load statische Aufladung (f)
steam Dampf (m)
steam (to) dämpfen
steam box Dampfkammer (f)
steam calender Dampfkalander (m)
steam chest Kammerdämpfer (m)
steamer Dämpfer (m)
steam-heated press Dampfheizpresse (f)
steaming chamber Dämpfkammer
steaming device Dämpfeinrichtung (f)
steaming press Dämpfpresse (f)
steam press Dampfbügeleinrichtung (f)
steam-press (to) dampfbügeln
steam-set (to) dampffixieren
steel fibre Stahlfaser (f)
steel-fibre yarn Stahlfasergarn (n)
steel filament Stahlfaden (m)
steep (to) eintauchen, tränken
stenter (to) spannen, ausspannen
stenter-drying Spannrahmen-trocknung (f)
stenter frame Spannrahmen (m)
stentering width Spannbreite (f)
stetson (hat) Cowboyhut (m)
stick (to) kleben
sticker Aufkleber (m)
stiffen (to) versteifen
stiffening agent Härtemittel (n)
stiffness Steife (f), Starrheit (f)
stipple (to) punktieren
stitch Stich (m) (nähen); Masche (f) (stricken und wirken)
stitch (to) heften, ketteln, broschieren
stitch-bonding Nahtverklebung (f)
stitch density Stichdichte (f)
stitched fabric broschiertes Gewebe (n)
stitched sateen verstärkter Atlas (m)
stitch formation Maschenbildung (f)
stitch holder Maschenraffer (m)
stitching needle Heftnadel (f)
stitching thread Vernadelfaden (m)
stitch length Stichlänge (f)
stitch on (to) anketteln
stitch rate (carpet) Noppenzahl (f)
stitch regulator (sewing machine) Stich-weitensteller (m)

stitch-through technology Malimotechnik (f)
stock (in stock) Lagerbestand (m) (auf Lager)
stock-dyed flockengefärbt
stockinette Trikot (m n)
stocking Strumpf (m)
stocking stitch glatt rechts
stockkeeping Bevorratung (f)
stock line (model) Verkaufsmodell (n)
stole Stola (f)
stop motion Abstellvorrichtung (f)
stop motion on creel Fadenwächter (m) am Gatter (n)
stopping marks Haltestellen (f pl)
storage Lagerung (f)
store curtain Store (m)
store room Lagerraum (m)
stork fashions (maternity) Storchmode (f)
straight-cut jacket Blazerjacke (f)
straight fall gerader Fall (m)
straight neckline gerader Ausschnitt (m)
straight skirt gerader Rock (m)
straight yarn Parallelgarn (n)
strain Belastung (f), Beanspruchung (f)
strap Riemen (m)
strapless schulterfrei
straw hat Strohhut (m)
streakiness Streifigkeit (f)
strength Festigkeit (f)
strengthen (to) verstärken
strengthened verstärkt
strengthening Verstärkung (f)
stress Belastung (f), Beanspruchung (f)
stress-strain behaviour Kraftdehnungsverhalten (n)
stretch (elastomerized) Stretch (m)
stretch (pull) Dehnung (f), Verstreckung (f)
stretch (to) strecken, verstrecken, dehnen
stretch breaker, stretch-break machine Reißkonverter (m)
stretch of yarn (in sizing) Verstreckung (f) des Garns (beim Schlichten)
stretch-breaking (man-made fibres) Reißkonvertierung (f) (Chemiefasern)
stretch characteristics Dehnungsverhalten (n); Dehnungsvermögen (n), Dehnbarkeit (f)
stretch fabric Stretchstoff (m), Stretchgewebe (n)
stretch-laid (carpet) verspannt (Teppich)
stretch pants Stretchhose (f)
stretch spinning Streckspinnen (n)
stretch-spinning process Streckspinnverfahren (n)
stretch weave Webstretch (m)
stretch welt Stretchborte (f)
stretch yarn Stretchgarn (n)
string Bindfaden (m)
string up (to) ausspinnen, anspinnen, auflegen (Faden)
stripe Streifen (m)
striped gestreift
striped taffeta Taft-rayé (m)
stripe pattern Steifenmuster (n)
stripiness Streifigkeit (f)
stripiness in the warp Kettstreifigkeit (f)
stripping Abstreifen (n), Abziehen (n)
stripping comb Abschlagkamm (m), Ausstoßkamm (m)
stroke Hub (m)
structure Struktur (f)
structured carpet Strukturteppich (m)
structured fabric Strukturgewebe (n)
structured pattern Strukturmuster (n)
stuffer box Stauchkammer (f)
stuffer-box crimping process Stauchkammerkräuselverfahren (n)
stuffer-box texturing Stauchkammertexturierung (f)
stuffer yarn Füllgarn (n)
stuffing Füllung (f)
S-twist S-Draht (m)
style Stil (m); Fasson (n)
style of cut Linienführung (f)
stylish modisch, aktuell
subdued colours gedämpfte Farben (pl)
substrate Träger (m), Teppichgrund (m)
suck off (to) absaugen
suction Saugwirkung (f)
suction extractor Absaugmaschine (f)
suction gun Saugpistole (f)
suction nozzle Absaugdüse (f)
suede Wildleder (n)
suede (to) schleifen, aufrauhen

sueding machine Schleifmaschine (f)
sueding roller Schleifzylinder (m)
suit (men's) Anzug (m)
suit (women's) Kostüm (n)
suitcase Koffer (m)
suiting fabric (suiting) Anzugstoff (m)
summer collection Sommerkollektion (f)
sun dress Sonnenkleid (n)
sun hat Sonnenhut (m)
sunray pleat Sonnenplissee (n)
sun top Sommer-Oberteil (Bekl.) (n)
supermarket Supermarkt (m)
super soft super-soft
supple geschmeidig
supply Warenangebot (n), Angebot (n)
supply and demand Angebot (n) und Nachfrage (f)
supply cops Lieferkops (m), Ablaufkops (m)
support hosiery Stützstrumpfware (f)
supporting fabric Stützgewebe (n)
surface Oberfläche (f)
surface-active agent Oberflächenaktivstoff (m)
surface batcher Steigwickler (m)
surface bonding Oberflächenverfestigung (f)
surface effect Oberflächeneffekt (m)
surface friction Oberflächenreibung (f)
surface pattern Oberflächenmuster (n)
surface tackiness Oberflächenhaftung (f)
surfactant Oberflächenaktivstoff (m)
surgical chirurgisch, klinisch
surgical application klinischer Anwendungsbereich (m)
surgical sponge klinischer Schwamm (m)
surgical stocking medizinischer Strumpf (m)
surgical thread chirurgischer Faden (m)
surround Umrandung (f)
suspenders Strumpfhalter (m); Sockenhalter (m pl); Hosenträger (am.)
suspension bar Hängestab (m)
suspension drier Hängetrockner (m)
swab Tampon (m)
swansdown Schwanendaunen (pl)
swatch Stoffmuster (n)
sweatband Schweißleder (n)
sweater Strickjacke (f), Pullover (m)
sweater dress Sweaterkleid (n)
sweatshirt Sweatshirt (n)
swell (to) quellen
swelling agent Quellmittel (n)
swelling of fibre Quellen (n) der Faser
swimming pool covering Schwimmbadabdeckung (f)
swimming trunks Badehose (f)
swimsuit Badeanzug (m)
swim wear Badebekleidung (f); Strandbekleidung (f)
Swiss embroidery Strickspitze (f), Schweizerstrickerei (f)
switch Schalter (m)
symbols for treatment Pflegesymbole (n pl)
sympathetic to the skin hautsympathisch
synthetic synthetisch; vollsynthetisch
synthetic fibre Synthesefaser (f), Kunstfaser (f), Chemiefaser (f)
synthetics Synthetics (pl)
synthetic size Kunstschlichte (f), synthetische Schlichte (f)

T

tabby Leinwandbindung (f)
tablecloth Tischdecke (f), Tischtuch (n), Tafeldecke (f)
table linen Tischwäsche (f)
table mat Untersetzer (m)
table runner Tischläufer (m)
tack (to) heften
tacking Heftstiche (m pl)
taffeta Taft (m)
tailing Bildung von Fadenreserve
tailings Reservewickel (m pl)
tailor Schneider (m)
tailor (to) schneidern
tailored geschneidert
tailored suit Maßanzug (m)
tailoress Schneiderin (f)
tailoring Schneiderei (f)
tailoring (cut) Tailleur (n)
tailor-made maßgeschneidert, zugeschnitten
tailor-made women's suit Schneiderkostüm (n)

tailor's clippings Schneiderabfall (m)
tailor's dummy Schneiderpuppe (f)
tails (evening wear) Frack (m)
take-from the loom (to) abbäumen
take off (to) abnehmen
take-up (to) aufwickeln, aufspulen
take-up machine Aufspulmaschine (f)
take-up tube Auflaufhülse (f)
tallow Talg (m)
tambour work yarn Handstrickgarn (n)
tam-o'-shanter Schottenmütze (f)
tampon Tampon (m), Puffer (m)
tan (to) (Leder) gerben
tangle Webnest (n), Knäuel (m n)
tangled yarn verwirbeltes Garn (n)
tanglelacing Verwirbelung (f)
tangle reed Verwirbelungsriet (n)
tape Band (n), Litze (f)
tape for reinforcements Armierungsband (n)
tape measure Meßband (n)
taper Abnehmer
taper (to) abnehmen
tapered cheese, conical cheese konische Kreuzspule (f)
tapestry Tapisserie (f), Wandteppich (m)
tapestry fabric Tapisseriestoff (m)
tapped loom Exzenterwebstuhl (m)
tapped motion unit Exzentermaschine (f)
tare Tara (f)
tarpaulin Persenning (f), Plane (f), Abdeckplane (f)
tarpaulin for truck Lkw-Plane (f)
tartan Schottenkaro (n)
tartan waistcoat Schottenweste (f)
tawny lohfarben, braungelb
tear Riß (m)
tear (to) reißen, zerreißen
tear-resistant reißfest
teasel Naturkarde (f)
teasel-raising machine Kardenrauhmaschine (f)
teaser Reißwolf (m), Endenöffner (m)
tea towel Geschirrtuch (n)
technology Technologie (f)
teddy-bear fabric Teddybärstoff (m)
teflon coating Teflonbeschichtung (f)
temper (to) temperieren
temperature Temperatur (f), Wärmegrad (m)
temperature control Temperaturregelung (f)
temperature recorder Temperaturschreiber (m)
template Schablone (f)
temple Breithalter (m)
temple mark (fault) Breithalterschaden (m)
tenacity Festigkeit (f)
tendency to soil Schmutzempfindlichkeit (f)
ten-gallon hat großer Cowboyhut (m)
tennis dress Tenniskleid (n)
tennis net Tennisnetz (n)
tennis shoes Tennisschuhe (m pl)
tennis wear Tennisbekleidung (f)
tenside Tenside (pl)
tensile properties Festigkeitseigenschaften (f pl)
tensile strength Reißfestigkeit (f), Zugfestigkeit (f); Bruchfestigkeit (f)
tensile test Zugfestigkeitsprüfung (f)
tensiometer Spannungsmesser (m)
tension Spannung (f)
tension roller Spannwalze (f)
tent Zelt (n)
tent (fabric) Müllergaze (f)
tent dress Zeltkleid (n)
tenter (to) spannen
tentering chain Spannkette (f)
tentering field Spannfeld (n)
tentering frame Spannrahmen (m)
tentering machine Spannmaschine (f)
tepid lauwarm
terephthalic acid Terephthalsäure (f)
terry Frottierstoff (m), Frottiertuch (n)
terry cotton Frottierbaumwolle (f)
terry velvet Frottiersamt (m)
terry-weaving machine Frottierwebmaschine (f)
test Prüfung (f)
test (to) prüfen
tex Tex (m)
textile textil
textile applications textile Anwendungsgebiete (npl)
textile auxiliary Textilhilfsmittel (n)
textile business Textilgeschäft (n)
textile export Textilexport (m), Textilausfuhr (f)

textile fibre Textilfaser (f)
textile finishing Textilveredlung (f)
textile glass fibre Glasfaser (f), Textilanwendung (f)
textile import(s) Textilimport(e) (m pl), Textileinfuhr(en) (f pl)
textile laboratory Textillabor (n)
textile mill Textilbetrieb (m)
textiles Textilien (pl)
textile trade Textilhandel (m)
textile trade journal Textilfachzeitschrift (f)
textile trade press Textilfachpresse (f)
textile trader Textilhändler (m)
textile wallcovering Textiltapete (f)
texture Faserung (f), Gewebe (n), Struktur (f)
texture (to) texturieren
textured carpet Strukturteppich (m); Teppich (m) aus texturiertem Garn (n)
textured yarn Texturiergarn (n), texturiertes Garn (n)
texturing Texturierung (f), Texturieren (n)
texturize (to) texturieren
texturized yarn texturiertes Garn (n)
texturizing Texturieren (n)
thermal conductivity Wärmeleitfähigkeit (f)
thermal insulation Wärmeisolierung (f)
thermobonding Heißverfestigung (f)
thermoplastic thermoplastisch
thermosol dyeing process Thermosolfärbeprozeß (m)
thermosolizing Thermoisolieren (n)
thickener Eindicker (m)
thick place dicke Garnstelle (f)
thimble Fingerhut (m)
thread Faden (m); Nähzwirn (m)
thread (to) einfädeln
thread-catching device Fadenfangvorrichtung (f)
thread distribution Fadeneinteilung (f)
thread feeder Fadeneinleger (m)
thread gripper Fournisseur (m)
thread guide Fadenführer (m)
thread interval Fadendistanz (f)
thread nipper Fadenklemme (f)
thread opener Endenöffner (m)
thread path Fadenlauf (m)
thread straightener Fadenregulierer (m)
thread tension Fadenspannung (f)
thread transfer Fadenwechsel (m)
thread-up (to) die Fäden (m pl) einlegen
thread-withdrawing device Fadenrückzugsvorrichtung (f)
three-cylinder yarn Dreizylindergarn (n)
(three)-3-dimensional crimp 3-dimensionale Kräuselung (f)
three-needle flat seam Dreinadel-Randnaht (f)
three-piece dreiteiliges Ensemble (n), Trois-Pièces (n)
three-ply dreifach
three-ply stocking Dreifadenstrumpf (m)
threequarter-length Dreiviertellänge (f)
threequarter-length sock dreiviertellange Socke (f), Wadenstrumpf (m)
throw (to) **(silk)** zwirnen (Seide)
thrown silk gezwirnte Seide (f)
throw rug Vorleger (m)
thrum Trumm (m), Webkante (f), Saum (m)
thrust-in pocket Schubtasche (f)
ticket pocket Billettasche (f)
ticking Zwillich (f), Inlett (n)
tie Schlips (m), Binder (m), Krawatte (f)
tie (to) binden, knüpfen
tie (to) **(the leases)** abbinden (Fadenkreuz)
tie belt Schlingengürtel (m)
tie fabric Krawattenstoff (m)
tiered skirt Stufenrock (m)
tiger-skin plush Tigerplüsch (m)
tight undurchlässig, dicht
tight end Spannfaden (m) in Kettrichtung (f)
tight-fitting enggeschnitten
tight pick Spannfaden (m) in Schußrichtung (f)
tight spot geschlossene Fadenstelle (f)
tile Fliese (f)
tile backing Fliesenrückenbeschichtung (f)
tilted drum dryer Taumeltrockner (m)
tinctorial ability Einfärbevermögen (n)
tinsel Flitter (m)

tip-shearing Tip-Shearing (n) (Abschneiden der längeren Polfasern)
tire cord Reifencord (m)
tire yarn Reifengarn (n)
titandioxide Titandioxyd (n)
titration Titrieren (n)
titre Titer (m)
toilet bag Badetasche (f)
toe-splicing Spitzenverstärkung (f)
toile Toile (m)
tolerance Toleranz (f)
tone-on-tone Tone-in-Ton (m)
tongue Zunge (f)
tools Werkzeug (n)
top (man-made fibres) Spinnband (n), Streckenband (n)
top Oberteil (n) (Bekleidung)
topcoat Mantel (m), Übermantel (m)
top-dyed im Kammzug (m) gefärbt
top hat Zylinder(hut) (m)
topless oben-ohne
topless dress Oben-Ohne-Kleid (n)
top ply Oberlage (f)
top quality Spitzenqualität (f)
top shot Oberschuß (m)
torn selvage gerissene Leiste (f)
torque Drehmoment (m), Drall (m)
torsion Torsion (f), Drehung (f)
torsional rigidity Verdrehungsfestigkeit (f)
torso Leibpartie (f)
total denier Gesamtdenier (n)
total draft Gesamtverzug (m)
toughness Festigkeit (f)
Tournay carpet Tournaiteppich (m)
tow Spinnkabel (n); Werg (n)
tow box Kabelbehälter (m)
tow-breaking machine Kabelreißmaschine (f)
tow can Kabelkanne (f)
tow canner Kabelableger (m)
tow carpet Wergteppich (m)
tow cutter Kabelschneide (f)
tow-dyed im Spinnkabel (n) gefärbt
towel Handtuch (n)
towel (bath) Badetuch (n)
towelled frottiert, frotté
towelling Frottierstoff (m), Handtuchstoff (m)
town wear Stadtkleidung (f)
tow rope Schleppseil (n)
tow-to-top converter Kabelkonverter (m) (Schneide)
toxic giftig
tracht Tracht(f)
track suit Trainingsanzug (m)
trade Handel (m); Gewerbe (n); Industrie (f)
trade-mark Warenzeichen (n), Marke (f)
trade name Markenname (m), Marke (f)
train (silk) Schußseide (f), Tramseide (f)
transfer pattern Transfermuster (n)
transfer printing Transferdruck (m)
transfer printing paper Transferdruckpapier (n)
transferring device Aufstoßeinrichtung (f)
transfer tailes Reservefäden (m pl)
translucent lichtdurchlässig
transparency Durchsichtigkeit (f); Diapositiv (n), Dia (n)
transparent durchsichtig
transposed pattern versetztes Muster (n)
transverse elongation Querdehnung (f)
transverse strength Biegefestigkeit (f)
trapeze neckline Trapezausschnitt (m)
trappings Schnörkel (m pl)
travel bag Reisetasche (f)
traveller Läufer (m)
travel rug Reisedecke (f)
traverse motion Changierung (f)
trawl Schleppnetz (n), Grundschleppnetz (n)
tray Tablett (n)
tray-cloth Tablettendecke (f)
treat (to) behandeln
treatment Behandlung (f)
tree of life (design) Lebensbaum-Muster (n)
trellies (pattern) Lattendessin (n)
trenchcoat Trench (m)
trews Hose (f) (gewöhnlich aus Schottenkaro)
triacetate Triazetat (n)
triacetate fibre Triazetatfaser (f)
trial Versuch (m)
trial model Versuchsmodell (n)
tricot Trikot (m n)
tricot calender Trikot-Kalander (m)

tricot underwear Trikotage-Unterwäsche (f)
trilobal trilobal
trilobal fibre trilobale Faser (f)
trimmings Besätze (m pl), Zutaten (f pl), Applikationen (f pl), Posamenten (f pl)
trim with (to) besetzen mit (Hut)
tropical tropisch, tropikal
trouser bottom width Fußweite (f)
trouser button Hosenknopf (m)
trouser crease Bügelfalte (f)
trousering Hosenstoff (m)
trouser leg Hosenbein (n)
trouser-maker Hosenfabrikant (m)
trouser pocket Hosentasche (f)
trouser press Hosenpresse (f)
trousers Hose (f)
trouser stretcher Hosenspanner (m)
trouser suit Hosenkostüm (n), Hosenanzug (m)
true carpet echter Teppich (m)
trunks Hose (f), Badehose (f)
try-on (to) anprobieren
T-shirt T-Shirt (n)
tube Schlauch (m); Hülse (f) (Spinnen)
tube shirt Röhrenrock (m)
tubular drier Trockner (m) f. Schlauchware (f)
tubular fabric Schlauchware (f)
tubular felt Manchon (m)
tubular-knitted fabric Schlauchgestrick (n)
tubular needle Schiebernadel (f)
tubular net Schlauchnetz (n)
tubular packing net Verpackungs-Netzschlauch (m)
tuck Falte (f), Fang (m), Abnäher (m)
tuck (to) fangen
tucked-in selvage eingerollte Leiste (f)
tucking unit Fangeinrichtung (f)
tuck-pleat Fangplissee (n)
tuck-pleated fangplissiert
tuck-rib Fangripp (m)
tuck-ribbed fanggerippt
tuck stitch Fangmasche (f), Perlmasche (f)
tuck-stitch pattern Fangmuster (n)
tuft Flor (m); Schopf (m), Faserbart (m)
tuft (to) tuften
tuft anchorage Tuftschlingenverankerung (f)
tuft column Noppenlängsreihe (f)
tuft density Noppendichte (f)
tufted carpet Tufting-Teppich (m)
tufted carpeting Tuftingware (f)
tufter Tufting-Hersteller (m)
tufting machine Tuftingmaschine (f), Nadelflormaschine (f)
tuft row Noppenquerreihe (f)
tulle Tüll (m)
tumbler Tumbler (m), Trommelausrüstungsmaschine (f)
tunic Tunika (f)
tunnel drier Kanaltrockner (m)
turban Turban (m)
turbo-stapler Turbostapler (m)
Turkish carpet türkischer Teppich (m), Smyrnateppich (m)
Turkish towelling Frottierstoff (m)
turnover Umsatz (m)
turns per inch (metre) Tourenzahl (f) pro Zoll (m) (Meter) (n)
turns per minute (t.p.m.) Umdrehungen pro Minute (Upm)
turn-up (trouser) Hosenumschlag (m), Umschlag (m)
turquoise türkis (n)
turtleneck sweater Rollkragenpullover (m)
tusser silk (tussore) Tussahseide (f)
tuxedo Smokingjacke (f)
tweed Tweed (m)
twill Köperbindung (f), Zwillich (m), Twill (m) (**left to right twill:** Rechtsgradköper; **right to left twill:** Linksgradköper)
twilled ribbon Köperband (n)
twilled sarsenet Levantine (f)
twine Bindfaden (m)
twin fabric Doppelstoff (m)
twin-print Combiné-Druck (m)
twin-screw extruder Doppelschneckenextruder (m)
twin-set Twinset (m pl), Set (m f)
twin-thread zweifädig
twin-wire heddle (heald) Doppeldrahtlitze (f)
twist Zwirn (m)
twist Drehung (f), Drall (m)

twist (to) zwirnen; drehen
twist co-efficient Drehungsbeiwert (m), Drehungs-Koeffizient (m)
twist contraction Einzwirnung (f)
twisted nep yarn Noppenzwirn (m)
twisted yarn gedrehtes Garn (n)
twist factor Drehungs-Faktor (m)
twist finger Drallfinger (m)
twisting spindle Zwirnspindel (f)
twist level Drehungsrad (m)
twisted yarn Zwirn (m)
two-bath process Zweibadverfahren (n)
two-bowl squeezer Zweiwalzenquetsche (f)
two-feed zweisystemig
two-fold circular-knit goods zweifädige Rundstrickwaren (fpl)
two-for-one twisting process Doppeldraht-Zwirnverfahren (n)
two-needle overseam Zweinadelsaumnaht (f)
two-piece Zweiteiler (m)
two-piece dress zweiteiliges Kleid (n)
two-shot Zweischuß (m)
two-shuttle plush zweischütziger Plüsch (m)
two-step sateen Atlas (m) mit zwei Steigungszahlen (f pl)
two-way zip-fastener Zweiwegreißverschluß (m)
type Typ (m), Sorte (f), Klasse (f), Machart (f)
typewriter ribbon Schreibmaschinenband (n)
tyre (e), tire (a) Reifen (m)
Tyrolean dress Trachtenkleid (n); Dirndl (n)
Tyrolean hat Jägerhut (m)

U

U-back dress rückendekolltiertes Kleid (n)
ulster Ulster (m)
ultrafine fibre hochfeine Faser (f)
umbrella Regenschirm (m)
umbrella fabric Regenschirmstoff (m); Baumwolltaft (m)
umbrella silk Schirmseide (f)
unbatcher Abwickeleinrichtung (f), Abwickler (m)
unbleached roh
unbleached linen Rohleinen (n)
unbleached lining Franzleinen (n)
uncoiler Abrollhaspel (f)
uncollapsed cake Spulkranz (m)
uncurling Öffnen (n), (Schlauch)
uncut carpet plush gezogener Teppichplüsch (m)
uncut pile Schlingenflor (m)
uncut pile carpet Schlingenflorteppich (m), Schlingenteppich (m)
uncut velvet Halbsamt (m)
underarm pads Schweißblätter (n pl), Achselblätter (n pl)
underclothes Unterwäsche (f)
underfeed Unterlieferung (f)
underfelt Filzunterlage (f)
underlayment Unterlage (f); Filzunterlage (f) (Teppich)
underpants Unterhose (f)
undershirt Unterhemd (n)
underskirt Unterrock (m), Unterkleid (n)
underwear Unterwäsche (f), Unterbekleidung (f)
undipped fabric unimprägniertes Gewebe (n)
undyed rohweiß
uneven filling ungleiche Schußdichte (f)
unfelted unverfilzt
uniform Uniform (f)
uniform einheitlich, uniform; gleichmäßig
uniform cloth Uniformstoff (m)
uniformity Gleichmäßigkeit (f)
uniform size einheitliche Größe (f)
uniform size denominations for knitwear einheitliche Größenbestimmungen (f pl) für Strick- und Wirkwaren (f pl)
union cloth Mischgewebe (n)
union fabric halbwollenes Gewebe (n), Wollmischgewebe (n)
unlined ungefüttert
unlined suit ungefütterter Anzug (m)
unpressed pleats ungebügelte Falten (f pl), Rollfalten (f pl)

unwinder Abwickeleinrichtung (f), Abwickler (m)
unwinding Rückspulen (n)
upholstered gepolstert
upholstered chair Polstersessel (m)
upholstered furniture Polstermöbel (n)
upholstering Polstern (n), Polsterei (f)
upholstery Polster (n)
upholstery fabric Polsterstoff (m), Möbelstoff (m)
upholstery wadding Polsterwatte (f)
upholstery webbing Möbelgurt (m)
upper thread Oberfaden (m)
up-twisting Zwirnen mit Abzug nach oben (n)
urea Harnstoff (m)
used-up warp abgearbeitete Kette (f)
useful life Lebensdauer (f)
user face Anwendungsoberfläche (f)
use surface Nutzfläche (f), Lauffläche (f)
U-shaped chenille U-Chenille (f), U-Raupengarn (n)
utilities Betriebsmittel (n pl)
UV-resistant UV-beständig

V

vacuum Vakuum (n)
vacuum cleaner Staubsauger (m)
vacuum drier Vakuumtrockner (m)
vacuum steam ager Vakuumdämpfer (m)
variation Abwandlung (f), Abstufung (f)
vari-coloured wechselfarbig
vat Kufe (f); Flotte (f)
vat-dye (to) küperfärben
vat-dyeing Küpenfärberei (f)
V-belt Keilriemen (m)
vegetable dye pflanzlicher Farbstoff (m), Pflanzenfarbe (f)
veil Schleier (m)
velour Velours (m)
velour cutter Velourschneider (m)
velour-embossing calender Velour-Prägekalander (m)
velvet Samt (m)
velvet brocade Samtbrokat (m)
velvet-cutting machine Samtschneide (f), Velvet-Schneidemaschine
velveteen Baumwollsamt (m), Manchester (m), Felbel (m)
velvet pile Plüschvelours (m)
velvet pile carpet Velourteppich (m), Chenille-Teppich (m)
velvet ribbon Samtband (n)
velvet tapestry Tapestry-Velours (m)
vent Schlitz (m), Öffnung (f)
vented skirt Schlitzrock (m)
vent-knit hinterlegtplattiertes Muster (n)
versatility Vielseitigkeit (f)
vertical vertikal, senkrecht
vertical pattern senkrechtes Muster (n), Vertikalmuster (n)
vertical stripes Längsstreifen (m pl)
vest Unterhemd (n)
vest (waistcoat) Weste (f), Gilet (n)
vestment Gewand (n), Talar (m)
vicuna wool Vicunia-Wolle (f)
vigogne Streichgarn (n) aus kurzer Baumwolle (f)
Vigoureux printing machine Kammzugdruckmaschine (n)
Vigoureux yarn Vigoureuxgarn (n)
vinyl Vinyl (n)
vinyl fibre Vinylfaser (f)
vinyl floorcovering Vinyl-Fußbodenbelag (m)
violet violett
virgin wool Schurwolle (f)
viscometer Viskosimeter (n)
viscose (CV) Viskose (f) (CV)
viscose fibre Viskosefaser (f)
viscose rayon Viskosezellwolle (f)
viscose silk Viskoseseide (f)
viscosity Viskosität (f), Zähflüssigkeit (f)
V-neckline V-Ausschnitt (m)
voile Voile (m)
volant Volant (m)
volatile flüchtig
volatility Flüchtigkeit (f)
volume Volumen (n); Bausch (m)
vulcanized fibre vulkanisierte Faser (f)

W

wad Tampon (m)
wad (to) wattieren
wadded wattiert
wadding Watte (f)
waffle-backing Waffelrücken (m)
waist Taille (f)
waisted antailliert, tailliert
waistline Taillenlinie (f), Bundweite (f)
waist measurment Taillenweite (f), Bundweite (f)
wale Stäbchen, Maschenreihe (f)
walking-out set Ausfuhrgarnitur (f)
wall carpet Wandteppich (m)
wall covering Wandverkleidung (f)
wall hanging Wandbehang (m)
wall-to-wall carpeting Auslegeware (f), Teppichboden (m)
warehouse Lager (n)
warm colour warmer Farbton (m)
warm hue warmer Farbton (m)
warm lining Warmfutter (n)
warm-up suit Aufwärmebekleidung (f)
warning vest Signalweste (f)
warp Webkette (f), Kette (f)
warp (to) schären, zetteln
warp beam Kettbaum (m)
warp-beam control Kettbaum-regulator (m)
warp density Kettdichte (f)
warp drawing Fadenscharverstreckung (f)
warp dyeing Kettfärben (n)
warp effect Ketteneffekt (m)
warper Schäreinrichtung (f)
warper's beam Schärbaum (m)
warp fabric Kettenware (f)
warping Schären (n)
warping cylinder Schärtrommel (f)
warping speed Schärgeschwindigkeit (f)
warp-knit (to) wirken
warp-knitted fabric Wirkware (f), Kettenwirkware (f), Kettstuhlware (f)
warp-knitted plush Kettsamt (m)
warp-knitted stocking Wirkstrumpf (m), Kettenwirkstrumpf (m)
warp-knitting Wirkerei (f), Kettenwirkerei (f)
warp-knitting loom Kettenwirkmaschine (f)
warp-knitting loom with two needle bars Doppelbett-Kettenwirkmaschine (f)
warp-knitting machine Wirkmaschine (f), Kettstuhlmaschine (f), Flachkettmaschine (f)
warp material Kettware (f)
warp-on-beam geschärte Kette (f)
warp pile carpet Kettflorteppich (m)
warp plating Aufplattiermuster (n)
warp print Kettdruck (m)
warp rate Kettdichte (f)
warp rib Kettrips (m), Querrips (m)
warp sizing Kettschlichtung (f)
warp spool Kettspule (f)
warp stop motion Kettfadenwächter (m)
warp striping Aufplattiermuster (n)
warp thread Kettenfaden (m)
warp thread break Kettfadenbruch (m)
warp twill Kettköper (m)
warp-tying Kettfadenverbindung (f)
warp velvet Wirksamt (m)
warranty Gewähr (f), Gewährleistung (f)
washable waschbar, waschecht
washability Waschbarkeit (f)
wash-and-wear pflegeleicht
washer Wascheinrichtung (f)
wash-fast waschecht, waschbar
wash-fastness Waschechtheit (f)
washing instructions Waschanleitung (f)
washing machine Waschmaschine (f)
washing powder Waschpulver (n)
washing solvent Waschflotte (f)
wash pattern Ringelmuster (n)
washtub Waschbottich (m)
waste disposal Abfallentsorgung (f)
waste-free package abfallfreier Wickel (m)
wasteless abfallfrei
waste processing Abfallbearbeitung (f)
waste recovery Abfallrückgewinnung (f)
waste recycling Abfallrückgewinnung (f)
waste removal Abfallbeseitigung (f)
waste water treatment equipment Abwasseraufbereitungsanlage (f)
water bleed Ausbluten (Farbe) (n)

water colour Wasserfarbe (f)
watered silk Moiré (m)
water frame Naßspinnmaschine (f)
water-jet loom Wasserdüsen-webstuhl (m)
water-jet weaving Wasserdüsen-Webverfahren (n)
waterproof wasserdicht, wetterdicht
waterproof (to) imprägnieren
waterproof cape Regencape (n), Wetterumhang (m)
waterproof cloth wasserdichtes Gewebe (n), imprägniertes Gewebe (n)
waterproof coat Regenmantel (m), Wettermantel (m)
waterproofed imprägniert, wasserdicht
waterproof finish wasserabweisende Ausrüstung (f), wasserabstoßende Ausrüstung (f)
waterproof lamination wasserdichte Beschichtung (f)
water-protective clothing Wasserschutz-bekleidung (f)
water-repellency tester Beregnungs-prüfer (m)
water-repellent wasserabweisend, wasserabstoßend
water-repellent finish wasserabstoßende Ausrüstung (f)
watertight wasserdicht
wave pattern Wellenmuster (n)
wave twill Wellenköper (m)
wave-weaving machine Wellenfachweb-maschine (f)
wax Wachs (n)
waxing Paraffinieren (n) (Fäden)
waxing machine Wachsmaschine (f)
wear (attire) Bekleidung (f)
wear (to) tragen
wear and tear Verschleiß (m), Abnutzung (f)
wearability Tragfähigkeit (f)
wearer trial Tragversuch (m)
wearing properties Trageeigenschaften (f pl)
wear-life durability Tragelebensdauer (f)
wear out (to) abnutzen
weatherproof wetterfest
weather wear Wetterbekleidung (f), Regenbekleidung (f)
weave Legung (f), Bindung (f); Gewebe (n)
weave (to) weben
weave (type of) Webart (f)
weave in (to) einweben
weaveknit Webstrick (n)
weaver Weber (m)
weaver's beam Webbaum (m)
weaver's knot Weberknoten (m)
weaving Weberei (f)
weaving flaw Webfehler (m)
weaving mill Weberei (f)
web (text.) Gewebebahn (f), Stoffbahn (f)
webbing Gurtstoff (m), Gurtband (n)
web divider Florteiler (m)
web tension monitor Bahnzug-Meßgerät (n)
wedding dress Brautkleid (n), Brautrobe (f)
wedding gown Brautrobe (f)
weft Schuß (m)
weft accumulator Schußfadenspeicher (m)
weft bar Schußbande (f)
weft brocade Schußbroché (m), Schußbrokat (n)
weft density Schußdichte (f)
weft effect Schußeffect (m)
weft feeder Schußzuführung (f)
weft figure Brochierschuß (m)
weft insertion Schußeintrag (m)
weft insertion rate Schuß(eintrags)leistung (f)
weft-knit (to) stricken
weft-knitted fabric Strickware (f), Kulierware (f), Gestrick (n)
weft-knitting Stricken (n), Strickerei (f)
weft mixer Mischwechsler (m)
weft rib Querrips (m)
weft silk Schußseide (f), Tramseide (f)
weft stop motion Schußfadenwächter (m)
weft straightener Schußfadenrichter (m)
weft thread breakage Schußfadenbruch (m)
weft yarn Schußfaden (m)
weigh feeder Faserspeisung mit Gewichtskontrolle (f)

weight per yard (metre) Gewicht pro Yard (Meter)
weighting of silk Seidenbeschwerung (f)
wellingtons Gummistiefel (m pl)
welt Oberrand (m)
welt-splicing Oberrandverstärkung (f)
Western dressing Westernkleidung (f)
wet naß
wet (to) benetzen, netzen
wet cleaning Naßreinigung (f)
wet crease resistance Naßknitterfreiheit (f)
wet fastness Naßechtheit (f)
wet fixation Naßfixieren (n)
wet laid nonwoven Naßvlies (n)
wet modules Naßmodul (n)
wet setting Naßfixieren (n)
wet shrinkage Naßschrumpf (m)
wet spinning Naßspinnen (n)
wet-spinning process Naßspinnverfahren (n)
wetting agent Netzmittel (n)
wet width Naßbreite (f)
whipcord Whipcord (m)
whip-stitch Umnähstich (m)
whip stitch buttonhole Knopfloch (n) mit flachen Kanten (f pl)
wholesale price Einkaufspreis (m), Großhandelspreis (m)
wholesale textile trade Textilgroßhandel (m)
wholesaler Großhändler (m), Grossist (m)
wholesale trade Großhandel (m)
widening Zunahme (f)
wide range breite Auswahl (f)
width Breite (f)
width in reed Rietbreite (f)
width-measuring monitor Bahnbreitenmeßgerät (n)
width of fabric Stoffbreite (f)
width of web Bahnbreite (f)
wild silk Tussahseide(f), Wildseide (f)
willow Krempelwolf (m), Mischwolf (m)
Wilton (carpet) Wilton (-teppich) (m)
winch Haspelkufe (f)
wind (to) spulen, aufspulen
windcheater Windbluse (f), hochaufgeschlossene Jacke (f) im Blusenstil (m)
winding Wicklung (f)
winding in cop form Aufwindung (f), in Kötzerform (f)
winding process Spulvorgang (m)
winding section Spulerei (f)
winding star Wickelstern (m)
winding tube Wickelhülse (f)
winding width Bewicklungsbreite (f)
wind jacket Windjacke (f)
wind off (to) abhaspeln, abwickeln, abspulen, umspulen
window display Schaufensterdekoration (f)
window dresser Schaufensterdekorateur (-in) (m pl)
windowpane check Fensterkaro (n)
wind-protective net Windschutznetz (n)
wing collar Eckenkragen (m), Vatermörder (m)
wing sleeve Flügelärmel (m)
winter sports wear Wintersportbekleidung (f)
winter wear Winterbekleidung (f)
wipe (to) wischen
wire Draht (m), Rute (f) (Teppich)
wire carpet Rutenteppich (m)
wire thread guide Sauschwanzfadenführer (m)
with one needle bed einbettig
woman's size Damengröße (f)
women's fabrics Damenstoffe (m pl)
women's fashion Damenmode (f)
women's outer wear Damenoberbekleidung (f), DOB (f)
women's outfitters Damenbekleidungsgeschäft (n)
wood-fibre-yarn Holzfasergarn (n)
wool Wolle (f)
wool-carbonizing machine Karbonisiermaschine (f)
wool carder Wollkämmer (m), Kadierer (m)
wool carpet Wollteppich (m)
wool cloth Wollstoff (m)
wool crêpe Wollkrepp (m), Wollcrêpe (m)
wool description terms Wollbezeichnungsgrundsätze (m pl)
woolen blanket Wolldecke (f)
wool fat content Wollfettgehalt (m)

wool georgette Wollgeorgette (f)
wool grade Wollqualität (f)
wool jersey Wolljersey (m)
woollen wollen
woollen blanket Wolldecke (f), wollene Bettdecke (f), wollene Bettlaken (f)
woollen fabric Wollgewerbe (n)
woollen glove wollener Handschuh (m)
woollens Wollwaren (f pl); wollene Unterwäsche (f)
woollen spinning Streichgarnspinnerei (f)
woolly wollig
woolmark Wollsiegel (n)
wool mixture Wollmischung (f), Mischwolle (f)
wool mousseline Wollmousseline (f)
wool noil Wollkämmling (m)
wool pests Wollschädlinge (m pl)
wool quality groups Wollgüteklassen (f pl)
wool type Wollsorte (m)
wool winch Wollhaspelkufe (f)
working apparel Arbeitskleidung (f), Berufskleidung (f)
work(ing) jacket Arbeitsjacke (f)
work(ing) shirt Arbeitshemd (n)
work(ing) trousers Abeitshose (f)
worm (man-made fibre prod.) Schnecke (f)
worn-out abgenutzt
worn-out clothes abgenutzte Kleider (n pl)
worsted yarn Kammgarn (n)
worsted material Kammgarnstoff (m)
worsted spinning Kammgarnspinnen (n)
worsted spinning mill Kammgarnspinnerei (f)
wound umsponnen
woven gewebt
woven border Webbordüre (f)
woven carpet Webteppich (m)
woven fabric Webware (f), Gewebe (n), Webstoff (m)
woven fabric for conveyor belts Förderbandgewebe (n)
woven-in eingewebt
woven lastex Weblastex (n)
woven materials Webwaren (f pl)
wovens Webwaren (f pl)
wraith Scherblatt (n)
wrap Schal (m), Umhang (m); Umschlingung (f), Wickler (m)
wrap (to) umwickeln, umwinden, umlegen
wrapover apron Wickelschürze (f), Wickelkittel (m)
wrapover skirt Wickelrock (m)
wrap reel Zählweife (f)
wrap spinner Umwindespinnmaschine (f)
wrap yarn Umwindegarn (n)
wring (to) mangeln, wringen
wrinkle Knitter (m), Falte (f)
wrist warmer Pulswärmer (m)
wrong colour of weft Farbbande (f)
wrong denting Blatteinzugsfehler (m)
wrong draft Einzugsfehler (m)
wrong lift Bindungsfehler (m)

Y

yachting cap Seglermütze (f)
yardage (material on the roll) Meterware (f)
yard goods Meterware (f)
yarn Garn (n)
yarn balance Garnwaage (f)
yarn brake Fadenbremse (f)
yarn-break detector Fadenbruchdetektor (m)
yarn buggy Garnwagen (m)
yarn cart Garnwagen (m)
yarn core Faserlunte (f), Kernfaden (m)
yarn count Garnstärke (f), Garnnummer (f)
yarn counter Garnmeterzähler (m)
yarn-dyed garngefärbt
yarn-humidifying machine Garnbefeuchtungsmaschine (f)
yarn-inspection equipment Garnprüfeinrichtung (f)
yarn lubricant Fadenpräparation (f)
yarn mercerizer Garnmerzerisiermaschine (f)
yarn package Garnträger (m)
yarn path Garnverlauf (m)

yarn piecening Faden-(Garn-)anlegen (n)
yarn printing Garndruck (m)
yarn spun from turbo tops Turbogarn (n)
yarn stability Garnstabilität (f)
yarn steamer Garndämpfapparat (m)
yarn tension Fadenspannung (f)
yarn tester Garnprüfapparat (m)
yarn traverse Fadenverlegung (f)
yarn tube Hülse (f)
yarn waxing Garnparaffinieren
yellow (to) vergilben
yellow gelb
yellow-orange gelborange
y-front pants Dreieckshöschen (n)
yield Rendement (n), Länge (f) nach Gewicht (n), Ausbeute (f), Ertrag (m)
yoke Passe (f)
young fashion(s) junge Mode (f)
youthful jugendlich

Z

zebra stripes Zebrastreifen (m pl)
zephyr Zephir (m)
zero twist Nulldraht (m)
zibeline yarn Zibelinegarn (n)
zig-zag Zickzack (m)
zig-zag cutting machine Zackenmuster-Schneidmaschine (f)
zig-zag pattern Zickzack-Muster (n), -Dessin (n)
zig-zag seam Zickzacknaht (f)
zip fastener Reißverschluß (m)
Z-twist Z-Draht (m)